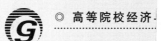
◎ 高等院校经济

U0455984

国际投资与跨国公司

INTERNATIONAL INVESTMENT AND TRANSNATIONAL CORPORATIONS

卢进勇 李 锋 石 磊◎主编

首都经济贸易大学出版社
Capital University of Economics and Business Press
·北 京·

图书在版编目(CIP)数据

国际投资与跨国公司/卢进勇,李锋,石磊主编.--北京:首都
经济贸易大学出版社,2023.1

ISBN 978-7-5638-3385-6

Ⅰ.①国…　Ⅱ.①卢…　②李…　③石…　Ⅲ.①国际投资②跨国
公司-企业管理　Ⅳ.①F831.6②F276.7

中国版本图书馆 CIP 数据核字(2022)第 127516 号

国际投资与跨国公司
GUOJI TOUZI YU KUAGUO GONGSI
卢进勇　李　锋　石　磊　主编

责任编辑　田玉春
封面设计　砚祥志远·激光照排　TEL:010-65976003
出版发行　首都经济贸易大学出版社
地　　址　北京市朝阳区红庙(邮编 100026)
电　　话　(010)65976483　65065761　65071505(传真)
网　　址　http://www.sjmcb.com
E - mail　publish@ cueb.edu.cn
经　　销　全国新华书店
照　　排　北京砚祥志远激光照排技术有限公司
印　　刷　唐山玺诚印务有限公司
成品尺寸　170 毫米×240 毫米　1/16
字　　数　297 千字
印　　张　16.5
版　　次　2023 年 1 月第 1 版　2023 年 1 月第 1 次印刷
书　　号　ISBN 978-7-5638-3385-6
定　　价　45.00 元

前言

在当今世界经济中,国际投资和跨国公司扮演着重要的角色,它们不仅是经济增长的发动机和经济全球化的助推器,还是加深各国贸易、金融和科技等领域联系的纽带。

国际投资和跨国公司存在着多方面的联系:在实践层面,绝大部分国际投资业务都是由跨国公司承担和完成的,跨国公司是国际投资活动的主体,与此同时,当一家企业的国际投资业务达到一定规模后它则演变成了跨国公司;在理论层面,跨国公司理论中包含跨国投资理论和跨国企业管理理论,而其中的跨国投资理论与国际投资理论在分析框架和主要内容上基本相同;在教学层面,目前很多高校在本科与研究生教学中都开设了国际投资和跨国公司方面的课程,教学内容通常同时涉及这两部分,因此将这两部分内容编写到一本教材中,既可以做到融会贯通,也有利于学生同时学好这两方面的知识。基于以上三点考虑,本书将国际投资和跨国公司结合在一起分析与论述。需要说明的一点是,本书讨论的国际投资主要是指国际直接投资活动。

本书具有如下几个特点:

第一,注重知识的融合性,兼顾国际投资和跨国公司,将两门课程的内容或者说两个知识体系有机地融合在一起。

第二,注重知识的传承性,既阐述了基础知识和经典理论,又引入了最新的研究成果和学术观点,如全球价值链等。

第三,注重知识的实用性,每章最后都有案例分析,通过解剖企业案例和投资实践引导读者加深对知识点的理解。

本书注重理论和实践的有机结合,既可作为本科生和研究生的教材,也可以成为相关政府部门和跨国企业决策的参考读物。

本书由对外经济贸易大学国际投资研究中心主任卢进勇教授领衔编著。具体分工如下:卢进勇教授负责全书的框架设计和第一章与第二章的编写;李锋副教授负责书稿统筹和第三章与第十章的编写;李锋和青岛大学赵囡囡副教授共同负责第四章的编写;石磊博士负责第五、第六、第七、第八和第九章的编写。在编写本书的过程中,得到了首都经济贸易大学出版社田玉春主任的大力支持,在此表示诚挚的感谢!

囿于作者的知识水平和实践经验,书中难免存在错误和不足之处,敬请广大读者批评指正,以便今后修订时更改。

卢进勇

2022 年 10 月 30 日

目　录

国际投资概论

近年来,国际直接投资已成为世界经济增长的重要引擎,引起了国际社会的广泛关注。本章主要概括介绍了国际直接投资的概念、方式与动机、跨国并购、国际投资环境及其评估方法等。通过本章学习,可以对国际直接投资相关问题有一个基本的理解与把握。

学习要点

In recent years, International Direct Investment has become a key driver to the global economic growth, and draws great attention from the world. This chapter explains the definition, modes and motives of FDI, transnational M&As, international investment climates and the assessment methods, etc. The basic introduction helps students to have a general understanding of FDI – related issues.

第一节　国际直接投资的概念与类型

一、国际直接投资的概念界定

国际直接投资（international direct investment）指的是以控制国（境）外企业的经营管理权为核心的对外投资。国际直接投资又称外国直接投资（foreign direct investment，缩写为 FDI）、对外直接投资或海外直接投资。根据国际货币基金组织（IMF）的解释，这种控制权是指投资者拥有一定数量的股份，因而能行使表决权并在企业的经营决策和管理中享有发言权。

近些年来国际直接投资发展很快，其增长速度超过了国际贸易，已成为国别、区域和全球经济增长的重要引擎。同时，国际直接投资成为将各国经济联系在一起的一个重要机制，大大推动了经济全球化的进程。根据联合国贸易与发展会议（UNCTAD）《2021 年世界投资报告》的统计数据，2020 年全球外国直接投资流入量达 9 989 亿美元、流出量达 7 399 亿美元，到当年底国际直接投资累计输入和输出存量已分别达到 41 万亿美元和 39 万亿美元。

二、国际直接投资的企业形式

（一）国际合资企业

国际合资企业是指外国投资者和东道国投资者为了一个共同的投资项目，联合出资按东道国有关法律在东道国境内建立的企业。

国际合资企业是股权式合营企业，它的特点是各方共同投资、共同经营、共担风险、共享利润。国际合资企业是当前国际直接投资中最常用的形式。建立国际合资企业的优点主要是：可以充分发挥各投资方在资金、技术、原材料、销售等方面的优势，形成组合优势；不易受到东道国民族意识的抵制，容易取得优惠待遇，减少投资风险；在经营上较少受到各种限制，有助于打入新的市场。但是由于投资各方的出发点不尽相同，短期和长期利益不尽一致，在共同的经营管理中有时也会产生分歧和冲突，影响企业的正常运转。

（二）国际合作企业

国际合作企业是指外国投资者和东道国投资者在签订合同的基础上依照东道国法律共同设立的企业。它的最大特点是合作各方的权利、义务均由各方通过磋商在合作合同中订明，是典型的契约式合营企业。

总的说来,国际合作企业与国际合资企业在利弊上大体相似,只是合作企业由于以合同规定作为各方合作的基础,所以在企业形式、利润分配、资本回收等方面可以采用比较灵活的方式,适应合作各方不同的需要。表1-1是二者之间的比较。

表1-1　　　　　　　　　国际合资企业与国际合作企业的比较

	国际合资企业	国际合作企业
性质	股权式合营企业,根据出资比例确定各方的权利义务	契约式合营企业,其投资和服务等不计算股份和股权
组织形式	法人式企业	可以是法人式企业,也可以是非法人式企业
投资收益	各方不论以什么方式出资,必须以货币计算股权比例,且按股权比例分享受益、分担风险。有的合同还明确规定,保证外方的收益达到一定的金额,促使外商更愿意合作	根据合同规定承担各自的责任、权利、义务。可以采用利润分成、产品分成或其他方式
投资回收方式	主要通过利润分成收回投资合营期满,剩余财产通过估算按出资比例分配	通过固定资产折旧、产品分成办法收回合营期满,剩余财产全部归东道国合作者所有,不再进行清算。外商收回的投资只限于投入的本金,不包括利息,而且分得利润的多少取决于企业经营所得利润的大小,以有利于调动外商的经营积极性

(三)国际独资企业

国际独资企业是指外国投资者依照东道国法律在东道国设立的全部资本为外国投资者所有的企业。作为单独的出资者,外国投资者独立承担风险,单独经营管理独资企业,独享经营利润。

由于享有企业完全的所有权和经营管理权,建立独资企业的方式为跨国公司尤其是大型跨国公司所偏爱,它们有时宁愿放弃投资机会也不愿以合资方式进行直接投资。建立国际独资企业虽然可以做到垄断技术,避免泄露企业秘密,但是经营上往往受到东道国比较严格的限制,容易受到当地民族意识的抵制,经营的风险较大。表1-2是国际合资企业与国际独资企业的比较。

表 1-2　　　　　　　国际合资企业与国际独资企业的比较

国际独资企业		国际合资企业	
优点	缺点	优点	缺点
1. 投资企业拥有绝对的控制权，可以较好地执行母公司的经营战略，且利润、价格和税收等均由母公司统一控制，可取得最大的总体效益 2. 较好地维护投资企业的技术垄断地位，减少和避免技术泄露 3. 独享经营成果 4. 避免费力寻找合作伙伴	1. 受东道国法律和政策的严格限制，有时甚至是歧视性待遇，并且可能会受到当地舆论的抵制 2. 需要重新构建销售网络，管理成本较高 3. 资本投入较多，风险较大 4. 政策优惠较少	1. 较易获得当地人的合作，且可规避东道国政府对外国投资者的歧视性待遇 2. 可利用当地合资伙伴在销售渠道和销售手段方面的优势，更快地占领当地市场 3. 资本投入较少，风险共担 4. 政策优惠较多	1. 合作双方长短期利益可能不同，管理决策容易出现冲突，可能阻碍长期经营战略的制定和实施 2. 无法保证技术垄断地位，往往导致技术泄露 3. 要让利于合作伙伴 4. 不易找到合适的合作伙伴

三、国际直接投资的发展态势

20 世纪 90 年代中期以来，国际直接投资的规模不断扩大。根据联合国贸易与发展会议《2021 年世界投资报告》公布的数据，国际直接投资流入量在 2007 年出现了创纪录的高水平，达到 19 067 亿美元，之后在 2016 年再创新高，达 20 652 亿美元。但由于受全球金融和经济危机，以及各类突发事件的影响，国际直接投资存在一定的波动性。一般来讲，国际直接投资的规模会伴随世界经济形势的变化而起伏涨落，也就是说，投资增长和经济发展存在周期波动的规律，因而，从长远来看，国际直接投资仍会呈现出增长的趋势。图 1-1 反映了 1995—2020 年国际直接投资流入量的总体变化以及发达国家利用外资金额的占比情况。

近年来，国际直接投资的发展呈现出以下几个特征：

第一，国际直接投资规模大起大落，其波动性和风险性较大。

第二，发达国家仍是国际直接投资的双重主角，在对外投资方面和吸引外资方面（outflow and inflow）所占的比例都比较高，同时，发展中国家吸收的外资金额有所增加。

第三，跨国公司继续扮演 FDI 的主要角色，其作为世界经济增长强劲发动机的地位获得了进一步的增强。

第四，各国纷纷采取投资自由化、便利化和规范化（概括为"三化"）措施，改善投资环境，以吸引更多的外资进入。

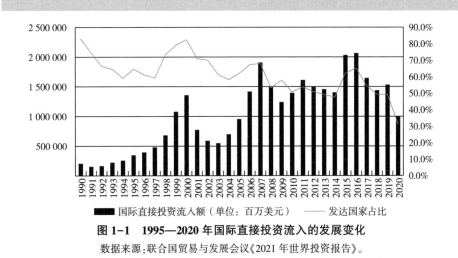

图 1-1　1995—2020 年国际直接投资流入的发展变化

数据来源:联合国贸易与发展会议《2021 年世界投资报告》。

第五,跨国并购(cross-border M&As)超过绿地投资(greenfield investment)成为国际直接投资的主要方式。

第六,多边投资协定(框架)(MAI or MFI)谈判步履艰难,已经两次搁浅。

第二节　国际直接投资的动机

国际直接投资的动机有时也称为国际直接投资的目的,它主要从必要性的角度阐明投资者进行投资决策时所考虑的主要因素,即说明投资者为什么要进行某一特定类型的投资。由于投资者在进行对外投资时既受企业本身特有优势(资金、技术、管理、规模经济、市场技能等)的影响,也受企业所处的客观社会经济环境(自然资源禀赋、国内市场规模、经济发展水平、产业结构、技术水平、劳动力成本、政府政策等)的制约,这两方面在内容上存在相当大的差异,所以导致不同企业的对外投资动机以及同一企业不同项目投资动机的差异。

一、市场导向型动机

这种类型的投资主要以巩固、扩大和开辟市场为目的,具体又可分为几种不同的情况:

(1)投资企业本来是出口型企业,它在本国进行生产,通过出口使商品进入国外市场,但由于东道国或区域性经济集团实行了贸易保护主义,影响和阻碍了企业的正常出口,因而企业转为对外投资,在当地设厂,就地生产就地销售,维持原有的市场或开辟新的市场。有时也会转向没有受到出口限制的第三国投资生产,再出口到原有市场所在国。

(2)企业对国外某一特定市场的开拓已达到一定程度,为了给顾客提供更多的服务,巩固和扩大其市场占有份额,在当地直接投资进行生产和销售或者在当地投资建立维修服务和零部件供应网点会更为有利。例如,机电产品在国外某一市场销售达到一定规模后,就有必要加强售后服务,建立一些维修服务和零部件供应网点。又如食品制造商或汽车制造商在国外有足够规模的生产设施,需要就地取得食品容器或汽车零配件,这时,制造容器或零配件的公司就会配合需要,在国外投资建厂,以便就地供应,免得失去顾客或买主。

(3)企业为了更好地接近目标市场,满足当地消费者的需要而进行对外直接投资。如快餐食品、饮料和食品原料等商品,这些商品不能久储或不耐长途运输,顾客却分散在世界各地,为了更好地接近或维持国外销售市场,企业就不得不在国外投资设立网点,以利于就近提供新鲜食品。至于无形商品服务,几乎无法储存与运输,所以要想出口主要就是通过对外投资在国外设立企业,一边生产、一边出售、一边消费。

(4)企业的产品在国内市场占有比例已接近饱和或是受到其他企业产品的有力竞争,因而企业在国内的进一步发展受到限制,而冲破限制的有效办法之一就是对外投资,开发国外市场,寻求新的市场需求。

总之,市场方面的考虑在对外投资决策中占据主导地位。

二、降低成本导向型动机

出于这种动机所进行的投资主要是为了利用国外相对廉价的原材料和各种生产要素等,降低企业的综合生产成本,提高经营效益,保持或提高企业的竞争能力。这一类投资可以分为几种具体情况:

(1)出于自然资源方面的考虑。如果原料来自国外,最终产品又销往原料来源国,那么在原料产地从事生产经营活动可节省与原料进口和产品出口相关的运输费用;另外,企业为了获得稳定的原材料供应,也会在资源丰富的国家投资建立原材料开采生产企业,满足本企业的需要。

(2)出于利用国外便宜的劳动力和土地等生产要素方面的考虑。对于劳动密集型工业来讲,工业发达国家之所以进行对外投资,主要是想利用发展中国家廉价但有保证的劳动力,以降低生产成本。如果本国土地要素价格偏高,企业就有可能通过对外投资将生产经营转移到价格较低的国家去。

(3)出于汇率变动方面的考虑。汇率的变动会直接导致出口商品价格的变动。当一国的货币升值时,会使其出口商品以外币表示的价格升高,会影响其商品在国际市场的竞争力。在这种情况下,该国企业往往会扩大对外直接投资,以克服本币升值的不利影响。

（4）出于利用各国关税税率的高低不同来降低生产成本的考虑。如果一个国家的关税税率高，那么其他国家的企业就可能为了降低产品成本而在该国投资进行生产；反之，如果一个国家的关税税率低，国内市场上进口商品竞争力强，则会促使该国企业到生产成本更低的国家投资建厂。

（5）出于利用闲置的设备和工业产权与专有技术等技术资源方面的考虑。以对外投资形式向国外输出闲置的设备与技术资源，可减少国外企业的生产与经营成本，并可实现规模生产，提高经营效益。

三、技术与管理导向型动机

这种投资的目的主要是为了获取和利用国外先进的技术、生产工艺、新产品设计和先进的管理知识等。有些先进的技术和管理经验通过公开购买的方式不易得到，可以通过在国外设立合营企业或兼并与收购当地企业的方式获取。获取和充分利用这些技术和管理经验，可以促进投资企业的发展，提高竞争力。技术与管理导向型投资具有较强的趋向性，一般集中在发达国家和发达地区。美国全国理事会发表的一份报告显示，日本通过与美国公司和大学建立合资项目，获取美国大量的尖端生物工程技术。

四、分散投资风险导向型动机

这种投资的目的主要是为了分散和减少企业所面临的各种风险。投资者在社会稳定国家投资的目的是寻求政治上的安全感，因为社会稳定国家一般不会采取没收、干预私有经济等不利于企业的措施，企业在这类国家从事生产经营决策的灵活性较大。再有，这些国家一般不会出现国内骚动或市场销售状况的突发性变动，不会给企业生产经营活动造成极大影响。很明显，企业投资过分集中在某个国家或某个地区或某个行业，一旦遇到风险时，由于回旋余地不大易出现较大损失。企业所要分散的风险主要是政治风险，同时也包括经济、自然和社会文化方面的风险。一般而言，直接投资的分散投资风险的动机是出于对国际投资风险的考虑，但在某些情况下，也有出于国内风险原因而进行对外投资的。如一家企业在世界各地进行投资生产与经营活动，不仅可以起到扩大销售的积极作用，而且还可以带来原材料、技术、人员以及资金等多元化的供应来源，从而使企业不受一国国内条件的限制。

五、优惠政策导向型动机

投资者进行对外投资的主要目的是为了利用东道国政府的优惠政策以及母国政府的鼓励性政策。东道国政府为了吸引外来投资常会制定一些吸引外来投资者的优惠政策，如优惠的税收和金融政策、优惠的土地使用政策，以及创造尽可能良好的投资软件、硬件环境等,这些优惠政策尤其是税收上的优惠政策会诱导外国投资者做出投资决策。同样,母国政府对对外投资的鼓励性政策也会刺激和诱发本国企业或个人做出对外投资决策,如鼓励性的税收政策、金融政策、保险政策以及海外企业产品的进口政策等。

除了以上五种较普遍的国际直接投资动机之外,还有一些不太普遍的动机,如全球战略导向型动机(投资的主要目的是提高企业的知名度,在世界范围内树立良好的企业形象,以实现其全球发展战略)、信息导向型动机(主要目的是获取国际经济贸易方面的最新信息和最新动态)、"随大流"型动机(跟随本企业的竞争对手或本行业的带头企业进行对外投资)、公司决策者个人偏好型动机(因公司决策者对某个国家或地区的某方面事物的偏好而决定进行的投资)、为股东争利导向型动机(进行对外投资的目的是给企业的股东特别是普通股股东争取更多的利益)等。

在分析和理解国际直接投资的动机时应注意这样几个问题:

第一,国际直接投资的动机比较多的是从必要性的角度分析的,而对可能性方面考虑得比较少。把必要性与可能性结合起来进行分析的是国际直接投资理论,因而为了加强对国际直接投资动机的理解,还应学习和研究国际直接投资的主要理论。

第二,上述各种投资的动机都是国际直接投资的经济动机,并未考虑政治与军事方面的动机。

第三,国际直接投资的根本动机和目的是利润最大化,各种类型国际直接投资动机是追求利润最大化的不同途径与方式。在获取利润的问题上,有直接与间接、局部与整体、近期与远期之分,这也导致投资动机呈现多样化。另外,不同企业的内外条件与所处环境存在着相当大的差异性,这也使不同企业在追求相同的目标时采取了不同的手段。

第四,国际直接投资的动机是可以相互交叉的。一笔对外投资可以有一个动机,也可以有两三个动机。同时并存的动机越多,投资完成之后对投资者的好处就越大。例如,一家美国企业在我国深圳投资设立了一家劳动密集型企业,其产品90%以上在国内市场销售,这家美国企业的在华投资可能具有这样几个动机:降低成本导向型动机、市场导向型动机和利用中国政府给予外商投资企业的优惠政策导向型动机等。

第五,不同类型国家之间直接投资的主要动机是不相同的。发达国家之间出于市场导向型和分散投资风险导向型动机的相互投资相对较多;发展中国家之间的投资出于市场导向型和降低成本导向型动机多于其他动机;发达国家向发展中国家的投资主要是市场导向动机和降低成本的动机;发展中国家向发达国家的投资多数考虑的是市场、先进技术与管理,以及分散风险。

第三节　跨国并购

一、并购的概念、类型与动因

(一)并购的概念

并购(mergers and acquisitions,缩写为 M&A)是收购与兼并的简称,有时也称为购并,是指一个企业将另一个正在运营中的企业纳入自己企业之中或实现对其控制的行为。在并购活动中,出资并购的企业称并购企业(公司),被并购的企业称目标企业(公司)。跨国并购是指外国投资者通过一定的法律程序取得东道国某企业的全部或部分所有权的投资行为。跨国并购在国际直接投资中发挥着重要的作用,现在已发展成为设立海外企业的一种主要方式。

(二)并购的类型

企业并购的形式多种多样,按照不同的分类标准可划分为不同的类型。并购的主要类型有:

1. 按并购双方产品或产业的联系划分。依照并购双方产品与产业的关系,可以将并购划分为:横向并购,即同一行业领域内生产或销售相同或相似产品企业间的并购,如一家汽车制造厂并购另一家汽车制造厂;纵向并购,即处于生产同一产品不同生产阶段的企业间的并购,分向后并购和向前并购,如一家钢铁厂并购一家矿山或一家钢材贸易公司;混合并购,指既非竞争对手又非现实中或潜在的客户或供应商的企业间的并购,分产品扩张型并购、市场扩张型并购和纯粹型并购,如一家家电企业并购一家石化企业或一家银行。

2. 按并购的出资方式划分。按并购的出资方式划分,并购可分为:出资购买资产式并购,即并购方筹集足额的现金购买被并购方全部资产;出资购买股票式并购,即并购方以现金通过市场、柜台或协商购买目标公司的股票;出资承担债务式并购,即并购方以承担被并购方全部或部分债务为条件取得被并购方的资产所有权或经营权;以股票换取资产式并购,即并购公司向目标公司发行自己公司的股票以换取目标公司的资产;以股票换取股票式并购,即并购公司向目标公司的股东发行自己公司的股票以换取目标公司的大部分或全部股票。

3. 按涉及被并购企业的范围划分。按并购涉及被并购企业的范围划分,并购可以分为:整体并购,指资产和产权的整体转让;部分并购,即将企业的资产和产权分割为若干部分进行交易,有三种形式:对企业部分实物资产进行收购,将产权划分为若干份等额价值进行产权交易,将经营权分为几个部分进行产权转让。

4. 按并购是否取得目标公司的同意划分。根据并购是否取得目标公司的同意划分,并购分为:友好式并购,即并购公司事先与目标公司协商,征得其同意并通过谈判达成收购条件的一致意见而完成收购活动;敌意式并购,指在收购目标公司股权时虽然遭到目标公司的抗拒,仍然强行收购,或者并购公司事先并不与目标公司进行协商,而突然直接向目标公司股东开出价格或收购要约。

5. 按并购交易是否通过交易所划分。按并购交易是否通过交易所划分,并购分为:要约收购,即并购公司通过证券交易所的证券交易持有一个上市公司已发行股份的30%时,依法向该公司所有股东发出公开收购要约,按符合法律的价格以货币付款方式购买股票获得目标公司股权;协议收购,即并购公司不通过证券交易所,直接与目标公司取得联系,通过协商、谈判达成共同协议,从而实现对目标公司股权的收购。

6. 按并购公司收购目标公司股份是否受到法律规范强制划分。依照是否受到法律规范强制划分,可以将并购分为:强制并购,指证券法规定当并购公司持有目标公司股份达到一定比例时,并购公司即负有对目标公司所有股东发出收购要约、以特定出价购买股东手中持有的目标公司股份的强制性义务;自由并购,指在证券法规定有强制并购的国家和地区,并购公司在法定的持股比例之下收购目标公司的股份。

7. 按并购公司与目标公司是否同属于一国企业划分。按是否同属于一国企业划分,并购分为:国内并购,即并购企业与目标企业为同一个国家或地区的企业;跨国并购,指并购企业与目标企业分别属于不同国家或地区。

(三)并购的动因

在市场经济环境下,企业作为独立的经济主体,其一切经济行为都受到利益动机的驱使,并购行为的根本动机就是为了实现企业的财务目标(股东权益的最大化)。当然,并购的具体动因多种多样,主要有:扩大生产经营规模,实现规模经济,追求更高的利润回报;消灭竞争对手,减轻竞争压力,增加产品或服务的市场占有份额;迅速进入新的行业领域,实现企业的多元化和综合化经营;将被并购企业出售或包装上市,谋取更多的利益;着眼于企业的长远发展和成长,谋划和落实企业的未来发展战略等。

(四)当前跨国并购的特点

西方国家的企业并购以美国最为典型,到20世纪90年代初,美国历史上出现过四次主要发生在国内的并购高潮:第一次以横向(水平)并购为主,时间主要发生在 1899—1903 年;第二次以纵向(垂直)并购为主,时间主要发生在 1922—1929 年;第三次以混合并购为主,时间主要发生在 20 世纪 60 年代;第四次以杠杆并购为主,时间主要发生在 20 世纪 70 年代中期至 90 年代初期。20 世纪 90 年代中后期主要出现在发达国家的并购高潮是世界历史上的第五次企业并购高潮,这一次以跨国并购为主,其突出的特征有:

1. 从地域来看,这次跨国并购高潮主要出现在美欧之间,特别是美国与几个欧洲大国之间。原因是这些国家大型跨国公司多,产业之间的关联性强,跨国直接投资数量大。

2. 从行业结构来看,这一次并购高潮以跨国横向并购为主,集中在服务业和科技密集型产业。究其原因,一是企业经营战略重心发生转移,强调核心业务与核心竞争力,二是企业经营环境发生变化,各国鼓励自由化及私有化,从而鼓励外资进入。

3. 从并购方式来看,换股成为主要方式。并购企业增发新股换取被并购企业的旧股,原因有:节约交易成本、不必发生大量现金的国际流动,可以合理避税,以及实现股价上扬(在并购方实力雄厚的前提下)。

4. 从并购规模来看,这一次超过以往几次。一般认为,超过 10 亿美元的并购为大型并购,这一次并购高潮中金额为几十或上百亿美元的案例很普遍,有的达到了上千亿美元。大规模跨国并购风行的原因主要是:研发费用上涨加速了并购活动的发展;国家对经济活动干预的减少为企业并购创造了有利的外部条件;股市的繁荣为跨国并购提供了充裕的资金。

二、国际直接投资企业两种建立方式的比较

国际直接投资企业的建立可以采取两种基本方式:在东道国创建一个新的企业(绿地新建)和并购东道国已经存在的企业(跨国并购)。投资者需要根据不同的情况对这两种企业设立方式进行比较分析,然后决定采用哪种方式建立海外企业。表 1-3 是绿地新建与跨国并购的优劣势比较。

国际直接投资企业的建立方式与前面所讲的国际直接投资的基本形式是不同的,前者考虑的主要是如何在国外建立起一个企业,后者则主要考虑在国外所建立企业的所有权与控制战略。因此,不应当把两者混为一谈,特别是不能把并购东道国企业作为国际直接投资的一种基本形式。当然,这两者之间也有一定的联系,因为建立海外企业时要考虑到底采用哪种企业形式建立。

表1-3 绿地新建与跨国并购的优劣势比较

跨国并购		绿地新建	
优点	缺点	优点	缺点
1. 建设周期较短 2. 进入市场速度较快 3. 可以利用原有销售渠道和网络,有利于开展当地化经营 4. 可迅速扩大经营范围,实现产品或服务的多样化 5. 可以消灭竞争对手,获得原企业的品牌、专利、技术等无形资产	1. 涉及对原企业人员和管理制度等的整合,难度较大 2. 手续较为复杂 3. 东道国法律和政策限制较多 4. 当数量和金额较大时,常受到当地舆论抵制 5. 资产估价较烦琐,且不准确,从而存在一定风险	1. 不涉及对原企业的人员和管理制度整合问题 2. 手续较简单 3. 东道国法律和政策限制较少,且常有优惠政策 4. 较少受到当地舆论抵制 5. 一般能准确评估资金投入,能够把握主动权	1. 建设周期较长 2. 进入市场速度较慢 3. 需重新构建销售网络,管理成本较高 4. 不利于迅速进行跨行业经营以及实现产品或服务的多样化 5. 易激起竞争对手的报复,设置行业进入壁垒 6. 一般不能获得既有品牌、专利、技术等无形资产

第四节 国际直接投资环境与环境评估方法

一、国际直接投资环境的主要内容

(一)国际直接投资环境的概念

投资环境,顾名思义,是指投资者进行生产投资时所面临的各种外部条件和因素,其英文是"investment climate",直译应为"投资气候"。投资是一种冒险,如同自然界的气候一样,"投资气候"也会因各种因素的影响而变幻莫测,令人难以捉摸,从而影响投资者的投资行为。国际直接投资环境是指一国的投资者进行国际直接投资活动时所面对的各种外部条件和因素,它既包括经济方面的,也包括自然、政治、法律、社会、文化和科技方面的。投资环境是各种条件和因素的一个综合体。

(二)国际直接投资环境的分类

从不同的角度进行划分,可以把国际直接投资环境分为不同的类型。

1. 从各种环境因素所具有的物质和非物质性来看,可以把投资环境分为硬环境和软环境两个方面。硬环境和软环境有时又称为物质环境和人际环境,或称为有形环境与无形环境。所谓硬环境,是指能够影响国际直接投资的外部物质条件,如能源供应、交通和通信、自然资源以及社会生活服务设施等。所谓软环境,是指能够影响国际直接投资的各种非物质因素,如经济发展水平和市场规模、贸易与关税政策、财政与金融政策、外资政策、经济法规、经济管理水平、职工技术熟练程度以及社会文化传统等。

2. 从各因素的稳定性来区分,可将国际直接投资的环境因素归为三类,即自然因素、人为自然因素和人为因素,如表 1-4 所示。

表 1-4　　　　　　　　　　　国际投资环境因素稳定性分类

A:自然因素	B:人为自然因素	C:人为因素
a_1 自然资源 a_2 人力资源 a_3 地理条件 a_4……	b_1 实际增长率 b_2 经济结构 b_3 劳动生产率 b_4……	c_1 开放进程 c_2 投资刺激 c_3 政策连续性 c_4……
相对稳定	中期可变	短期可变

3. 从国际直接投资环境所包含内容和因素的多寡来划分,可以分为狭义的投资环境和广义的投资环境。狭义的投资环境是指投资的经济环境,即一国经济发展水平、经济体制、产业结构、外汇管制和货币稳定状况等。广义的投资环境除经济环境外,还包括自然、政治、社会文化和法律等对投资可能发生影响的所有外部因素。

(三)国际直接投资环境的主要内容

1. 投资环境主要内容的变化。国际直接投资环境的内容随着时间的变迁而变化,并且在不断丰富。最初人们关注的重点是投资硬环境,俗称"七通一平",即通水、通电、通气、通邮、通路、通商、通航及平整场地等有形环境。后来人们发现软环境(包括办事效率、教育文化、风俗习惯、政策法规、投资优惠等)也非常重要,尽管它无形,但对投资决策的做出和投资项目的运营有很大影响。现在,人们不仅关注硬环境和软环境,还开始重视产业配套环境(如产业配套能力、零部件与原材料供应的便利程度、产业链投资、企业集群布局等),并把它视为构成直接投资环境的一项新的内容。

2. 投资环境的具体内容。

(1)政治环境,主要包括政治制度、政权稳定性、政策的连续性、政策措施、行政体制和行政效率、行政对经济干预的程度、政府对外来投资的态度、政府与他国的关系等。

（2）法制环境，主要指法律秩序、法律规范、法律制度和司法实践，特别是涉外法制的完备性、稳定性和连续性，以及人民的法治观念和法律意识等。

（3）经济环境，主要包括经济的稳定性，经济发展阶段，经济发展战略，经济增长率，劳动生产率，财政、货币、金融、信贷体制及其政策，对外经济贸易体制与政策，地区开发政策，外汇管理制度，国际收支情况，商品和生产要素市场的状况与开放程度，人口状况和人均收入水平等。

（4）社会环境，主要指社会安定性，社会风气，社会秩序，社会对企业的态度，教育，科研机关与企业的关系，社会服务等。

（5）文化环境，主要包括民族意识、开放意识、价值观念、语言、教育、宗教等。

（6）自然环境。自然地理环境优良与否，也关系到能否吸引投资。地理环境包括面积、地形、气候、雨量、地质、自然风光、与海洋接近程度、自然资源状况等。

（7）基础设施状况。基础设施是吸引外资的重要物质条件，包括城市和工业基础设施两个方面，具体指交通运输、港口码头、厂房设备、供水供电设备、能源和原辅材料供应、通信信息设备、城市生活设施、文教设施及其他社会服务设施等。

（8）产业配套环境。这是近年来跨国投资者比较关注的一个问题，其内容包括工业和服务业的配套能力、采购原材料与零部件半成品的方便程度、产业链投资与产业集聚、企业集群布局等。也有的学者将产业配套环境称为企业生态环境。

上面的（1）～（5）项属于投资软环境，第（6）和（7）项属于投资硬环境，第（8）项属于产业配套环境。

二、国际投资环境的评估方法

投资环境的好坏直接影响国际直接投资决策以及国际直接投资的风险和收益，因此，在做出投资决策之前要对国外投资环境进行综合评估。对国际直接投资环境进行评估，大都是将众多的投资环境因素分解为若干具体指标，然后综合评价。目前国际上常用的、比较典型的评估方法主要有以下几种：投资障碍分析法、国别冷热比较法、投资环境等级评分法、动态分析法、加权等级评分法、抽样评估法和体制评估法等。

（一）投资障碍分析法

投资障碍分析法是依据潜在的阻碍国际投资运行因素的多寡与程度来评

价投资环境优劣的一种方法。这是一种简单易行的、以定性分析为主的国际投资环境评估方法。其要点是,列出外国投资环境中阻碍投资的主要因素,并在所有潜在的东道国中进行对照比较,以投资环境中障碍因素的多与少来断定其坏与好。阻碍国际投资顺利进行的障碍因素主要包括以下十类:

1. 政治障碍:东道国政治制度与母国不同;政治动荡(包括政治选举变动、国内骚乱、内战、民族纠纷等)。

2. 经济障碍:经济停滞或增长缓慢;国际收支赤字增大、外汇短缺;劳动力成本高;通货膨胀和货币贬值;基础设施不良;原材料等基础产业薄弱。

3. 资金融通障碍:资本数量有限;没有完善的资本市场;融通的限制较多。

4. 技术人员和熟练工人短缺。

5. 实施国有化政策与没收政策。

6. 对外国投资者实施歧视性政策:禁止外资进入某些产业;对当地的股权比例要求过高;要求有当地人参与企业管理;要求雇佣当地人员,限制外国雇员的数量。

7. 东道国政府对企业干预过多:实行物价管制;规定使用本地原材料的比例;国有企业垄断竞争。

8. 普遍实行进口限制:限制工业品和生产资料的进口。

9. 实行外汇管理和限制投资本金、利润等的汇回。

10. 法律、行政体制不完善:外国投资法规在内的国内法规不健全;缺乏完善的仲裁制度;行政效率低;贪污受贿行为严重。

投资障碍分析法的优点在于能够迅速、便捷地对投资环境做出判断,并减少评估过程中的工作量和费用,但它仅根据个别关键因素就做出判断,有时会使公司对投资环境的评估失之准确,从而丢失一些好的投资机会。

(二)国别冷热比较法

国别冷热比较法又称冷热国对比分析法或冷热法,它是以"冷""热"因素表示投资环境优劣的一种评估方法,热因素多的国家为热国,即投资环境优良的国家,反之,冷因素多的国家为冷国,即投资环境差的国家。这一方法是美国学者伊西·利特瓦克和彼得·拜延于20世纪60年代末提出的,他们根据美国250家企业对海外投资的调查资料,将各种环境因素综合起来分析,归纳出影响海外投资环境"冷""热"的七大基本因素和59个子因素,并评估了100个国家的投资环境。所谓"热国"或"热环境",是指该国政治稳定、市场机会大、经济增长较快且稳定、文化相近、法律限制少、自然条件有利、地理文化差距不大,反之,即为"冷国"或"冷环境",不"冷"不"热"者居"中"。现以其中10国为例分析比较其投资环境的"冷""热"程度。七大因素中,前四种的程度大就称为"热"环境,后三种的程度大则称为"冷"环境,当然,居"中"为不大也不小,即不"冷"不"热"的环境。由此看来,一国投资环境的七个因素中,前四种越小、后三种越大,其投资环境就越坏,属于越"冷"的投资目标国(见表1-5)。

表 1-5　　　　　　　美国学者眼中十国投资环境的冷热比较

国别		政治稳定性	市场机会	经济发展与成就	文化一元化	法令障碍	实质障碍	地理文化差距
加拿大	热	大	大	大		小		小
					中		中	
	冷							
英　国	热	大			大	小	小	小
			中	中				
	冷							
德　国	热	大	大	大	大		小	
						中		中
	冷							
日　本	热	大	大	大	大			
							中	
	冷					大		大
希　腊	热					小		
			中	中	中			
	冷	小					大	大
西班牙	热							
			中	中	中	中		
	冷	小					大	大
巴　西	热							
			中		中			
	冷	小		小		大	大	大
南　非	热							
			中	中		中		
	冷	小			小		大	大

续表

国别		政治稳定性	市场机会	经济发展与成就	文化一元化	法令障碍	实质障碍	地理文化差距
印度	热							
	中	中	中		中			
	冷			小		大	大	大
埃及	热							
	中				中			
	冷	小	小	小		大	大	大

　　在这项研究中,学者们还计算了美国250家企业在上述东道国的投资进入模式分布频率。结果表明,随着目标市场由热类国家转向冷类国家,企业将越来越多地采用出口进入模式、越来越少地采用投资进入模式。在一般热类国家,出口进入模式占所有进入模式的47.2%,在当地设厂生产的投资进入模式占28.5%,技术许可合同和混合模式占余下的24.3%。与此形成鲜明对比的是,在一般冷类国家,出口进入模式占所有进入模式的82.6%,投资进入模式仅占2.9%,技术许可合同和混合模式占余下的14.5%。一般中间类国家的进入模式介乎上述两类国家之间。

(三)投资环境等级评分法

　　投资环境等级评分法又称多因素等级评分法,它是美国经济学家罗伯特·斯托巴夫于1969年提出的。等级评分法的特点是,首先将直接影响投资环境的重要因素分为八项,然后再根据八项关键项目所起的作用和影响程度的不同而确定其不同的等级分数,再按每一个因素中的有利或不利的程度给予不同的评分,最后把各因素的等级得分进行加总作为对其投资环境的总体评价(如表1-6所示)。总分越高表示其投资环境越好,越低则表示其投资环境越差。

　　从斯托巴夫提出的这种投资环境等级评分法的表格中可以看出,其所选取的因素都是对投资环境有直接影响的、为投资决策者最关切的因素,同时又都具有较为具体的内容,评价时所需的资料易于取得又易于比较。在对具体环境的评价上,采用了简单累加计分的方法,使定性分析具有了一定的数量化内容,同时又不需要高深的数理知识,比较直观,简便易行,一般的投资者都可以采用。在各项因素的分值确定方面,采取了区别对待的原则,在一定程度上体现出了不同因素对投资环境作用的差异,反映了投资者对投资环境的一般看法。这种投资环境评估方法的采用有利于使投资环境的评估规范化。但是,这种评

表 1-6　　　　　　　　　　投资环境等级评分标准表

投资环境因素	等级评分标准	投资环境因素	等级评分标准
一、资本抽回	0~12 分	五、政治稳定性	0~12 分
无限制	12	长期稳定	12
只有时间上的限制	8	稳定,但取决于关键人物	10
对资本有限制	6	政府稳定,但内部有分歧	8
对资本和红利都有限制	4	各种压力常左右政府的政策	4
限制十分严格	2	有政变的可能	2
禁止资本抽回	0	不稳定,政变极可能发生	0
二、外商股权	0~12 分		
准许并欢迎全部外资股权	12	六、关税保护程度	2~8 分
准许全部外资股权但不欢迎	10	给予充分保护	8
准许外资占大部分股权	8	给予相当保护但以新工业为主	6
外资最多不得超过股权半数	6	给予少数保护但以新工业为主	4
只准外资占小部分股权	4	很少或不予保护	2
外资不得超过股权 3 成	2		
不准外资控制任何股权	0		
三、对外商的歧视和管制程度	0~12 分	七、当地资金的可供性	0~10 分
外商与本国企业一视同仁	12	完善的资本市场,有公开的证券交易所	10
对外商略有限制但无管制	10	有少量当地资本,有投机性证券交易所	8
对外商有少许管制	8		
对外商有限制并有管制	6	当地资本少,外来资本不多	6
对外商有限制并严加管制	4	短期资本极其有限	4
对外商严格限制并严加管制	2	资本管制很严	2
禁止外商投资	0	高度的资本外流	0
四、货币稳定性	4~20 分	八、近五年的通货膨胀率	2~14 分
完全自由兑换	20	低于 1%	14
黑市与官价差距小于 1 成	18	1%~3%	12
黑市与官价差距在 1~4 成之间	14	3%~7%	10
黑市与官价差距在 4 成至 1 倍之间	8	7%~10%	8
		10%~15%	6
黑市与官价差距在 1 倍以上	4	15%~30%	4
		高于 30%	2
		总分	8~100 分

估方法也存在三个缺陷:一是对投资环境的等级评分带有一定的主观性;二是标准化的等级评分法不能如实反映环境因素对不同的投资项目所产生影响的差别;三是所考虑的因素不够全面,特别是忽视了某些投资硬环境方面的因素,如东道国交通和通信设施的状况等。

(四)动态分析法

投资环境不仅因国别而异,在同一国家内也会因不同时期而发生变化。因此,在评估投资环境时,不仅要考虑投资环境的过去和现在,而且还要预测环境因素今后可能出现的变化及其结果。这对企业进行对外直接投资来说是十分重要的,因为这种投资短则 5 年或 10 年,长则 15 年或 20 年以上,有的甚至是无期限,这就需要从动态的、发展变化的角度去分析和评估投资目标国的投资环境。美国道氏化学公司从这一角度出发制定并采用了动态分析法评估投资环境(见表 1-7)。

表 1-7 　　　　　　　　　　投资环境动态分析法

1. 企业现有业务条件	2. 引起变化的主要原因	3. 有利因素和假设的汇总	4. 预测方案
评价以下因素: (1)经济实际增长率 (2)能否获得当地资产 (3)价格控制 (4)基础设施 (5)利润汇出规定 (6)再投资的自由 (7)劳动力技术水平 (8)劳动力稳定性 (9)投资优惠 (10)对外国人的态度 ⋮ (40)……	评价以下因素: (1)国际收支结构及趋势 (2)被外界冲击时易受损害的程度 (3)经济增长与预期目标的差距 (4)舆论界和领袖观点的变化 (5)领导层的确定性 (6)与邻国的关系 (7)恐怖主义的骚扰 (8)经济和社会进步的平衡 (9)人口构成和人口变动趋势 (10)对外国人和外国投资的态度 ⋮ (40)……	对前两项进行评价后,从中挑选出 8～10 个在某国某项目能获得成功的关键因素(这些关键因素将成为不断核查的指数或继续作为投资环境评价的基础)	提出四套国家或项目预测方案: (1)未来 7 年中关键因素造成的"最可能"方案 (2)若情况比预期的好,会好多少 (3)若情况比预期的糟,会如何糟 (4)会使公司"遭难"的方案

道氏公司认为其在国外投资所面临的风险有两类。第一类是"正常企业风险"，或称"竞争风险"。例如，自己的竞争对手也许会生产出一种性能更好或价格更低的产品。这类风险存在于任何基本稳定的企业环境中，它们是商品经济运行的必然结果。第二类是"环境风险"，即某些可以使企业环境本身发生变化的政治、经济及社会因素。这类因素往往会改变企业经营所必然遵循的规则和采取的方式，对投资者来说这些变化的影响往往是不确定的，它可能是有利的，也可能是不利的。这样，道氏化学公司把影响投资环境的诸因素按其形成的时间及作用范围的不同分为两部分：一是企业现有的业务条件；二是有可能引起这些条件变化的主要原因。这两部分又分别包括40项因素。在对这两部分因素做出评价后，提出投资项目的预测方案的比较，可以选择出具有良好投资环境的投资场所，在此投资经营将会获得较高的投资利润。

表1-7第一栏是企业现有业务条件，主要对投资环境因素的实际情况进行评价；第二栏是引起变化的主要原因，主要考察社会、政治、经济事件可能引起的投资环境变化；第三栏是有利因素和假设的汇总，即在对前两项评价的基础上，找出8~10个使投资项目获得成功的关键因素，以便对其连续地进行观察和评价；第四栏是预测方案，即根据对未来7年环境变化的评估结果提出四套预测方案供企业经营决策时参考。道氏化学公司的动态分析以未来7年为时间长度，这是因为该公司预计投资项目投产后的第7年是盈利高峰年。

动态分析法有优点也有缺点。它的优点是充分考虑未来环境因素的变化及其结果，从而有助于公司减少或避免投资风险，保证投资项目获得预期的收益；它的缺点是过于复杂，工作量大，而且常常带有较大的主观性。

（五）加权等级评分法

加权等级评分法是前面所介绍的投资环境等级评分法的演进，该方法由美国学者威廉·戴姆赞于1972年提出。企业在运用这种方法时大体分为三个步骤：①对各环境因素的重要性进行排列，并给出相应的重要性权数；②根据各环境因素对投资产生不利影响或有利影响的程度进行等级评分，每个因素的评分范围都是从0（完全不利的影响）到100（完全有利的影响）；③将各种环境因素的等级评分得分乘以相应的重要性权数，然后进行加总。按照总分的高低，可供选择的投资目标国被分为以下五类：投资环境最佳的国家、投资环境较好的国家、投资环境一般的国家、投资环境较差的国家和投资环境恶劣的国家。表1-8列示了甲国和乙国的加权等级评分法结果。

表 1-8　　　　　　　　　投资环境加权等级评分法

按其重要性排列的环境因素	甲国 (1)重要性权数	甲国 (2)等级评分 0~100	甲国 (3)加权等级评分 (1)×(2)	乙国 (1)重要性权数	乙国 (2)等级评分 0~100	乙国 (3)加权等级评分 (1)×(2)
1. 财产被没收的可能性	10	90	900	10	55	550
2. 动乱或战争造成损失的可能性	9	80	720	9	50	450
3. 收益返回	8	70	560	8	50	400
4. 政府的歧视性限制	8	70	560	8	60	480
5. 在当地以合理成本获得资本的可能性	7	50	350	7	90	630
6. 政治稳定性	7	80	560	7	50	350
7. 资本的返回	7	80	560	7	60	420
8. 货币稳定性	6	70	420	6	30	180
9. 价格稳定性	5	40	200	5	30	150
10. 税收水平	4	80	320	4	90	360
11. 劳资关系	3	70	210	3	80	240
12. 政府给予外来投资的优惠待遇	2	0	0	2	90	180
加权等级总分	5 360			4 390		

表 1-8 中,甲国的加权等级总分为 5 360 分,大于乙国的 4 390 分,这意味着甲国的投资环境优于乙国的投资环境。如果公司面临在甲、乙两国之间选择投资场所的机会,甲国是比较理想的选择。

(六)抽样评估法

抽样评估法是指对东道国的外商投资企业进行抽样调查,了解它们对东道国投资环境的一般看法。其基本步骤是:①选定或随机抽取不同类型外商投资企业,列出投资环境评估要素;②由外商投资企业的高级管理人员进行口头或纸面评估,评估通常采取回答调查问卷的形式。

国际投资者可以通过这种方法了解和把握东道国的投资环境。同时,东道国政府也可采取这种方式来了解本国投资环境对外国投资的吸引力如何,以便调整吸收外资的政策、法律和法规,改善本国的投资环境。组织抽样评估的单位通常是欲从事国际投资活动的企业或国际咨询公司,也可以是东道国政府的有关部门或其委托的单位。

抽样评估法的最大优点是能使调查人得到第一手信息资料,它的结论对潜在的投资者来说具有直接的参考价值,缺点是评估项目的因素往往不可能列举得很多,因而可能不够全面。

(七) 体制评估法

体制评估法是香港中文大学闵建蜀教授于 1987 年提出的。这种方法不局限于各种投资优惠措施的比较,着重分析政治体制、经济体制和法律体制对外国投资的政治风险、商业风险和财务风险所可能产生的直接影响,并指出企业的投资利润率不仅仅取决于市场、成本和原材料供应等因素,而且取决于政治、经济和法律体制的运行效率。

在体制评估法中,闵建蜀确立了五项评价标准,即稳定性、灵活性、经济性、公平性和安全性。这些标准反映了一个国家政治与行政体制、经济体制和司法体制的运行效率,它对外国投资的政治风险、商业风险和财务风险将产生直接影响,从而关系到外资企业能否实现其投资的利润目标。

案例专栏

中国企业的海外投资模式

结合海外投资的动机和方式,以中国企业为例,国际直接投资的模式主要包括如下几种类型:

一、建立海外营销渠道投资模式

建立海外营销渠道投资模式,指的是企业进行海外投资的目的并不是在东道国设立生产基地或研发中心,而是要建立自己的国际营销机构,借此构建自己的海外销售渠道和网络,将产品直接销往海外市场,减少中间环节,提高企业的盈利水平。

作为中国最大的制药企业之一,三九集团的海外投资基本属于这种模式。三九集团的制造基地和研发中心等均在国内,海外公司主要是营销机构。自

1992 年以来,三九集团先后在俄罗斯、马来西亚、德国、美国、南非、新加坡、日本、中东等国家和地区设立了营销公司。这些营销公司作为三九集团在海外的窗口,担负着产品宣传和市场推广的重任。海外营销公司的发展壮大,使三九集团产品的市场由单一国内市场逐步演变成全球性市场。

二、境外加工贸易投资模式

境外加工贸易投资模式是指企业通过在境外建立生产加工基地,开展加工装配业务,以企业自带设备、技术、原材料、零配件投资为主,经加工组装成制成品后就地销售或再出口到别的国家和地区,借此带动和扩大国内设备、技术、原材料、零配件出口。

境外加工贸易投资模式适合我国目前经济结构调整的要求,近年来已成为企业海外投资的一种重要模式,主要集中在技术成熟和生产能力过剩的纺织服装、家电、轻工、机械和原料药等行业。华源集团、珠海格力等企业的海外投资多属于境外加工贸易投资模式。

三、海外创立自主品牌投资模式

海外创立自主品牌投资模式是指企业在海外投资过程中,不论是采取绿地投资方式还是采取跨国并购投资方式,均坚持在全球各地树立自主品牌,靠长期的投入培育自主的国际知名品牌,靠消费者认同自己的品牌来开拓海外市场。

该模式以海尔集团为代表,在海外投资过程中始终以创立世界知名的自主品牌为核心目标。海尔集团在海外投资办厂时,坚持打海尔的牌子,中方投资方是海尔,企业的名字是海尔,生产和销售的产品是海尔牌的。海外投资不仅是海尔占领国际市场的手段,更是其创立世界名牌的有效途径。

四、海外并购品牌投资模式

海外并购品牌投资模式是一种与海外创立自主品牌投资模式迥然不同的投资模式,它是指通过并购国外知名品牌,借助其品牌影响力开拓当地市场的海外投资模式。这种模式的主要特征:一是"买壳上市",即先收购国外知名品牌这个"壳",然后借助这个"壳"对产品进行包装,获得或恢复当地消费者的认同,快速进入当地市场。二是由于所并购的多是经营不善或破产的海外公司现成的知名品牌,仍具有一定的影响力和销售渠道,所以该模式省去了海外品牌塑造和品牌推广的时间与费用。三是该模式适用于具有一定资金基础、信誉较好、有能力收购和驾驭海外知名品牌的大型企业。

借外国品牌开拓海外市场,已成为 TCL 集团独特的海外营销策略。可能部分收购案例远谈不上成功,但并不能否认这种投资模式的可取之处。

五、海外品牌输出投资模式

海外品牌输出投资模式指的是那些具有得天独厚品牌优势的企业,开展海外投资时不投入太多的资金,多以品牌入股的合资形式或采取特许加盟与连锁经营等其他方式进行拓展。

采用该模式开展海外投资的我国企业目前为数不多,因为这种模式有很强的条件性,企业必须拥有知名品牌和自主知识产权,而这正是当前中国大多数企业的"软肋"。现实中比较典型的案例是北京同仁堂。

六、海外资产并购模式

海外资产并购模式是指一国企业作为收购方购买海外目标企业的全部或主要的运营资产,或收购其一定数量的股份,以实现对其进行控制或参股的投资行为。一国企业并购目标企业后,一般不承担目标企业原有的债权债务及可能发生的赔偿,只承接目标企业原有的资产和业务。

万向集团整体收购美国舍勒公司、海尔集团收购意大利电冰箱制造厂、北京东方电子集团收购韩国现代电子等都属于这种类型。

七、海外股权并购模式

海外股权并购模式是指一国公司购买一家海外目标公司(通常都是上市公司)发行在外的具有表决权的股份或认购其新增注册资本,所获得的股份达到一定比例可对该公司行使经营管理控制权的一种海外投资行为。在海外股权并购模式下,其交易的对象是海外目标公司的股权,而最终取得的是对目标公司的控制权,一国企业作为收购方成为海外目标公司的新股东。

万向集团并购在美国纳斯达克上市的美国 UAI 公司、北京东方电子集团收购上市公司冠捷科技等都属于此类并购。

八、国家战略主导投资模式

国家战略主导投资模式是指一些大型能源企业开展海外投资主要是基于政府的推动,注重的是国家层面的宏观利益,是为国家经济的可持续发展和国家能源安全的需要而开展海外资源开发方面的投资。

海外能源开发投资是落实国家能源安全战略的重要步骤,这类投资需要巨额资金投入,投资回收期限长,投资风险大,需要政府来推动和承担主要风险。开展该模式海外投资的代表性企业包括中石化、中石油和中海油。

九、海外研发投资模式

海外研发投资模式是指一些高科技企业(非传统的制造企业或资源开发企业)通过建立海外研发中心,利用海外研发资源,使研发国际化,取得居国际先进水平的自主知识产权,并将对外直接投资与提供服务结合起来。

1999 年,华为在印度班加罗尔成立海外研发中心,从此走上国际化道路。时至今日,华为的全球研发中心总数达到 16 个、联合创新中心共 28 个。

思考与练习

1. 国际直接投资的最新发展状况。
2. 国际直接投资的概念与形式。
3. 跨国并购的概念、类型和动因。
4. 近年来跨国并购的特点。
5. 通过并购或新建方式设立海外企业的利弊分析。

第二章

跨国公司总论

当今国际经济中,跨国公司是国际投资、国际贸易、国际金融和国际技术转让活动的主要组织者和承担者。本章从不同角度论述跨国公司,研究和分析了跨国公司的概念与特征、产生与发展、法律与管理组织形式、服务业跨国公司等。通过学习本章,应理解相关概念,对跨国公司有一个全面整体的把握。

学习要点

In recent international economic cooperation, transnational corporations have significant influence in many areas, including international investments, trade, finance and technological transfer, etc. This chapter analyzes Multinational Corporations (MNCs) from different aspects, including concepts and features, origin and development, legal and managerial structure, service MNCs, etc. Students should on one hand grasp basic knowledge, and on the other hand try to have a comprehensive understanding of MNCs-related issues.

第一节 跨国公司的概念与特征

一、跨国公司的概念

国际上对跨国公司(transnational corporations,通常缩写为 TNCs)有许多叫法,如全球公司、国际公司、多国公司、宇宙公司等,各种机构和学者根据不同的标准对跨国公司有各种各样的定义。现将定义跨国公司的三种主要标准简单介绍如下:

(一)结构标准(structural criteria)

在这种标准体系下,跨国公司应该满足下面几个条件中的至少一个:在两个以上的国家经营业务;公司的所有权为两个以上国籍的人所拥有;公司的高级经理人员来自两个以上的国家;公司的组织遍布全球,以全球性产品为基础。

(二)业绩标准(performance criteria)

凡是跨国公司,其在国外的生产值、销售额、利润额、资产额或雇员人数必须要达到某一个百分比以上。百分比具体应为多少目前并无统一的认识,实践中采用 25% 作为衡量标准的情况较多。

(三)行为标准(behavioral criteria)

跨国公司应该具有全球战略目标和动机,以全球范围内的整体利益最大化为原则,用一视同仁的态度对待世界各地的商业机会和分支机构。

综合各种观点,可以认为:跨国公司是指这样一种企业,它在两个或两个以上的国家进行直接投资,从事生产经营活动,国外的业绩达到一定比例,有一个统一的中央决策体系和全球战略目标,其遍布全球的各个实体分享资源和信息并分担相应的责任。

二、跨国公司的类型

从不同的角度,跨国公司可以被划分成不同的类型:

(一)母分公司型跨国公司和母子公司型跨国公司

按法律形式划分,跨国公司可以分为母分公司型和母子公司型。母分公司型的组织模式,适用于银行与保险等金融企业的跨国经营;母子公司型的组织模式,比较适合工业企业。

（二）资源开发型跨国公司、加工制造型跨国公司和服务型跨国公司

按经营项目的重点划分,跨国公司可以分为资源开发型、加工制造型和服务型。资源开发型跨国公司主要以采矿业、石油开发业和种植业为主;加工制造型跨国公司主要从事最终产品和中间产品的制造,如金属制品、钢材、机械、运输设备和电信设备等;服务型跨国公司是指从事非物质产品生产,在贸易、金融、运输、通信、旅游、房地产、保险、广告、管理咨询、会计法律服务、信息等行业和领域内从事经营活动,提供各种服务的跨国公司。

（三）民族中心型跨国公司、民族多元型跨国公司和全球战略型跨国公司

按决策机构的策略取向划分,跨国公司可以分为民族中心型、民族多元型和全球战略型。民族中心型跨国公司的所有决策主要考虑母公司的权益;民族多元型跨国公司的决策以众多子公司的权益为主;全球战略型跨国公司的决策以公司的全球利益为主,这种类型的决策较为合理,目前为大多数跨国公司所采用。

（四）横向型跨国公司、垂直型跨国公司和混合型跨国公司

按公司内部的经营结构划分,跨国公司分为横向型、垂直型和混合型。横向型跨国公司多数是产品单一的专业性跨国公司,在该类型公司内部没有多少专业分工,母子公司基本上都制造同类型的产品或经营同类型的业务;垂直型跨国公司是指公司内部母公司和子公司之间以及子公司相互之间分别制造同一产品的不同零部件,或从事不同工序的生产,通过公司内部产品转移,将整个生产过程相互衔接起来;混合型跨国公司一般是经营产品多样化的跨国公司,根据各产品的生产特点,母公司与子公司、子公司与子公司之间有的是垂直型分工,有的是横向型分工。

（五）区域型跨国公司和全球型跨国公司

按跨国公司生产经营的空间分布范围划分,可以分为区域型和全球型。区域型跨国公司的活动范围主要局限在特定区域,而全球型跨国公司是以整个世界市场作为其生产经营活动的空间。

（六）先发型跨国公司和后发型跨国公司

按跨国公司诞生的早晚和企业开展跨国经营时间的先后,把跨国公司分为先发型和后发型两类。先发型跨国公司是在国际范围内一个行业最早开展国际化经营的企业,并且企业的核心技术基本上是自己研究开发的。这类跨国公司的典型代表是欧洲和美国的跨国公司。后发型跨国公司是后来者,企业开始进行国际化经营时国际市场该行业内已充满了跨国公司,而且企业的一些核心技术主要是从外国引进的。这类跨国公司主要以韩国、新加坡和中国等国家与地区的跨国公司为代表。

三、跨国公司的特征

世界上的跨国公司多种多样,有从事制造业的跨国公司,也有从事服务业的跨国公司;有规模巨大的跨国公司,也有数以万计的中小型跨国公司;有发达国家的跨国公司,也有发展中国家的跨国公司。但无论什么类型的跨国公司,和国内公司相比,由于赖以存在的条件和环境等方面的差异,它们一般都具有以下几个特征。

(一)国际化经营战略

跨国公司不同于国内公司,首先就是其战略的全球性。虽然跨国公司开始都是在母国立足,把它作为向国外扩张的基础,但跨国公司的最终目标市场绝不限于母国市场。跨国公司战略以整个世界为目标市场。跨国公司为了获取资源、占领市场、保持垄断优势等种种原因,在世界各地投资设立分支机构,进行国际化经营。国内外投资与经营环境的差异会给企业的生产经营活动带来不同的影响和风险,企业要运用自己所拥有的各种资源,主动地应对环境的各种变化,以实现企业跨国经营的目标。实际上,国际化经营就是企业与国际环境相互作用的过程。国际化经营是跨国公司的一个最主要的特征,因为如果没有国际化经营,尤其是如果没有作为国际化经营第二层次的国际直接投资,跨国公司也就名不符实了。

(二)在全球战略指导下的集中管理

跨国公司虽然分支机构众多,遍布全球,但诸如制定价格、生产计划、投资计划、研究与开发计划和利润分配等重大决策均由母(总)公司负责,各分支机构执行。指导总公司做出决策的是跨国公司的全球战略,即将所有的分公司、子公司视为一个整体,以全球的观点而不是地区观点来考虑问题。因此,跨国公司在全球范围内整体长远利益的最大化是其制定政策的出发点和归宿。一切业务经营主要根据整个公司在全球范围内获得最大利益、市场情况和总的发展做出决策,所考虑的不是一时一地的得失,而是整个公司在全球的最大利益。跨国公司将自己视为一个全球公司,而不再是某个国家的公司。这种高度集中的一体化管理,保证了生产经营网络的合理分布以及资源的合理配置,避免了重复生产和销售中的自相竞争,减少了资源浪费。

(三)明显的内部化优势

由于跨国公司在多个国家设有分支机构,在宏观管理上又采用集中领导,因此各个分支机构、母公司与分支机构之间关系密切,相互协作、互相配合,这突出地体现在制定内部划拨价格、优先转让先进技术和信息资源共享上,这些做法使得跨国公司具有了国内公司所不具备的独特的竞争优势,这也在一定程度上解释了为什么一国企业达到一定规模后就要向外扩张、向跨国公司方向发展的原因。由于交易成本和市场失效的存在,促使跨国公司将交易内部化,即建立内部市场来取代外部市场。实际上,也只有通过这种内部交易,跨国公司才能作为一个国际化生产体系而正常运转。跨国公司内部交易在国际贸易中占有相当大的比重。

(四)以直接投资为基础的经营手段

以对外直接投资为基础开展生产经营活动是跨国公司与传统国内公司相区别的最根本特征。一般来说,跨国公司向国外市场渗透可以有三种方式,即商品输出、无形资产转让(如技术贸易、合同制造等)和对外直接投资。随着竞争的加剧,向外输出商品为主的做法已满足不了世界市场的需要,跨国公司已越来越多地利用对外直接投资代替传统的商品输出。与出口相比,海外直接生产更符合跨国公司全球战略的需要和最大限度地扩大盈利的目的。当然,跨国公司以对外直接投资为其经营发展的基础,并不意味着对外直接投资是跨国公司唯一的经营活动方式,进出口贸易、技术转让、间接投资等也都是跨国公司经营活动的内容。

四、跨国公司的发展历程

跨国公司是国际直接投资的主体,世界上绝大部分的国际直接投资都是由跨国公司进行的。发展至今,跨国公司主要经历了以下三个阶段。

(一)第一次世界大战以前的萌芽阶段

跨国公司的发展已有 100 多年的历史。在统一的世界市场被逐渐开拓出来以后,为了争夺市场和获得原材料,一些西方国家的公司开始进行对外直接投资,于是产生了现代跨国公司的雏形。其中比较著名的是美国胜家(Singer)缝纫机公司于 1867 年在英国建立分厂进行生产,以后陆续扩展到欧洲一些国家,占领欧洲市场。其后,德国的弗里德里克·拜耳公司、美国的爱迪生电灯公司等也纷纷走向海外市场,将其新产品和新技术在国外投资生产和应用。1876年,日本成立了第一家综合商社——三井物产公司。当时对外直接投资主要集中于铁路和采矿业,且多投资于落后地区。总的说来,第一次世界大战以前世界范围内从事跨国经营的企业数量较少,对外直接投资额也不大,跨国公司处于萌芽阶段。

(二)两次世界大战之间的逐渐发展阶段

在这个阶段,对外直接投资有了相当的增长,比第一次世界大战前增加了两倍,制造业吸引了更多的国际直接投资,制造业的跨国公司发展迅速,越来越多西方国家的大公司开始在海外建立子公司。据统计,在这个阶段共有1 441家西方国家的公司进行了对外直接投资。在这一时期,美国跨国公司的发展较快,美国在国外直接投资的比重逐渐超过英国而居世界首位。然而,由于战争、经济危机和国家管制,跨国公司虽然有了一定的发展,但整体速度仍然较慢。

(三)第二次世界大战以后的迅猛发展阶段

第二次世界大战以来,科学技术取得了突飞猛进的发展,世界经济一体化程度不断提高,经济全球化趋势加强,这使得对外直接投资在深度和广度上迅速发展,跨国公司的数量和规模大大增加,对外直接投资的作用和影响已经超过对外间接投资。根据联合国跨国公司中心的资料,发达国家跨国公司在1968年有母公司727家,子公司27 300家,到1980年增加到母公司10 727家,子公司98 000家。

自20世纪90年代以来,随着世界经济加速走向市场化、自由化和网络化,跨国公司的全球影响越来越大,成为连接发达国家的资金、技术和管理经验与发展中国家的资源、劳动力和市场的重要纽带,在世界经济的发展中起着举足轻重的作用。

跨国公司规模巨大,仅美国通用汽车公司的年销售额就相当于一个欧洲中等发达国家的国民生产总值。第二次世界大战后,跨国公司的迅猛发展大大推动了资本国际化和生产国际化的进程,促进了各种生产要素在国际上的移动与重新合理配置。跨国公司是推动经济全球化和一体化的主要力量之一。

五、跨国公司发展的新趋势

在经济全球化以及技术变革不断加快的大背景下,全球跨国公司的发展呈现出了一些新的趋势。

（一）跨国公司的发展战略重新出现了回归高度专业化的趋势，即归核化

传统的跨国公司理论认为，多元化经营是跨国公司一种重要的扩张战略，大型跨国公司都是多种产品、多种技术和多种市场的有机统一体。20 世纪 80 年代是欧美跨国公司多元化经营的鼎盛时期。近年来，许多跨国公司纷纷从多元化经营回归专业化经营，集中发展自己的核心产业。所谓归核化（refocusing），其要点是：跨国公司把自己的业务集中在最具竞争优势的行业上；把经营重点放在核心行业价值链自己优势最大的环节上；强调核心竞争力（core competence）的培育、维护和发展；对非核心业务实施战略性外包（outsourcing）。实施归核化战略的主要措施有：出售和撤销、收购及剥离、分拆和战略性外包。美国的通用电气公司和芬兰的诺基亚公司是实行归核化战略并获得成功的典型案例。

（二）投资方式多样化，跨国并购日益成为跨国公司对外直接投资的主要手段

经济全球化打破了原有的不同国家之间、不同市场之间的界限，使得跨国公司的经营进入全球性经营战略时代，由此导致的新趋势是跨国公司必须以全球市场为目标争取行业领先地位，在本行业的关键因素上追求全球规模，追求实现全球范围内的最低成本生产和最高价格销售，追求提高全球市场占有率和取得全球利润，以同业跨国战略兼并和强强联合作为追求全球规模经济的主要手段。由于跨国并购方式具有迅速打进国外市场、扩大产品种类、充分利用现有营销渠道、获得目标公司的市场份额等优点，跨国公司在对外直接投资中倾向于更多地采用并购的方式。

（三）跨国公司的当地化战略成为重要的趋势

在 20 世纪 80 年代，只有少数的跨国公司提出并实施当地化战略，而随着 90 年代越来越多的跨国公司加入实施这一战略，当地化战略已经成为跨国公司全球战略中的一种大趋势。跨国公司的当地化战略主要体现在市场当地化、投资管理当地化、管理人员当地化、R&D 当地化、公司风格当地化和利润当地化等方面。

（四）跨国公司的跨国化程度不断提高

跨国化程度由跨国公司在国外的资产值与其总资产值之比、国外销售额与总销售额之比以及国外雇员数与总雇员数之比这三个比例的平均值来衡量。

20 世纪 90 年代以来,跨国公司进一步向全球性公司发展,发达国家和发展中国家跨国公司的跨国化指数均有较大提高。根据《世界投资报告》的数据,2000年,发展中国家最大 50 家跨国公司的平均跨国化指数为 34.6%,世界最大 100家跨国公司的平均跨国化指数为 55.7%;到 2020 年,发展中国家最大 100 家非金融类跨国公司的平均跨国化指数为 47.6%,世界最大 100 家非金融类跨国公司的平均跨国化指数为 60.5%。跨国化程度的不断提高使得跨国公司的领导层日益国际化。

(五)战略联盟成为跨国公司的重要发展模式

20 世纪 90 年代以来,由于科技进步和生产国际化程度的提高,跨国公司为了集中科技资源,实现优势互补,减少风险,扩大业务活动,共同分担研究和开发费用,越来越倾向于建立公司间的战略联盟,从而弥补各自在技术、市场和竞争力方面的不足,加强自己在全球范围内的竞争能力和竞争优势,以便对新出现的技术变革和市场机遇做出反应。这种现象在高科技领域尤为突出,在跨国公司战略联盟中研究与开发型占了 80%。

(六)跨国公司的直接投资加速向第三产业和高附加值的技术密集型行业倾斜

全球对现代化服务需求增长很快,服务业能在生产、就业、贸易和消费等方面产生良性效应,在整个国民经济中发挥着积极作用。而且,第三产业的投资普及面广,影响范围大,较制造业易于获得更高的投资收益。许多发展中国家调整利用外资的政策,扩大市场准入,鼓励跨国公司进入商业、金融、保险、房地产等行业,加之 20 世纪 90 年代以来信息技术突飞猛进,互联网络迅速延伸和扩展,服务活动的贸易性不断提高,这都在一定程度上增加了跨国公司在发展中国家服务业的投资比重,促进了对外直接投资向第三产业和技术密集型行业倾斜。近年来,制造业跨国公司服务化已成趋势。

(七)互联网等现代技术的出现,促使跨国公司开始采用新型的管理体制和组织结构

技术、经济和文化等方面的巨大变化以及跨国公司在全球的迅猛发展,使得传统的金字塔型的管理体制无力应付许多新问题,例如多层次等级结构和各自为政的管理体系导致无法有效利用重要而密集的信息资源。20 世纪 90 年代以来,基于互联网和现代信息技术的新型管理体制与组织结构在许多大公司中开始得到应用,新型管理体制以扁平化、分权化和管理总部小型化为特征,它允许人力资源、信息等在跨国公司母公司及其设在全球的子公司网络内跨国界、

跨行业自由流动,它强调信息的开发与共享,使信息为更多的子公司所共有,大大减少了子公司独立开发信息的成本。跨国公司对互联网的发展采取积极的欢迎态度,并且纷纷"触电上网",制定并实施本企业的网络发展战略。

(八)跨国公司的研究与开发更趋国际化

跨国公司一改以往以母国为技术研究和开发中心的传统布局,根据不同东道国在人才、科技实力以及科研基础设施上的比较优势,在全球范围内有组织地安排科研机构,从事新技术、新产品的研究与开发工作,从而促使跨国公司的研究与开发活动朝着国际化、全球化方向发展。R&D 的国际化从另一个角度看也就是 R&D 在东道国的当地化。目前研发型对外直接投资主要集中在欧、美、日等发达国家的跨国公司。

六、跨国公司的作用

跨国公司作为当今世界经济的一个重要力量,对国别经济和全球经济的发展发挥了巨大的作用,这些作用以积极的方面为主。当然,在一些国家的一些方面,跨国公司也产生了一些消极作用。下面主要分析一下跨国公司的积极作用。

(一)跨国公司是世界经济增长的引擎

以对外直接投资为基本经营手段的跨国公司已发展成为世界经济增长的引擎;跨国公司通过对研究与开发的巨大投入推动了现代科技的迅猛发展;跨国公司的内部化市场促进了全球市场的扩展,跨国公司在传统的外部市场之外,又创造出了跨越国界的地区或全球联网的新市场——内部化市场;跨国公司的发展加速了世界经济集中化倾向;跨国公司在产值、投资、就业、出口、技术转让等方面均在世界上占有重要的地位。

(二)加快了各种生产要素的国际移动,优化了资源配置,提高了资源利用效率

跨国公司通过一体化国际生产和公司间贸易,可以形成配置和交换各国不同生产要素的最佳途径,并可利用世界市场作为组织社会化大生产、优化资源配置的重要手段。以价值链为纽带的跨国生产体系的建立、公司间内部贸易的进行已成为跨国公司提高资源使用效率的有效方法。对于整个世界经济而言,跨国公司的发展推动了各种生产要素在国际上的移动与重新组合配置,扩大了国际直接投资、国际贸易和国际技术转让的规模,促进了世界经济一体化的进程和国与国之间经济合作活动的开展,使各个国家的经济越来越紧密地结合在

一起,为国际经济的不断发展和繁荣做出了贡献。

(三)对资金的跨国流动起到了促进作用

一方面,跨国公司的对外直接投资促进了资金的跨国流动。在国外建立的全资或控股子公司与母公司有大量经常性的资金往来,比如,子公司向母公司上交利润、母公司向子公司追加投资等。另一方面,跨国公司的对外间接投资也会促进资金的跨国流动。跨国公司拥有大量的股票及债券等金融资产,这些金融资产的流动,随着计算机和通信技术的快速发展,速度与以前相比明显加快。除此之外,跨国公司业务的发展还推动了银行的国际化经营,跨国公司需要其母国的银行在其子公司所在的国家开展业务,并为其子公司提供各种金融服务,这就会使该银行的国外业务量迅速增加。

(四)推动了国际贸易规模的扩大和贸易结构的转变

跨国公司对国际贸易的促进作用主要有两个方面:一方面反映在外资企业对东道国出口的直接贡献;另一方面反映在国际直接投资进入所引起的当地企业的产品出口努力(包括当地企业在外资企业的竞争压力下所采取的产品出口努力)、跨国公司的当地采购和零部件分包安排等。跨国公司不仅通过外部市场促进贸易的自由化,更通过内部市场促进贸易自由化。内部贸易构成了跨国公司超越一般国内企业对当代世界贸易的突出贡献。据联合国的统计,目前约1/3的世界贸易为跨国公司的内部贸易。内部贸易的发展不仅改变了国际贸易的原有范畴,而且使得当今的国际贸易进一步向中间投入品和知识产品推进。也就是说,跨国公司不仅促进了国际贸易量的扩大,而且促进了国际贸易结构的改变。

(五)对母国和东道国的发展发挥了积极作用

对于跨国公司母国来说,通过跨国公司的对外直接投资,扩大了资本输出、技术输出、产品输出和劳务输出,增加了国民财富,同时在一定程度上也增强了对接受投资国的影响。对于接受跨国公司投资的东道国来说,引进跨国公司的同时也引进了发展经济所必需的资本、先进的技术和管理理念,增加了就业机会,扩大了出口,提升和优化了产业结构,繁荣了经济。

(六)跨国公司的发展加快了经济全球化的进程

跨国公司通过其国际化的投资、生产、销售、研究与开发等跨国经营活动,有利于国际贸易的自由化、资金流动的加速化、资源配置的最优化,从而促进经济的全球化。第二次世界大战以来,跨国公司的壮大和世界经济的发展相伴而行,相互促进。随着经济全球化和一体化趋势的不断增强,跨国公司必将在其中扮演一个更加重要的角色。

第二节　跨国公司的组织形式

跨国公司的组织形式有两层含义:一是法律结构,即法律组织形式,主要涉及母公司与国外各分支机构的法律和所有权关系、分支机构在国外的法律地位、财务税收的管理等方面;二是组织结构,即行政或管理组织形式,主要职能是如何提高企业的经营管理效率,优化企业资源的配置,以求取得最佳的经济效益。下面分别简要介绍跨国公司的法律组织形式和管理组织形式。

一、法律组织形式

跨国公司的法律组织形式有母公司、分公司、子公司以及联络办事处。

(一)母公司

母公司(parent company)又称总公司,通常是指掌握其他公司的股份,从而实际上控制其他公司业务活动并使它们成为自己附属公司的公司。从上面的定义来看,母公司实际上是一种控股公司。但严格来讲,母公司并不等同于只掌握股权而不从事业务经营的纯控股公司,许多实力雄厚的母公司本身也经营业务,是独立的法人,有自己的管理体系,因而应属于混合控股公司(控股兼营业公司)。母公司通过制定大的方针、政策、战略等对其世界各地的分支机构进行管理。

(二)分公司

分公司(branch)是母公司的一个分支机构或附属机构,在法律上和经济上没有独立性,不是法人。分公司没有自己独立的公司名称和公司章程,只能使用母公司的名称和章程;它的全部资产都属于母公司,没有自己独立的财产权,所以母公司对分公司的债务承担无限责任;分公司的业务活动由母公司主宰,它只是以母公司的名义并根据它的委托开展业务。分公司一般包括生产型与销售型两种类型。

1. 设立分公司的有利之处,主要在于:

(1)设立手续比较简单,只需缴纳少量登记费就可取得所在国的营业执照。

(2)可享受税收优惠。由于分公司不是独立核算的法人,与母公司同属一个法律实体,所以分公司在国外的纳税一般少于子公司。另外,许多国家税法规定,如果国外分公司发生亏损,其亏损额可在母公司税前利润中扣除,而且外国分公司汇出的利润一般不作为红利而缴纳利润汇出税。

(3)便于管理。母公司通过控制分公司的管理人员,全面直接地领导和控制分公司的经营活动。

(4)在某些方面受东道国管制较少。东道国对分公司在该国以外的财产没有法律上的管辖权,因此,分公司在东道国之外转移财产比较方便。

2. 设立分公司的不利之处,主要有:

(1)对于母公司的不利影响。分公司在登记注册时须披露母公司的全部业务活动和财务收支状况,给母公司的业务保密带来损害。而且,母公司要对分公司债务承担无限责任。分公司在终止或撤离时只能出售其资产,而不能出售其股份,也不能与其他公司合并,这对母公司来说也是不利的。

(2)对分公司的不利影响。分公司在业务上受到母公司的支配,难以发挥创造性。分公司在东道国被当作"外国公司"看待,没有东道国股东,因此在当地开展业务有一定困难。

(3)对母国的不利影响。设立国外分公司常会引起母国税收的减少,所以母国对分公司的法律保护也较少。

(三)子公司

子公司(subsidiary)是指按当地法律登记注册成立,由母公司控制但在法律上是一个独立的法律实体的企业机构。子公司自身就是一个完整的公司,其独立性及法人资格主要表现在以下几个方面:子公司有自己独立的公司名称、章程和行政管理机构;子公司有能独立支配的财产,有自己的财务报表,独立核算,自负盈亏;子公司以自己的名义开展业务,进行各种民事法律活动,包括起诉和应诉。

1. 设立子公司的有利之处,主要在于:

(1)有利于开展业务。由于子公司在东道国是以一个"本国"公司的身份开展业务,所以受到的限制比较少,比分公司更能开拓当地市场。

(2)融资比较便利。子公司可以独立地在东道国银行贷款,可以在当地的证券市场上融资,其偿债责任只限于子公司的资产。

(3)有利于进行创造性的经营管理。由于有较大的自主权,子公司在经营管理上可以发挥其创造性。

(4)有利于收回投资。子公司在东道国终止营业时,可灵活选择出售其股份、与其他公司合并或变卖其资产的方式回收投资。

(5)有利于进行国际避税。如果在国际避税地设立避税地子公司,有利于母公司开展避税活动。

2. 设立子公司的不利之处,主要在于:

（1）手续比较复杂。因为子公司在东道国是一个独立法人,所以设立手续比较复杂,费用较高。

（2）行政管理费用较高。在国外设立子公司,跨国企业必须建立东道国公司法所规定的行政管理机构,还必须对东道国大量的法律法规进行研究,这增加了子公司的行政管理费用。

（3）经营管理方面存在一定困难。于公司需要公开自己的财务状况,这必然会增加子公司的竞争压力。对于与当地合资的子公司,其在东道国的经营活动常会受到当地股东的制约,因为发达国家的公司法比较注重保护少数股东的利益,而发展中国家的法律有时会硬性规定当地股权的最低比例以及当地董事的最低人数。

（四）联络办事处

联络办事处(liaison office)是母公司在海外建立企业的初级形式,是为进一步打开海外市场而设立的一个非法律实体性的机构,它不构成企业。联络办事处一般只从事一些收集信息、联络客户、推销产品之类的工作,开展这些活动并不意味着联络办事处在东道国正式"开展业务",联络办事处不能在东道国从事投资生产、接受贷款、谈判签约及履约之类的业务。同分公司相同的是,联络办事处不是独立的法人,登记注册手续简单;同分公司不同的是,它不能直接在东道国开展业务,它不必向所在国政府缴纳所得税。

分公司、子公司和联络办事处作为母公司在国外直接投资的组织形式,各有特点,也各有利弊。投资者应当把它们的长处和短处同自己在东道国所要开展业务活动的性质、所要达到的目标、本企业的经营管理能力与特色、东道国的投资环境和税收政策等方面结合起来考虑,选择对推动本企业海外业务发展较为有利的对外直接投资形式。

二、管理组织形式

跨国公司规模大,经营地区广,分支机构众多,产品多种多样,业务内容丰富,这就要求跨国公司建立一套高效率的管理组织形式,以提高行政效率,充分利用公司资源,取得全球范围内的利益最大化。

跨国公司通常采用的管理组织形式有:国际业务部、全球性产品结构、全球性地区结构、全球性职能结构和矩阵式组织结构,下面分别加以简要介绍。

（一）国际业务部

随着产品出口、技术转让、国际投资等国际业务的扩大,跨国公司开始设立专门的国际业务部(international division)。国际业务部拥有全面的专有权,负责公司在母国以外的一切业务。有些跨国公司设立的国际总部或世界贸易公司也属于国际业务部性质。国际业务部作为隶属于母公司的独资子公司,其总裁一般由母公司的副总裁兼任。

设立国际业务部的优点是:集中加强对国际业务的管理;树立体现全球战略意图的国际市场意识,并提高职员的国际业务水平。它的缺点主要是:人为地将国内业务和国际业务割裂开来,造成两个部门在内销外销、技术支持等方面的对立,不利于公司有限资源的优化配置;在国际业务部发展到一定阶段时,其他部门难以与之匹配,影响经营效率。

(二)全球性产品结构

全球性产品结构(global product structure)是指跨国公司在全球范围内设立各种产品部,全权负责其产品的全球性计划、管理和控制。

全球性产品结构的优点是:在强调产品制造和市场销售的全球性规划的前提下加强了产品的技术、生产和信息等方面的统一管理,最大限度地减少了国内和国外业务的差别。它的缺点在于:容易向"分权化"倾斜,各产品部自成体系,不利于公司对全局性问题的集中统一管理;削弱了地区性功能,机构设置重叠,浪费资源。

(三)全球性地区结构

全球性地区结构(global regional structure),即跨国公司以地区为单位,设立地区分部从事经营,每个地区分部都对公司总裁负责。这种结构又可分为两类,地区—职能式和地区—产品式。

全球性地区结构的优点是:由于强化了各地区分部作为地区营利中心和独立实体的地位,有利于制定地区针对性强的产品营销策略,适应不同市场的要求,发挥各地区分支机构的积极性、创造性。它的缺点在于:容易形成"区位主义"观念,重视地区业绩而忽视公司的全球战略目标和总体利益;忽视产品多样化,难于开展跨地区新产品的研究与开发。

(四)全球性职能结构

全球性职能结构(global functional structure)是指跨国公司的一切业务活动都围绕着公司的生产、销售、研究与发展、财务等主要职能展开,设立职能部门,各个部门负责该项职能的全球性业务,分管职能部门的副总裁向总裁负责。例如财务部门对财务收支、税收安排、报表编制负有全球性的责任。

全球性职能结构的优点是:通过专业化的分工明确职责,提高效率;易于实行严格的规章制度;有利于统一成本核算和利润考核。它的主要缺点是难以开展多种经营和实现产品多样化,并给地区间协作造成很大困难。

(五)全球性混合结构

全球性混合结构(global mixed structure)是根据扬长避短的原则,在兼顾不同职能部门、不同地理区域以及不同产品类别之间相互依存关系的基础上,将以上两种或三种组织结构结合起来设置分部而形成的组织结构。当跨国公司经营规模不断扩大、建立了众多产品线、经营多种业务时,或公司是由两家组织结构不同的公司合并形成时,通常采用混合式组织结构。

全球性混合结构的优点是:有利于企业根据特殊需要和业务重点,选择或采用不同的组织结构,灵活性强。其缺点是:组织机构不规范,容易造成管理上的脱节和冲突,且所设各部门之间业务差异大,不利于合作与协调。

(六)矩阵式组织结构

随着跨国公司的规模越来越大,一些跨国公司在明确责权关系的前提下,对公司业务实行交叉管理和控制,即将职能主线和产品/地区主线结合起来,纵横交错,构成矩阵形,故称矩阵式组织结构(matrix structure)。这意味着地区管理和产品管理同时并存,一个基层经理可能同时接受产品副总裁和地区副总裁的领导。

矩阵式组织结构的优点是:各部门各层次密切合作,将各种因素综合起来,增强了公司的整体实力;增强了各子公司的应变能力,可以应付复杂多变的国际业务环境,同时又保持了母公司职能部门对各子公司的有效控制。它的缺点是:冲破了传统的统一管理的原则,管理层之间容易发生冲突;组织结构较复杂,各层级的利益关系不易协调。

以上提到的几种管理组织结构各有其特点和利弊。跨国公司在决定自身管理组织结构时应充分考虑自身的情况(如规模、经营产品、地区等),选择适合自己公司的组织结构。国际业务部往往是一家公司从单纯出口走向国际经营的中间步骤,有利于收集信息、探索经验、培养人才,为进一步全球性经营打下基础。对于产品品种已经实现多样化、系列化,产品类别之间生产技术差异明显、自成体系的企业,采用全球性产品结构比较合适。相反,如果产品品种并不很多,产品的规格、质量、包装、生产技术比较统一,同时销售市场分布广泛(如饮料、石油、医药等行业),跨国公司应选择全球性地区结构。全球性职能结构主要适用于产品系列比较简单、市场经营环境比较稳定的跨国公司。当跨国公司的规模已十分庞大、产品种类繁多、业务内容丰富、经营地区广泛,矩阵式组织结构成为一种理想的选择。

第三节 服务业跨国公司

跨国公司是当前服务业对外直接投资的主要载体,一方面制造业和服务业企业为了扩展国际市场、实现生产的一体化或者分享服务业迅速发展的利益,在服务领域进行了大量的对外直接投资,使得一大批服务业跨国公司应运而生;另一方面,服务业跨国公司逐渐摆脱了为制造业企业全球扩张提供支持的单一目标,积极地进行对外直接投资,日益呈现出经营国际化、业务多样化等特征,成为近年来世界经济中的活跃力量。

一、服务业跨国公司的组织形式

一般来说,大多数服务业跨国公司(特别是大型跨国公司)与制造业跨国公司一样,会采取股权和非股权安排的组织形式,具体来讲主要包括以下两种。

(一)非股权投资

非股权投资也称非股权安排(non-equity arrangement)。非股权合作形式是指在一般不涉及股权或企业产权的条件下,通过契约转让一项或几项无形资产而进入目标国市场。非股权合作形式具体可分为特许经营、管理合同、许可证协议、战略合伙等方式,其中在服务业运用最为成功的是特许经营。

在特许经营方式下,特许方将自己所拥有的商标、商号、产品、专利和专有技术、经营模式等以特许经营合同的形式授予受许方使用,受许方按合同规定,在特许方统一的业务模式下从事经营活动,并向特许方支付相应费用。

特许经营的前提是,潜在的特许方拥有较知名的商品、商标、技术、计划与管理能力,潜在的受许方缺乏上述无形资产优势,但有资金。其具体运作模式下面以麦当劳为例加以说明。麦当劳已经在全球拥有 2 万多家分店,大约每隔 15 小时就要开一家新的分店。对于每一家分店,麦当劳都自行派员选择地址,组织安排店铺的建筑、设备安装和内外装潢。麦当劳特许合同的期限为 20 年,受许方一旦与公司签订合同,必须先付首期特许费 2.25 万美元,其中一半现金支付,另一半以后上交。此后,每年交一笔特许权使用费和房产租金,前者为年销售额的 3%,后者为 8.5%。

特许经营可以使特许方以较少的投入开展国际经营,又可以使受许方在较短的时间内引入对方成熟的品牌、专利、经营管理经验等,且不必冒太大风险。特许经营的优势使其得到了包括麦当劳、肯德基、屈臣氏等国际著名品牌的广泛认可,也使其渗透到了包括餐饮、零售业、人力中介、商业服务、建筑装修服务、汽车租赁、娱乐业等在内的几乎所有服务业行业。

（二）股权投资

股权投资也称股权安排,股权投资形式大体可分为新设和并购两种,是指服务业对外直接投资者通过全部或部分参股在目标国展开经营,其经营实体一般包括海外分支机构、海外附属企业和办事处等。相对于非股权安排,股权安排的劣势在于直接投资成本较大,但其优势是通过跨国公司体系内的信息与资源共享,实现无形资产交易的内部化,这可以将信息不对称所导致的市场失灵降到最低,解决了非股权安排中对于品牌、管理等难定价的问题,也避免了由于机密泄漏等带来的损失,有利于投资者实现资产所有权受益;另一方面,非股权安排一般都有一定期限,投资者在将自己的经验和技术进行全球传授的同时,也为自己树立了众多潜在的竞争对手,而股权投资形式所产生的分支机构隶属于跨国公司,在其全球战略下统一行动,不会对投资者造成巨大的威胁。

在制造业中,对新设和并购两种方式的选择往往取决于相应成本的比较,而服务业中,许多行业(如法律、会计、咨询等)所需要的起始资本只不过是固定的办公场所和一定的现代办公设备,对资本投入的要求不大,所以对具体投资方式的选择往往取决于影响市场准入的政策因素。

现实中,服务业企业跨国直接投资采取的具体形式取决于各种因素的权衡比较。

首先是各种形式的相对成本和收益的比较,股权投资成本主要包括进行股权投资所需的资本和失去该资本的风险,管理、协调和监控国外股权投资的风险,以及放弃从前向专业生产和高效率供应商购买而得到的收益;非股权安排的风险主要是交易性质的,包括与交易本身相关的成本(如寻找合适的契约伙伴的搜寻成本和谈判成本)、与契约有关的成本(如价格、对所提供服务的详细说明、对所提供服务用途的控制、交货的次数和时间)、监督成本(特别是质量管理和检验方面的成本)、契约条款能否被遵守和这些条款受到破坏的有关成本,以及由于实行市场交易内部化而放弃的收益。成本与收益的对比会影响组织形式的选择,因为跨国公司在海外扩张过程中会尽可能降低成本,最大化利润空间。

其次是政府干预的程度和类型,包括直接行政干预以及财政、税收、关税和非关税等政策措施的施行。服务企业所采取的组织形式受政府政策导向的影响,在一些对服务业外资严格管制的国家中,跨国公司多采取办事处之类的非股权安排形式,而在服务业管制相对宽松的国家,股权投资是一种有益的投资方式。

从当前情况来看,非股权安排是服务业跨国公司使用最为广泛的一种组织形式。为数不多的大型服务业跨国公司控制了全球大部分对外直接投资活动,它们的组织形式灵活多样,既有股权投资形式,也有许可证协议、管理合同等非股权安排形式。众多服务业的小型跨国公司是当今国际经济领域颇为活跃的另一支力量,它们更多是寻求与大企业的合作,以保证资金来源、分担金融风险,或者是分享信息与技术共有的利益,非股权安排是其主要的对外直接投资形式。参与数据服务业活动的制造业跨国公司大多推行技术服务协议、管理合同和专利等非股权安排的投资形式。

二、服务业跨国公司发展的特点

服务业跨国公司自 20 世纪 80 年代以后迅速成长,成为国际贸易和投资的中坚力量,它们在供给资金、转移技术、创造就业及推动贸易等方面都发挥了重要的作用。在其全球化经营过程中,服务业跨国公司日益呈现出以下特点。

(一)服务业跨国公司的主导战略由追随型转为主动型

从跨国公司发展的历史来看,服务业一般是跟随在制造业之后推行其跨国活动的。20 世纪 70 年代以前,制造业跨国公司主要以利用东道国的资源及廉价劳动力为动机,曾带动了铁路、公用设施和基建等劳动密集型服务业企业的海外延伸,然而从投资规模和对东道国经济的影响来看,服务业只是作为制造业的补充而落后于制造业。20 世纪 70 年代起,一方面,制造业跨国公司不断成熟,对外投资结构升级、形式多样,为发达国家内部经济地位日趋上升的服务业的对外发展奠定了基础;另一方面,产品及技术的国际贸易蓬勃发展,为工商贸易提供服务的要求与日俱增。20 世纪 80 年代以后,服务业走向海外已不再是单纯地跟随在制造业之后,企业跨国化形成的国际竞争环境,极大地促进了服务业跨国公司寻求在全球范围内设立分支网络,其渗入世界主要市场、谋取利润的跨国战略意识不断加强。特别是 20 世纪 90 年代以来,各国放松了对历来限制甚严的电信、金融等服务部门的管制,这成为服务业跨国公司迅速向海外扩张的契机,它们逐渐摆脱了纯粹提供中间性生产投入的传统角色,也开始参与制造业活动,如跨国银行接受跨国公司委托,承办并直接参与跨国公司所需要的银团、企业组建和变动等有关活动。但服务业跨国公司更多的是向同行业其他部类的服务领域扩展,这种多样化扩展主要强调相互衔接的一条龙服务,如跨国银行及其分支不仅为工业跨国公司提供资金,经办公司体系内的资金调拨、周转和结算,而且为制造业跨国公司的外汇、资金、市场行情、企业变动和生产经营提供咨询意见;零售业公司兼营保险和信用卡业务;数据处理公司同时经营软件和电信业服务;会计师事务所除审计外,又将管理咨询、市场调研和公关等部门的服务集于一身。

(二)服务业跨国公司实力强、盈利多

服务业跨国公司不仅实力雄厚,而且盈利能力遥遥领先于制造业公司。根

据美国《财富》杂志公布的 2021 年"世界 500 强"数据,沃尔玛连续第八年成为全球最大公司;在盈利方面,苹果公司以 574 亿美元的利润位居榜首。

表 2-1   "世界 500 强"榜单前十排名   单位:百万美元

按营业收入排名			按利润排名		
排名	公司名称	营业收入	排名	公司名称	利润
1	沃尔玛	559 151	6	苹果	57 411
2	国家电网	386 618	14	沙特阿美	49 287
3	亚马逊	386 064	184	软银	47 053
4	中国石油	283 958	20	中国工商银行	45 783
5	中国石化	283 728	33	微软	44 281
6	苹果	274 515	11	伯克希尔-哈撒韦	42 521
7	CVS Health	268 706	21	Alphabet	40 269
8	联合健康	257 141	25	中国建设银行	39 283
9	丰田汽车	256 722	29	中国农业银行	31 293
10	大众	253 965	86	脸谱	29 146

资料来源:根据美国《财富》杂志 2021 年"世界 500 强"榜单整理。

（三）服务业跨国公司并购活动频繁

随着各国对外商投资的限制放松,跨国并购可以充分发挥其投资迅捷和有效避税的优势,逐渐成为对外直接投资的主要方式。跨国并购在服务业对外直接投资中也发挥了主要的作用,近年来服务业一直是跨国并购非常活跃的部门。从具体行业来讲,近年来全球并购市场的热点是金融服务业、电信业和传媒业。

（四）服务业跨国公司通过对外直接投资带动技术扩散

跨国公司拥有雄厚的资金实力,在世界各地安排生产,已成为现代技术的发源地、散播者和推动器。与制造业相比,服务业跨国公司用于硬技术研究和开发的投资并不多,而以软技术优势见长。由于服务业产品的生产和消费难以分隔,从母公司生产中分离出技能相对低的那部分服务的可能性很小,服务业跨国公司向海外分支转移的技术更安全,更接近母公司的水平。日趋发达的跨国信息流动降低了服务业海外活动的成本,跨国的计算机网络和通信系统使服务业跨国公司的海外分支成为母公司全球战略的重要组成部分,母公司能够更有效地组织其全球范围的活动,通过海外分支向发展中国家输出当地并不具备的现代服务,而在发达国家提供价格更低廉、质量更优异的服务。会计、保险、租赁、跨国银行、数据处理和信息传递等现代服务领域的跨国公司对东道国乃至世界经济发展都产生了重大影响。

第四节　跨国公司的经营管理战略

企业战略是企业在激烈竞争的市场环境中,为求得生存与发展而做出的长远性和全局性的规划,以及为实现企业愿景规划和使命而采取的竞争行动和管理业务的方法。凡是企业都应制定一套适应环境和竞争对手变化的战略,跨国公司也不例外。一般来说,大企业多把战略成文于书面,小企业则把战略隐藏于经营者的头脑中。制定企业战略既要考虑企业所处的宏观经济环境(如自然环境、政治环境、经济环境、社会文化环境和科技环境等),又要结合自身的条件(如规模、人力资源状况、财务状况、赢利能力和生产能力等),还要考虑对企业运营有直接影响的要素及相关利益集团(如股东、客户、供应商、竞争对手、地方社团、政府部门、金融机构等),跨国公司在制定战略时,还会受到更为复杂因素的左右(如母国与东道国差异、母公司与子公司差异、全球标准与东道国标准差异等)。在实践中,跨国公司的经营与管理战略多种多样,并且在不断地调整与演变,因此分类方法也多种多样。下面重点介绍两种具有代表性的跨国公司经营与管理战略分类方法。

一、珀尔马特的 EPRG 分类法

在 20 世纪 70 年代,珀尔马特(Perlmutter)首创了 EPRG 分类法,该分类法将跨国公司战略分为四类:E(ethnocentrism)——母国导向战略;P(polycentricism)——东道国导向战略;R(regiocentrism)——区域导向战略;G(geocentrism)——全球导向战略。

(一)母国导向战略

母国导向战略认为,母国优于世界其他国家,且各国市场有其相似性,母国成功的产品和策略同样适用于海外,因此,母国总公司应该掌握决策权与控制权,负责全球各子公司和各分支机构的事务。这种战略模式以母公司的价值观和利益作为经营决策的出发点,并把母公司的经营理念、经营策略、管理方法移植到海外子公司和分支机构。在这种战略下,跨国公司的海外子公司和分支机构完全采用母公司的作业方式,将母国现行方法、制度与观念全盘移植于国外分支机构。

采取母国导向战略的公司,将海外运营视为次级目标,其战略形成是由上而下,由母国到东道国,以总公司高层管理人员为领导核心,各分支机构无决策权,往往会忽视当地市场的管理知识及经验。显然,母国导向战略是一种带有民族优越感的自我中心管理心态的产物。这种战略通常被在国内外销售同一产品的跨国企业所采用。

(二)东道国导向战略

东道国导向战略,充分考虑各国经营环境、价值观和文化因素等差异,以及母国经理人员对外国环境认知的有限性,主张给予国外附属机构战略制定和实施上的自主权,管理上尽量以东道国的做法为依归。战略的拟定以符合当地需求为原则,任用当地人才负责公司经营,充分授权,母国公司不加干涉,使其根据各地差异做适当调整。东道国导向战略以各地附属机构为核心,各附属机构基于当地的需要来决定本身追求的目标,组织结构也因地制宜、各有不同。联合利华公司在印度的子公司、克莱斯勒在英国的子公司都采用了东道国导向战略模式。

(三)区域导向战略

区域导向战略是母国导向与东道国导向战略折中的产物,其基本特征在于寻找区域的共同性,进而开发出一体化的区域战略。其战略的拟定兼顾东道国当地与周边地区的需要,专注于经营某一个地区而非某一个国家。譬如,一家跨国公司在法国从事经营活动,但其战略目标是面对欧盟所有的成员国,或者一家区域导向的美国公司以北美自由贸易区(NAFTA)——美国、加拿大、墨西哥作为区域性市场。香港的两家英资企业——怡和集团和太古集团就是区域导向战略,它们在战略定位上立足于"亚太经济圈"。

(四)全球导向战略

全球导向战略就是把全球各个国家与地区视为一个市场,战略重心为追求全球合理化的资源配置和全球一体化的经营管理,其特点是全球化思维、全球性规划和整体组织、全球性通行规则、全球性措施。在全球导向战略下,国籍概念被淡化,公司以全球宏观视角因时、因地权衡决策,母国和东道国的公司要为公司全球整体利益最大化进行全球性的协调配合,互相合作,充分沟通,共同分享资源、知识和信息。全球导向战略的形成需经过周详分析和统筹部署,且各地附属机构均可平行参与。实行全球导向战略的跨国公司以全球眼光看待企业运营,巨型跨国公司均有这种倾向,它们生产地区上有些许差异的全球性产品,并且雇用来自不同国家的精英,担任组织中的重要职务。一般文献所提及的跨国公司全球战略,指的就是全球导向战略,不过任何公司都有其母国或业务重心国(地区),所以没有绝对的全球战略。美国国际商用机器公司(IBM)采用的经营战略是全球导向战略。

总之,母国导向战略是基于母国优越性的理念,偏好集中制的经营管理体系,信奉放诸四海皆准的自我中心为标准的管理哲学;东道国导向战略认为,世界各国在经营管理环境等方面有很大差异性,因而倾向于采取分权经营管理体系,强调入乡随俗,因地制宜;区域导向和全球导向的战略则从区域或全球的角度进行整合,以区域和全球性的产业价值链最大效能及效率,参与国际产业分工和进行资源调配。不同导向战略的差异在于假设前提的不同,在国际经营策略的形成过程中,如果着眼于资源的合理化分配,似乎采用全球导向较能达至目标;如果着眼于快速获得短期利益,规避风险,获得特定市场的竞争优势,则以东道国导向为宜。EPRG 模式可以增加跨国公司对战略的了解,进而影响战略的可行性。关于珀尔马特 EPRG 分类法四种战略的比较分析见表 2-2。

表 2-2　　　　　　　　珀尔马特 EPRG 分类法四种战略比较

战略类型	母国导向战略	东道国导向战略	区域导向战略	全球导向战略
战略重心	全球一体化	东道国反应	区域一体化及东道国反应	全球一体化及东道国反应
组织结构	产品分部	地区分部及母子结构	产品分部与地区分部结合	矩阵结构或网络系统结构
决策方式	集中、自上而下	分散、自下而上	区域内子公司磋商决定	公司各级互相磋商决定
信息沟通	总部下达大量命令和指示	总部指示少、子公司沟通不多	区域内纵向、横向沟通	全球性纵向、横向沟通
文化特征	母国文化	东道国文化	区域文化	全球性文化
生产方式	大量生产	批量生产	灵活制造	灵活制造
利润调配	调回母国为主	保留在东道国为主	区域性调配	全球调配
产品开发	以母国需要为主	以东道国需要为主	以本区域需要为主	全球性产品在各地均有
人事政策	母国人员	东道国人员	区域内人员	各国优秀人才
价值链优势环节	不典型	多数以下游环节为主	多数以下游环节为主	上游环节为主或上中下游环节兼有

资料来源:马述忠,廖红. 国际企业管理. 北京大学出版社,2007.

二、希尔的战略分类法

美国学者希尔(Charles W. L. Hill)依据跨国公司在全球市场竞争所面对成本递减压力(pressures for cost reduction)和当地响应(差异化)压力(pressures to be locally responsive)的大小程度,构建出企业进入国外市场及参与国际竞争的四种基本战略:国际战略(international strategy)、多国战略(multidomestic strategy)、全球战略(global strategy)和跨国战略(transnational strategy)。

(一)多国战略

如果当地响应的压力高而成本递减压力低,跨国公司应采用多国战略,它可快速响应每一国家不同顾客需求,同时将母国开发的技能和产品转移到国外市场。这种战略也可称为大差异化战略,战略侧重点在于适应各个东道国的经营环境差异,目标是不断满足东道国市场需求、提高在国外市场的占有率和销售收入。一些欧洲企业如联合利华和飞利浦等采用这种战略。

(二)国际战略

若面对的是相对较低的当地响应压力和成本递减压力,跨国公司通常会转移母国开发的差异化产品到新的海外市场以创造价值,产品创新功能则集中于母国。这种战略就是提供给所有国家的顾客以标准化的产品,海外子公司仅被授权对产品做少许修正,以符合当地的偏好与需求。这种战略也可称为小差异化战略,其目的是在世界范围内利用母公司的创新能力和已开发的新技术获取更多利润。美国公司常采用这种战略,如通用电气(GE)、辉瑞和宝洁等。

(三)全球战略

全球战略是追求低成本策略。采用这种战略的企业,在某些具有低成本优势的地方生产标准化产品,然后供应全球市场,且仅以有限的修改适应不同的需求状况,标准化产品使得企业能够达到全球性的规模经济要求,进而降低成本、降低售价。这种战略也可称为无差异战略,目标是通过获得全球性经营效率,提高在全球市场的收益。日本的企业如丰田、佳能、松下和小松等偏爱全球战略。

(四)跨国战略

跨国战略是综合了上述三种战略的内容和目标,试图同时实现低成本和差异化优势。实行这种战略后,企业一方面注意降低成本,同时也注意当地响应的压力。这种战略的核心内容是如何合理配置资源及生产、管理和经营能力,同时在适应能力、全球经营效率和创新能力三个方面建立竞争优势。

第五节　国际社会对跨国公司的监管

一、世界贸易组织及其《与贸易有关的投资措施协定》

《与贸易有关的投资措施协定》(TRIMS)被公认为是"迄今为止国际社会制定和实施的第一个具有全球性和约束力的国际直接投资方面的协议"。它使投资保护问题在多边贸易体制中得到解决,从而为国际投资的全球多边法制开辟了新途径。除了 TRIMS 外,在世界贸易组织(WTO)规则体系中,《服务贸易总协定》(GATS)、《与贸易有关的知识产权协定》(TRIPS)、《补贴与反补贴措施》及《政府采购协议》等也发挥着一定意义上的多边投资规则的作用。但 TRIMS 仅仅对各国限制投资的措施进行规范,对各国诸多关心的问题如投资待遇、准入问题及跨国公司的限制性商业行为都没有规定,不是一个成熟的综合性多边投资规则。

二、解决投资争端国际中心及其《1965 年华盛顿公约》

为应对国有化运动导致的国际投资争端,世界银行于 1965 年主持签订了《关于解决各国与其他国家国民之间投资争端的公约》(也称《1965 年华盛顿公约》,Convention on the Settlement of Investment Disputes Between States and Nationals of other States)。根据公约设立了解决投资争端国际中心,专门用以处理各国与其他国家国民之间的投资争议。该中心具有完全法律人格,并有资格订立合同、取得及处置动产和不动产、进行法律诉讼。

三、多边投资担保机构及其《汉城公约》

为降低在发展中国家投资的政治风险、促进国际资本流向发展中国家、加快发展中国家的经济发展,世界银行于 1985 年通过了《多边投资担保机构协议》(也称《汉城公约》,Convention Establishing the Multilateral Investment Guarantee Agency),还成立了多边投资担保机构(简称 MIGA)作为世界银行下属的分支机构,它是具有完全法人资格的独立国际组织。

多边投资担保机构的作用表现在:①它鼓励会员国之间的生产性投资,尤其注重资本在发展中国家的流动,并充分考虑发展中国家的利益,促进了发展中国家的经济增长。②它不仅承保货币汇兑险、征收及类似措施险、战争和内乱险,还另设了违约险,对其他投资担保机构的业务起到了补充作用。③它通过向发展中国家提供用于吸引外商直接投资的工具、方法和技能,帮助各国推销其投资机会。④它有利于东道国和投资者之间投资争端的非政治性解决。

四、联合国国际投资和跨国公司委员会及其《跨国公司行为守则》

联合国国际投资和跨国公司委员会(U. N. Commission on International Investment and Transnational Corporations)的前身是联合国跨国公司委员会,该委员会成立于1974年,成立以来一直致力于制定《跨国公司行为守则》,最终于1982年完成了《跨国公司行为守则(草案)》的起草工作。但是,由于各国政府对这个守则所包括的范围、法律性质和执行机构等方面存在严重分歧,导致该守则至今并未付诸实施。尽管如此,该守则的起草还是反映了联合国范围内各成员国致力于用国际立法规范跨国公司行为的共同努力。联合国《跨国公司行为守则》主要包括跨国公司的定义、跨国公司的活动、跨国公司的待遇、政府间合作以及如何履行跨国公司行为守则五部分内容。

五、国际劳工组织及其《多国企业宣言》

早在1977年,国际劳工组织(International Labor Organization)就制定了关于跨国公司在劳动和就业方面应采取的行为准则——《关于多国企业和社会政策的三方原则宣言》(又称为《多国企业宣言》,英文是 Tripartite Declaration of Principles Concerning Multinational Enterprises and Social Policy,或 MNE Declaration)。《多国企业宣言》是国际劳工组织唯一为企业(多国和国内)提供有关社会政策和包容性、负责任和可持续工作场所实践直接指导的文书。它是该领域唯一的全球性文书,也是世界各国政府、雇主和工人制定和通过的唯一文书(最近一次修订是在2017年3月)。其原则针对的是多国企业和国内企业、母国和东道国政府以及雇主和工人组织,在就业、培训、工作条件和生活条件、产业关系以及一般性政策等领域提供指导。

六、国际商会及其《打击勒索和贿赂行为准则》

国际商会(International Chamber of Commerce ,ICC)成立于1920年,是由世界上100多个国家的相关组织参加的经济联合会,包括商会、工业、商业、银行、交通、运输等行业协会。1977年,国际商会通过《打击勒索和贿赂行为准则》(Rules of Conduct to Combat Extortion and Bribery),旨在约束国际商业行为、打击贿赂行径。

七、经济合作和发展组织及其《国际投资与多国企业宣言》

1976年经济合作和发展组织(Organization for Economic Cooperation and

Development, 简称 OECD) 通过了一项《国际投资与多国企业宣言》(Declaration on International Investment and Multinational Enterprises)。该宣言是发达国家达成的第一个跨国公司国际行为准则,一方面强调了跨国公司对世界经济的积极贡献,另一方面提出东道国应给予跨国公司国民待遇。此外,该宣言还提出一系列有关跨国公司自愿遵守的行动规范:跨国公司不可进行"不公平"的转移定价和贿赂行为;跨国公司不得从事限制性的商业行动;跨国公司要向税务当局提供必要的财务报表,不得利用转移价格来非法改变税负;跨国公司的资料应公开透明。

八、经济合作和发展组织及其《多边投资协定》谈判

1995 年,经济合作和发展组织部长级会议决定启动《多边投资协定》(Multilateral Agreement on Investment, 缩写为 MAI) 的谈判,并为协定准备了框架草案。由于各方观点难以统一,原定于 1997 年完成的谈判仍未最终达成。目前,各方在谈判中存在的分歧主要集中在劳工和环境标准、例外和保留、法律的域外适用、法律冲突和再投资障碍,以及知识产权和争端解决等问题。

九、20 国集团和《全球投资指导原则》

2016 年,G20 杭州峰会通过了《G20 全球投资指导原则》(G20 Guilding Principles for Global Investment Policymaking),这是世界首份关于投资政策的多边纲领性文件,确立了全球投资规则的总体框架,为各国协调制定国内投资政策和商谈对外投资协定提供了重要指导。这是国际投资规则建设中的里程碑,奠定了未来多边投资协定的重要基础,为实现多边投资协调与合作迈出了历史性的一步,具有重要的前瞻性和导向性的意义。

表 2-3 是 1949 年以后国际社会在投资领域签订的主要协议一览。

表 2-3　　　　国际社会在投资领域签订的主要协议、协定和公约

时间	名称	制定者	有无约束力	是否通过	备注
1949	关于外国投资的公正待遇的国际守则	国际商会	无约束力	通过	
1965	关于解决各国与其他国家国民之间投资争端的公约	世界银行	有约束力	通过	中国已参加
1972	国际投资准则	国际商会	无约束力	通过	
1976	国际投资与多国企业宣言	经合组织	无约束力	通过	

续表

时间	名称	制定者	有无约束力	是否通过	备注
1976	联合国国际贸易法委员会仲裁规则	联合国	示范	通过	
1977	关于多国企业和社会政策的三方原则宣言	国际劳工组织	无约束力	通过	
1977	打击勒索和贿赂行为准则	国际商会	无约束力	未通过	
1979	联合国关于发达国家和发展中国家避免双重征税的协定	联合国	无约束力	通过	
1979	国际不正当支付协议(草案)	联合国	示范	通过	
1980	关于管制限制性商业惯例的公平原则与规则的多边协议	联合国	无约束力	未通过	
1982	跨国公司行为守则(草案)	联合国	无约束力	未通过	
1985	国际技术转让行为守则(草案)	联合国	无约束力	未通过	
1985	多边投资担保机构协议	世界银行	有约束力	通过	中国已参加
1992	关于外国直接投资的待遇标准	世界银行/IMF	无约束力	通过	
1994	与贸易有关的投资措施协定	世贸组织	有约束力	通过	中国已参加
1994	服务贸易总协定	世贸组织	有约束力	通过	中国已参加
1994	与贸易有关的知识产权协定	世贸组织	有约束力	通过	中国已参加
1995	多边投资协定	经合组织	有约束力	未通过	

资料来源:笔者根据相关资料整理。

十、七国集团、OECD 和 15% 的全球最低企业税率

2021 年 6 月,G7 财长宣布达成全球最低企业税率为 15% 的共识,随后在同年 7 月,经合组织宣布 130 个国家和司法管辖区加入国际税收改革新框架(其中包括 15% 的全球最低企业税率)。这项举措旨在确保包括数字公司在内的大型跨国公司在各国之间更公平地分配利润和税收,同时为国际税收体系增加急需的确定性和稳定性。

案例专栏

最大跨国公司的国际化趋势

大型跨国公司是全球 FDI 的主要参与者,联合国贸发会议每年发布的《世界投资报告》都会对其进行指标排名和量化分析。

一、数据分析

根据《2021 年世界投资报告》,2020 年全球前 100 名跨国公司的国际化水平停滞不前,且不同行业之间的国际化水平存在巨大差异。能源和重工业的跨国公司减少了其在海外的业务,海外销售额平均下降了 15% 以上,部分企业还出现了重组和资产剥离的现象,例如荷兰皇家壳牌公司在 2020 年剥离了约 15% 的外国资产。制药公司的国际业务有所扩展,卫生部门的收入增加了 15%,这是因为疫情增加了对药品和卫生保健服务的需求,并导致该领域投资并购交易的增长,其中最大的一笔交易是瑞士诺华公司以 74 亿美元的价格收购了美国生物科技公司。加速的数字化技术使科技类跨国公司受益匪浅,谷歌母公司 Alphabet(美国)、腾讯(中国)和亚马逊(美国)等纯数字技术和快递服务公司的海外收入平均增长了 2/3。轻工业、公用事业以及汽车和贸易公司,尽管销售额是下降的,但其国际生产结构保持稳定。由于发展中国家的跨国公司中有不少属于受影响最严重的行业(采掘业和重工业),因此发展中国家顶尖跨国公司的海外投资活动在 2020 年有所减弱,但回顾过去,在全球百强企业中,来自新兴市场的跨国公司数量从 2015 年的 8 家增加到 2020 年的 15 家。

表 2-4　　　　　　　前 100 强非金融跨国公司的国际化统计

变量	全球前 100 强大型跨国公司					发展中经济体和转型经济体前 100 强大型跨国公司		
	2018	2019	2018—2019 变化	2020	2019—2020 变化	2018	2019	2018—2019 变化
资产(十亿美元):								
国外	9334	9403	0.7%	9639	2.5%	2593	2700	4.1%
国内	6711	7869	17.3%	8286	5.3%	5691	6021	5.8%
共计	16045	17272	7.7%	17924	3.8%	8284	8720	5.3%
外国资产占比	58%	54%		54%		31%	31%	

续表

变量	全球前100强大型跨国公司					发展中经济体和转型经济体前100强大型跨国公司		
	2018	2019	2018—2019变化	2020	2019—2020变化	2018	2019	2018—2019变化
销售额(十亿美元):								
国外	5937	5843	−1.6%	5335	−8.7%	2614	2476	−5.3%
国内	3899	4491	15.2%	4158	−7.4%	3047	3370	10.6%
共计	9836	10333	5.1%	9493	−8.1%	5661	5846	3.3%
国外销售占比	60%	57%		56%		46%	42%	
受雇员工(千人):								
国外	9544	9339	−2.1%	9076	−2.8%	4931	4532	−8.1%
国内	8571	10431	21.7%	10495	0.6%	8231	9238	12.2%
共计	18115	19770	9.1%	19571	−1.0%	13162	13770	4.6%
国外员工占比	53%	47%		46%		37%	33%	
未加权平均跨国化指数	64%	61%		61%		49%	48%	
跨国化指数的中位数	63%	61%		60%		45%	47%	

资料来源:《2021年世界投资报告》。

注:数据是指在基准年4月1日至下一年3月31日之间报告的会计年度结果。来自发展中国家和转型经济体的100家最大跨国公司2020年的完整数据尚未获得。

二、案例点评

跨国化指数是衡量跨国公司国际化水平的重要指标,通过海外资产、海外销售和海外雇员三个子指标进行具体测度。伴随经济全球化的步伐,跨国公司的国际化进程也在不断加快,跨国化指数逐年提升。当然,跨国公司的全球化进程或者说跨国化指数在个别年份会受到政策或形势的影响,比如间歇性出现的贸易和投资保护主义,以及2020年席卷全球的新冠肺炎疫情。

思考与练习

1. 近年来跨国公司发展呈现出哪些新趋势？
2. 简述跨国公司的概念、类型与主要特征。
3. 分公司和子公司各有什么法律特征？设立分公司和子公司的利弊分别是什么？
4. 跨国公司的管理组织形式主要有哪几种？试分析它们各自的优缺点。
5. 简述服务业跨国公司的组织形式与发展特点。
6. 试比较一个服务业跨国公司和一个制造业跨国公司的经营特点。

第三章

国际投资与跨国公司理论

本章首先介绍了跨国公司投资理论的发展历史和特点,重点介绍了五种主要的跨国公司投资理论,之后探讨了服务业跨国公司投资理论、发展中国家跨国公司投资理论和跨国公司投资理论的新发展。希望通过对本章的学习,同学们能够理解跨国公司投资理论的主要类型和核心思想,理解服务业和发展中国家跨国公司投资理论的特殊性。

学习要点

This chapter firstly introduces the history and features of theories in investment of transnational corporations, and then explains in details five major theories. Furthermore, it discusses the application of these theories in service industry and in developing countries. In addition, newly updated theories are also summarized. After studying this chapter, students are expected to understand main sorts and core ideas of FDI theories, and the particularity of theories in service industry and in developing countries.

第一节　国际投资与跨国公司理论概述

第二次世界大战后,跨国公司的迅速崛起及其对外直接投资的迅速发展引起了学者们的关注,他们从不同角度对跨国公司进行研究,提出了多种关于跨国公司对外投资的理论。由于这些理论主要研究跨国公司的对外直接投资行为,因此也称为对外直接投资理论或国际直接投资理论。

一、跨国公司投资理论的发展历史

严格来讲,20 世纪 60 年代以前没有独立的对外直接投资理论,因而也就没有独立的跨国公司投资理论。对外直接投资理论是在 20 世纪 60 年代从国际间接投资(国际证券投资)理论中独立出来的。由此可见,实践先于理论,理论的发展源于实践的发展和丰富。独立的跨国公司投资理论产生于 20 世纪 60 年代初,标志是美国学者海默(Stephen H. Hymer)提出的垄断优势论。1960 年,海默在美国麻省理工学院(MIT)完成了他的博士学位论文《国内企业的国际经营:对外直接投资研究》(*The International Operation of National Firms: A Study of Direct Foreign Investment*),西方学术界认为这标志着跨国公司问题从传统的证券投资、国际贸易和金融理论中分离了出来,开始成为一个独立的研究领域。1976 年,麻省理工学院教授金德尔伯格(Charles P. Kindleberger)出版了海默的博士论文,并亲自写了序言。从 20 世纪 60 年代初至 70 年代中期,西方学者主要研究不同国家尤其是美国跨国公司对外直接投资的特点与决定因素,如垄断优势论与产品周期论就是典型的美国企业海外扩张理论。20 世纪 60 年代末以来,随着西欧和日本跨国公司的发展,这些地区的学者也提出了一些相关理论,如日本学者小岛清提出的"比较优势理论(the theory of comparative advantage)"。这一阶段还出现了一些其他的理论,如阿哈隆尼(Y. Aharoni)将对外直接投资视为行为过程的理论,斯蒂芬斯(G. V. Stevens)的直接投资分散风险理论,考登(W. M. Corden)的关税壁垒说,以及寡占反应理论、产业内双向直接投资理论、核心资产论、区位论、通货区域论、资本化率理论、管理能力过剩论等。从 20 世纪 70 年代中期开始,学者们对跨国公司投资理论的研究提升到了一个新的阶段,致力于建立一个统一的跨国公司理论,用以说明不同国家(地区)、不同行业的跨国公司对外直接投资行为,提出的比较具有代表性的理论包括内部化理论与国际生产折中理论等。经过 60 多年的发展,跨国公司投资理论已经逐步完善,自成体系。

二、跨国公司投资理论的分类与共性

跨国公司投资理论,按其分析方法或理论依据,大体可以分为四类:

第一，以产业组织理论为基础的理论，如垄断优势论、寡占反应论和核心资产论。

第二，贸易理论和工业区位论相结合的理论，如产品生命周期论、比较优势理论和通货区域论。

第三，以分析市场存在不完全竞争为基础的理论，如内部化理论。

第四，以综合考虑和分析各种影响国际投资决策因素为基础的理论，如国际生产折中理论。

在探讨跨国公司问题时，学者往往侧重探讨自己所熟悉的领域，如工业经济学家在解释直接投资时，是从产品的差别生产、垄断和要素市场角度出发的，国际金融专家着重探讨资本市场的不完善性，而管理和决策专家的研究重点放在公司内部的管理与决策过程上。尽管各自的理论体系及方法不尽相同，但他们有着一些共同的出发点。表现为：①直接投资不同于证券投资，前者包含着投资企业的资本、技术、管理才能和信息等生产要素的转移，因此无法沿用传统的国际资本移动理论来解释；②直接投资是企业发展到一定规模和具有某些垄断优势时的海外扩张行为，跨国公司是垄断企业海外扩张的产物，因此，学者们一般以不完全竞争取代完全竞争的假设；③多数学者侧重研究微观的企业行为，如研究跨国公司从事对外直接投资的决定因素、条件及其方式等，但也有一些学者关注宏观分析，如阿利伯和邓宁等。

对跨国公司对外直接投资的理论研究一般集中于以下几个基本理论问题：①采用什么样的理论模式和研究方法去研究和解释跨国公司对外直接投资行为？②对外直接投资的决定因素或制约条件是什么？③跨国公司投资动机是什么？④跨国公司的竞争优势在哪里？⑤跨国公司怎样选择投资区位？⑥如何用成本—收益分析方法分析和评价跨国公司对外直接投资的效益？

第二节　主要的国际投资与跨国公司理论

一、垄断优势理论

垄断优势理论（monopolistic advantage theory）是最早研究对外直接投资的独立理论，它产生于 20 世纪 60 年代初，在这以前基本上没有独立的对外直接投资理论。1960 年，美国学者海默在他的博士论文《国内企业的国际经营：对外直接投资研究》中首先提出了以垄断优势来解释对外直接投资的理论。此后，海默的导师金德尔伯格在《对外直接投资的垄断理论》等文中又对该理论进行了补充和系统阐述。由于两人在理论上开创了以国际直接投资为研究对象的新的研究领域，学术界将他们二人并列为这一理论的创立者。后来，又有一些学者对垄断优势理论做了发展和补充。由于该理论主要以产业组织学说为基础展开分析,因此也被称为产业组织理论分析法。

海默研究了美国企业对外直接投资的工业部门构成,发现对外直接投资和垄断的工业部门结构有关。他认为,跨国公司拥有的垄断优势是它们开展对外直接投资的决定因素。美国从事对外直接投资的企业主要集中在具有独特优势的少数部门。美国企业走向国际化的主要动机是为了充分利用自己独占性的生产要素优势,以谋取高额利润。海默认为,其他国家的对外直接投资也与部门的垄断程度较高有关。

垄断优势理论把跨国公司从事对外直接投资所凭借的垄断优势分为以下几类:

(1)来自产品市场不完全的垄断优势。如跨国公司拥有的产品差异化能力、商标、销售技术和渠道,或其他市场特殊技能以及包括价格联盟在内的各种操纵价格的条件。

(2)来自要素市场不完全的垄断优势。如技术要素(优势来自专利、技术诀窍等知识产权,技术的专有和垄断既可以使跨国公司的产品与众不同,又可以限制竞争者进入市场,充足的研发费用加快了大公司的技术创新步伐)、资本要素(跨国公司凭借其拥有的较高金融信用等级,在资本市场上以较低的成本更多更快地筹集到资金)、管理技能和信息等方面。

(3)来自规模经济的垄断优势。大企业为谋求规模经济而投入的巨额初始资本,对欲加入市场与之竞争的新企业来说无疑是一道难以逾越的门槛,而且伴随着很大的风险。另外,跨国公司利用国际专业化生产来合理配置生产经营的区位,避免母国和东道国对公司经营规模的限制,扩大市场占有份额。

(4)来自政府干预的垄断优势。东道国和母国政府可以通过市场准入、关税、利率、税率、外汇及进出口管理等方面的政策法规,对跨国公司的直接投资进行干预,跨国公司可以从政府提供的税收减免、补贴、优先贷款等方面的干预措施中获得某种垄断优势。

海默还分析了产品和生产要素市场的不完全竞争性对对外直接投资的影响。在市场完全竞争的情况下,国际贸易是企业参与和进入国际市场或对外扩张的唯一方式,企业将根据比较利益原则从事进出口活动。但在现实生活中,市场是不完全的,这种不完全性是指竞争是不完全的,市场上存在着一些障碍和干扰,如关税和非关税壁垒、少数卖主或买主能够凭借控制产量或购买量来影响市场价格、政府对价格和利润的管制等。上述障碍和干扰的存在严重阻碍了国际贸易的顺利进行,减少了贸易带来的益处,导致企业利用自己所拥有的垄断优势通过对外直接投资参与和进入国际市场。

在海默之前,并没有成形的国际直接投资(FDI)或跨国公司(TNC)理论,当时是将 FDI 与国际证券投资(FPI)混为一谈的。海默是第一个将市场不完全竞争与国际直接投资和跨国公司联系起来的人,他使 FDI 理论成为一个独立的研究领域,开创了 FDI 理论研究的先河,具有里程碑式的意义。当然,垄断优势理论也存在局限性:一方面,该理论主要是对美国对外直接投资研究的结果,研究的对象是经济技术实力雄厚、具备对外扩张能力的大型跨国公司,因此只能说明和解释第二次世界大战后美国企业急剧向海外扩张的动机和原因,缺乏普遍适用性;另一方面,该理论将竞争优势作为既成事实来研究,没有深入探讨企业如何才能获得竞争优势。

二、内部化理论

内部化理论(theory of internalization)也称市场内部化理论,它是 20 世纪 70 年代以后西方跨国公司研究者为了建立所谓跨国公司一般理论时所提出和形成的理论,是解释对外直接投资的一种比较流行的理论。这一理论主要是由英国学者巴克莱(Peter Buckley)、卡森(Mark Casson)和加拿大学者拉格曼(Allan M. Rugman)共同提出来的。巴克莱和卡森在 1976 年合著的《多国企业的未来》及 1978 年合著的《国际经营论》中,对跨国公司内部化形成过程的基本条件、成本与收益等问题做了明确的阐述,使人们重新审视内部化概念。1979 年,卡森在《多国企业的选择》中对内部化概念做了进一步的理论分析。拉格曼在《在多国企业内部》一书中对内部化理论做了更为深入的探讨,扩大了内部化理论的研究范围。

内部化是指在企业内部建立市场的过程,以企业的内部市场代替外部市场,从而解决由于市场不完全而带来的不能保证供需交换正常进行的问题。企业内部的转移价格起着润滑剂的作用,使内部市场能像外部市场一样有效地发挥作用。跨国化是企业内部化超越国界的表现。

内部化理论认为,由于市场存在不完全性和交易成本上升,企业通过外部市场的买卖关系不能保证企业获利,并导致许多附加成本。因此,企业进行对外直接投资,建立企业内部市场,即通过跨国公司内部形成的公司内市场,克服外部市场的交易障碍,弥补市场机制不完全缺陷所造成的风险与损失。该理论认为,市场不完全并非由于规模经济、寡占或关税壁垒,而是由于某些市场失效(market failure)、某些产品的特殊性质或垄断势力的存在。

内部化理论建立在三个假设的基础上:①企业在不完全市场从事经营的目的是追求利润的最大化;②当生产要素特别是中间产品的市场不完全时,企业就有可能以内部市场取代外部市场,统一管理经营活动;③内部化超越国界时就产生了多国公司。

市场内部化的过程取决于四个因素:一是产业特定因素(industry-specific

factor），指与产品性质、外部市场结构和规模经济等有关的因素；二是区位特定因素（region-specific factor），指由于地理区位上的距离、文化差异和社会特点等引起交易成本的变动；三是国家特定因素（country-specific factor），指东道国的政治、法律和财经制度对跨国公司业务的影响；四是公司特定因素（firm-specific factor），指不同企业组织内部市场的管理能力。在这几个因素中，产业特定因素是最关键的因素。如果某一产业的生产活动存在着多阶段生产的特点，就必然存在中间产品（原材料、零部件、信息、技术、管理技能等），若中间产品的供需在外部市场进行，供需双方无论如何协调，也难以排除外部市场供需间的摩擦和波动，为了克服中间产品市场的不完全性，就可能出现市场内部化。市场内部化会给企业带来多方面的收益。

垄断优势理论主要是从市场的不完全竞争和寡占的角度分析发达国家企业对外直接投资的动机和决定因素，而内部化理论从企业国际分工、不同国家企业之间的产品交换形式和国际生产组织形式等角度来研究国际直接投资的动机和行为，可以说，内部化理论的出现标志着国际直接投资理论研究进入了一个新的阶段。内部化理论不仅可以解释发达国家企业的对外投资行为，也可以说明发展中国家企业为什么要开展对外投资。内部化理论还较好地解释了跨国公司在出口贸易、技术许可安排和对外直接投资这三种参与国际经济的方式之间进行选择的依据。内部化理论的不足之处：在力图解释各国企业开展对外投资的动机和决定因素时，忽略了对跨国公司这种典型的垄断组织行为特征的深入研究；此外，这一理论对国际投资的地理和区域分布原因也缺乏分析。

三、产品生命周期理论

产品生命周期理论（theory of product life cycle）是美国哈佛大学教授维农（Raymond Vernon）在1966年发表的《产品周期中的国际投资与国际贸易》一文中提出的。在该文中，他十分重视创新时机、规模经济和不稳定性等因素的重要性。维农认为，美国企业对外直接投资的变动与产品的生命周期有密切的联系，他把国际直接投资同国际贸易和产品的生命周期结合起来，利用产品生命周期的变化，解释美国战后对外直接投资的动机与区位的选择。这一理论既可以用来解释新产品的国际贸易问题，也可以用来解释对外直接投资。

维农把一种产品的生命周期划分为创新、成熟和标准化三个阶段，不同的阶段决定了不同的生产成本和生产区位的选择，决定了公司应该有不同的贸易和投资战略。

在产品创新阶段，由于创新国垄断着新产品的生产技术，因此，尽管价格偏高市场也有需求，产品的需求价格弹性很低，生产成本的差异对公司生产区位的选择影响不大，这时最有利的安排就是在国内生产。企业主要利用产品差别等竞争手段,力图垄断技术与产品生产。这一阶段,新产品的需求主要在国内,若其他经济结构和消费水平类似的国家对这种新产品有需求,主要通过出口而不是直接投资来满足这些国家(如西欧国家)的市场需求。

在产品成熟阶段,产品逐渐标准化,最有效的生产工序已经形成,产品的生产技术基本稳定,市场上出现了仿制品和替代品,在国内市场需求扩大的同时市场竞争也日趋激烈,新产品生产企业的技术垄断地位和寡占市场结构被削弱。此时,产品的需求价格弹性逐步增大,降低成本对提高竞争力的作用增强,因而如何降低生产成本成为企业考虑的首要因素。为此,企业一方面通过规模经济来降低成本,通过价格竞争来维持和占领国际市场,另一方面,在国内竞争日趋激烈、国内市场日趋饱和以及国外市场对这类产品的需求不断扩大的条件下,创新国企业开始进行对外直接投资,在国外建立子公司进行生产,投资地区一般是那些消费水平与创新国相似、劳动力成本略低于创新国的地区。到国外投资办厂的另一个好处就是可以避开进口国关税与非关税壁垒。

在产品标准化阶段,产品的生产技术、工艺、规格等都已完全标准化,产品已完全成熟。创新国企业的技术优势已经丧失,企业之间的竞争更加激烈,竞争的焦点和基础是成本和价格,因此企业将在世界范围内寻找适当的生产区位,通过对外直接投资将产品的生产转移到工资最低的国家和地区(一般是发展中国家和地区),以降低生产成本,继续参与市场竞争。最初的创新国将从发展中国家运回最终产品以满足国内需求,原来新产品的生产企业由于产品生命周期的终结而必须转向另一新产品的研究和开发。

产品生命周期理论的独到之处在于将企业所拥有的优势同该企业所生产产品生命周期的变化联系起来,这样就为当时的对外直接投资理论增添了时间因素和动态分析的色彩。这一理论把美国的经济结构、美国企业的产品创新取向以及美国跨国公司海外生产的动机和选址三者较好地联系起来,一方面解释了美国跨国公司从事对外直接投资的特点,另一方面也说明了这些公司先向西欧再向发展中国家投资的原因。这一理论将对外直接投资与对外贸易活动及相关的理论分析有机地结合起来,为产品生命周期不同阶段的投资区位选择和市场选择阶梯次序提供了一个分析基础和框架。产品生命周期理论是以特定时期美国制造业企业的对外直接投资活动为背景展开研究的,所以这一理论对非制造业企业、对发展中国家、对非出口替代领域和高科技研发领域的对外投资行为无法做出科学的解释,这是该理论的局限所在。

四、比较优势理论

比较优势理论(theory of comparative advantage)有时也称为边际产业扩张论,是日本一桥大学小岛清(Kiyoshi Kojima)教授在 20 世纪 70 年代提出来的。

从第二次世界大战到 20 世纪 70 年代中期,日本理论界接受和流行的对外直接投资理论主要是海默和金德尔伯格的垄断优势理论,以及维农的产品生命周期理论,后来日本理论界提出了不同的看法,认为上述两个理论只研究了美国跨国公司的对外直接投资问题,没有考虑其他国家对外直接投资的特点,不能解释日本企业的对外直接投资问题。因此,应创立符合日本国情的对外直接投资理论,用以说明和指导日本企业的对外直接投资活动。在此背景下,小岛清 1979 年出版《对外直接投资论》、1981 年出版《跨国公司的对外直接投资》《对外贸易论》等书,提出了新的观点。

小岛清的投资理论有三个基本命题:①国际贸易理论中的赫克歇尔—俄林模型(H-O 模型)的基本假定是合理的,即资源禀赋或资本—劳动要素比例的假定是对的,但在运用其分析对外直接投资时,可使用比资本更广义的经营资源(managerial resources)的概念来代替资本要素。②凡是具有比较成本优势的行业其比较利润率也较高,建立在比较成本或比较利润率基础上的国际分工原理不仅可以解释国际贸易的发生,也可以说明国际投资的原因。小岛清甚至认为可以将国际贸易和对外直接投资的综合理论建立在比较优势(成本)的基础上。③日本式的对外直接投资与美国式的对外直接投资是不同的。

小岛清认为,由于各国的经济状况不同,根据美国对外直接投资状况而推断出来的理论无法解释日本的对外直接投资。日本的对外直接投资与美国相比有四点明显的不同:一是美国的海外企业大多分布在制造业部门,从事海外投资的企业多处于国内具有比较优势的行业或部门,而日本对外直接投资主要分布在自然资源开发和劳动力密集型行业,这些行业是日本已失去或即将失去比较优势的行业,对外投资是按照这些行业比较成本的顺序依次进行的。二是美国从事对外直接投资的多是拥有先进技术的大型企业,而日本的对外直接投资以中小企业为主体,所转让的技术也多为适用技术,比较符合当地的生产要素结构及水平,对当地发展具有比较优势的劳动密集型产业、增加就业和扩大出口等都有积极促进作用。三是美国对外直接投资是贸易替代型的(反贸易导向),一些行业对外直接投资的增加减少了这些行业产品的出口,与此相反,日本的对外直接投资是在本国已经处于比较劣势而在东道国正在形成比较优势或具有潜在比较优势的行业,所以对外直接投资的增加会带来国际贸易量的扩大,这种投资是贸易创造型的(顺贸易导向)。四是美国公司设立的海外企业一般采用独资形式,与当地的联系较少,类似"飞地",而日本的对外直接投资多采用合资形式,注意吸收东道国企业参加,有时还采用非股权安排方式。

比较优势理论的基本内容是:对外直接投资应该从本国已经处于或即将处于比较劣势的产业(边际产业)依次进行,这些产业是指已处于比较劣势的劳动力密集部门或者某些行业中装配或生产特定部件的劳动力密集的生产环节或工序。即使这些产业在投资国已处于不利地位,但在东道国拥有比较优势。凡是在本国已趋于比较劣势的生产活动都应通过直接投资依次向国外转移。

小岛清认为,国际贸易是按既定的比较成本进行的,根据上述原则所进行的对外投资也可以扩大两国的比较成本差距,创造出新的比较成本格局。据此,日本的传统工业部门很容易在海外找到立足点,传统工业部门到国外生产要素和技术水平相适应的地区进行投资,其优势远比在国内新行业投资要大。

比较优势理论不同于垄断优势理论、内部化理论和产品生命周期理论,它从宏观的角度,结合日本企业对外投资的具体情况进行研究,指出只有比较利益原则才是企业开展对外直接投资的决定因素,对外投资应从边际产业开始依次进行。比较优势理论认为,对外投资的主体是中小企业,因为中小企业拥有的技术更适合东道国当地的生产要素结构,因而较好地解释了中小企业对外投资的原因和动机。这一理论还认为,投资国和东道国都不需要拥有垄断市场,所以并非拥有垄断优势的企业才能进行对外直接投资,具有比较优势和寻求比较优势企业都能开展对外投资,即从国际分工的角度来分析日本式的对外投资行为。当然,没有任何理论是万能和完美无缺的,比较优势理论在具有上述积极意义的同时,也存在以下不足:比较优势理论符合 20 世纪 80 年代以前日本企业大量向发展中国家投资的情况,但它却无法解释 20 世纪 80 年代以后日本企业对欧美等发达国家制造业的大量投资,这种投资大部分是贸易替代型而非贸易创造型;这一理论也无法说明发达国家服务业对外投资的迅速增加以及发展中国家开始向发达国家的逆向投资。

五、国际生产折中理论

国际生产折中理论(eclectic theory of international production)又称国际生产综合理论,是 20 世纪 70 年代英国里丁大学国际投资和国际企业教授邓宁(John H. Dunning)提出的。邓宁是当代著名的研究跨国公司与国际直接投资的专家,他的代表作是于 1981 年出版的《国际生产和跨国公司》,该书汇集了一系列阐述其折中理论的论文。

国际生产是指跨国公司对外直接投资所形成的生产活动。邓宁认为,导致其提出这一理论的原因主要是两个:①第二次世界大战后尤其是 20 世纪 60 年代以后国际生产格局的变化。在 20 世纪 60 年代以前,国际生产格局比较单一,那时以美国为基地的跨国公司在国际生产中占有重要地位,国际生产主要集中在技术密集的制造业部门和资本密集的初级工业部门,投资主要流向西欧、加拿大及拉美国家,海外子公司大多采用独资形式。进入 60 年代以后,国际生产格局出现复杂化趋势,西欧和日本的跨国公司兴起,发达国家间出现相互交叉投资现象,一些跨国公司开始向新兴工业化国家(地区)和其他发展中国家投资,一些发展中国家的企业也开始加入对外直接投资的行列之中,合资形式成为海外企业的主要形式。②缺乏统一的国际生产理论。传统的理论只注重资本流动方面的研究,而缺乏将直接投资、国际贸易和区位选择综合起来加以考虑的研究方法。邓宁的理论将企业的特定垄断优势、国家的区位与资源优势结合起来,为国际经济活动提供了一种综合分析的方法,从而弥补了过去的不足,所以他的理论也可称为综合理论。

邓宁认为,自20世纪60年代开始,国际生产理论主要沿着三个方向发展:一是以海默等人的垄断优势理论为代表的产业组织理论;二是以阿利伯的安全通货论和拉格曼的证券投资分散风险论为代表的金融理论;三是以巴克莱和卡森等人的内部化理论为代表的厂商理论。但这三种理论对国际生产和投资的解释是片面的,没有把国际生产与贸易或其他资源转让形式结合起来分析,特别是忽视了对区位因素的考虑。国际生产折中理论吸收了上述三个理论的主要观点,并结合区位理论解释跨国公司从事国际生产的能力和意愿,解释它们为什么在对外直接投资、出口或许可证安排这三个参与国际市场的方式中选择对外直接投资。

国际生产折中理论认为,一个企业要从事对外直接投资必须同时具有三个优势,即所有权优势(ownership-specific advantages)、内部化优势(internalization-specific advantages)和区位优势(location-specific advantages)。

(一)所有权优势

所有权优势主要是指企业所拥有的超过外国企业的优势。它主要包括技术优势、企业规模优势、组织管理能力优势、金融和货币优势以及市场销售优势等。邓宁认为,对外直接投资和海外生产必然会引起成本的提高与风险的增加。在这种情况下,跨国公司之所以还愿意并且能够发展海外直接投资、能够获得利益,是因为跨国公司拥有一种当地竞争者没有的比较优势,这种比较优势能够克服国外生产所引起的附加成本和政治风险。他把这种比较优势称为所有权优势,要在跨国生产中发挥作用,这些优势必须是这个公司所特有的、独占的,在公司内部能够自由移动,并且能够跨越一定的距离。

(二)内部化优势

内部化优势是指企业在通过对外直接投资将其资产或所有权内部化过程中所拥有的优势。也就是说,企业将拥有的资产通过内部化转移给国外子公司,可以比通过交易转移给其他企业获得更多的利益。一家企业拥有了所有权优势,还不能说明它必然进行对外投资活动,因为它可以通过其他途径发挥和利用这些优势。一般而言,企业有两个途径利用这些优势:其一,将所有权资产或资产的使用权出售给别国企业,即把资产的使用外部化;其二,企业自己利用这些所有权资产,即把资产的使用内部化。企业到底选择资产使用内部化还是资产使用外部化,这取决于利益的比较。由于外部市场是不完善的,企业所拥有的各种优势进行外部化使用有丧失的危险,因而为了保持垄断优势,企业就存在对其优势进行内部化使用的强大动力。国际直接投资就是企业利用它的所有权优势直接到国外办厂开店,建立企业内部的国际生产和运营体系的过程。

(三)区位优势

区位优势是指可供投资的地区在某些方面比国内优越。在邓宁看来,一家企业具备了所有权优势,并有能力将这些优势内部化,还不能完全解释清楚直接投资活动,还必须加上区位优势。区位优势包括:劳动力成本,市场需求,地理距离,自然资源,基础设施,运输与通信成本,关税和非关税壁垒,政府对外国投资的政策,因历史、文化、风俗、商业惯例差异而形成的心理距离等。企业进行国际生产时必然受到区位因素的影响,只有国外的区位优势大时,企业才可能从事国际生产。

如果一家企业同时具有上述三个优势,它就可以进行对外直接投资。这三种优势的不同组合,决定了企业进入国际市场和从事国际经济活动的不同方式。

国际生产折中理论的特点和贡献在于:

第一,它吸收借鉴了此前20年中出现的国际直接投资理论,采用了折中和归纳的方法,对各家之长兼容并蓄,并在区位理论方面做出了独到贡献。

第二,它与国际直接投资的所有形式都有联系,涵盖和应用的范围更广。

第三,它能够较好地解释企业选择国际化经济活动三种主要模式的原因:如果企业仅具有所有权优势,应选择许可模式(也称契约或技术转让)进入国际市场;如果企业既具有所有权优势也具有内部化优势,应选择出口模式进入国际市场;如果企业同时具有所有权、内部化和国外区位三个优势,应选择对外直接投资模式开展国际化经营(国际生产折中理论与企业国际化经营模式选择的关系见表3-1)。

第四,邓宁将这一理论同各国经济发展的阶段与结构联系起来进行动态化分析,还提出了"投资发展周期"学说。

国际生产折中理论有时也被称作 OIL(ownership-internalization-location)理论,因其概括性、综合性和适用性强而获得了对外直接投资"通论"之称。目前,这一理论已成为世界上对外直接投资和跨国公司研究中最有影响的理论,被人们广泛认同,并用来分析跨国公司的对外直接投资活动。但也有一些学者对国际生产折中理论提出了批评意见,认为该理论将利润最大化作为跨国公司对外直接投资的主要目标,与近年来对外直接投资目标多元化的现实不符;该理论几乎综合了其他各种对外直接投资理论,缺乏一个统一的理论基础,缺乏独创性。

表 3-1　　　　国际生产折中理论与企业国际化经营模式选择的关系

优势　　　　模式	所有权优势	内部化优势	国外区位优势
许可模式	√		
出口模式	√	√	
投资模式	√	√	√

以上我们分析和介绍了西方学者在研究国际直接投资时提出的五种主要理论。除此之外,还有其他一些国际直接投资理论,如投资诱发要素组合理论、寡占反应理论、产业内双向直接投资理论、纵向一体化直接投资理论、横向一体化直接投资理论、核心资产论、投资与贸易替代论、公司战略理论、动态化比较优势论等。这些理论有的是从微观角度展开研究,有的是从宏观角度研究和分析国际直接投资现象,力图找到东道国为什么要利用外资、资本为什么发生国际移动等问题的答案。国际直接投资理论是在 20 世纪 60 年代从国际间接投资(国际证券投资)理论中独立出来的,理论的发展源于实践的发展和丰富,而随着各国对外直接投资活动的不断开展和跨国公司影响的进一步扩大,这方面的理论研究必将不断有所创新和发展。

第三节　服务业国际投资与跨国公司理论

一、传统国际直接投资理论在服务业的适用性

服务业的国际化过程有其特殊性,其发展的内在动力与外部环境与工业企业有所不同。

第二次世界大战后,对外直接投资的发展和跨国公司的扩张主要发生在制造业部门,因此有关理论研究也一直集中于此,相比而言,对服务业对外直接投资的分析比较少。随着服务业在发达国家国民收入、就业和国际收支平衡等方面发挥的作用不断加强,服务部门的国内和国际地位迅速提高,对服务业跨国生产和经营的研究也开始发展起来,其出发点首先是对传统对外直接投资理论

在服务部门适用性的讨论。通过对不同的传统理论观点在服务部门进行适用性检验，越来越多的经济学家相信，制造业对外直接投资理论经过修正，完全可以用于分析服务业对外直接投资行为。其中代表性的研究主要有以下几个：

鲍德温（Boddewyn，1989）试图使用主流理论来解释服务业跨国公司的行为。由于服务产品特殊性会引发一些问题，如对理论假设前提的违背、对服务产业特定优势区分的难度等，他认为应该对这些问题进行进一步深入探讨，但不需要做特别的定义和理论解释，只需通过简单的条件限制和详细说明就能容易地运用现有的理论。

邓宁（Dunning，1989）将其在制造业发展起来的国际生产折中理论扩展到服务部门。他在《跨国企业和服务增长：一些概念和理论问题》这篇代表性文章中，解释了服务业跨国公司行为的有关概念和理论问题，指出国际生产折中理论的基本框架适用于服务业跨国公司，并对原有的所有权优势、内部化优势和区位优势在服务企业的具体表现进行了阐述，还列举出一些特定服务行业对外直接投资所需要具备的优势。在其分析基础之上，恩德韦克（Enderwick，1989）分析了该理论模型应用于服务部门时要特别注意的一些问题，譬如服务业很多部门是技术复杂性较低的行业，确定企业特定优势较难；又如跨国经营的非股权方式（如许可证、管理合同、特许经营等）在服务业中已广泛使用，这些以市场交换为基础的经营方式对于跨国公司理论中的内部化有着重要的含义。

卢格曼（Rugman，1981）以银行业为基点分析了内部化理论的适用性。他认为，按照内部化理论，跨国公司通过创造内部市场来克服世界商品市场和要素市场的不完全性，同样地，跨国银行也可以实现交易内部化，从而克服国际金融市场的不完全性。与其分析基点相似，亚诺普勒斯（Yannopoulos，1983）、格瑞（Gray，1981）、考（Cho，1983）、格鲁伯（Grube，1977）、佩克乔利（Pecchioli，1983）和威尔斯（Wells，1983）等也是以银行业为分析对象，阐明邓宁的国际生产折中理论在解释跨国银行业发展方面的合理性，不过这些分析假定银行的外国子公司在国际金融市场实现运作。格瑞指出，当一个银行选择在超国家的市场（例如欧洲货币市场）经营时，不必拥有相同的优势条件，因为在超国家金融市场没有当地银行，不需要以所有权优势作为补偿优势。这实际上相当于重新定义了区位优势，将其范畴从某一特定国家扩展到了超国家市场，此时区位优势具有更重要的意义。此外，在银行业之外的一些服务部门，如国际饭店业、商业服务业、商业服务公司的外国机构等，所有权优势、内部化优势和区位优势也同样适用，只不过需要根据行业特点做一些限制和详细说明。

弗农对于传统直接投资理论的适用性问题没有做过多说明，他直接指明，既然知识的转移可以代替物品转移，那么有关制造业跨国公司的理论就可以应用于对服务业跨国公司的解释。

二、服务业国际直接投资理论

目前服务业对外直接投资理论已有了一定的发展,比较典型的如巴克莱和卡森的"内部化"理论,他们在原有"内部化"理论的基础上,说明服务企业也有内部化中间市场的优势。卡森强调,服务消费中买者的不确定性是市场不完善的来源之一,将会导致较高的交易成本,从而使企业的对外直接投资成为一种必要。作为对外直接理论的集大成者,邓宁在服务业对外直接投资方面也有比较系统的论述,他指出,服务业对外直接投资也应同时具备所有权优势、内部化优势和区位优势三个条件。相对而言,该理论体系比较完善,也最具代表性,以此为基础对服务业对外直接投资的基础和动因做出解释。

(一) 所有权优势

服务业所有权优势可以理解为企业满足当前或潜在顾客需求的能力,一般有三个重要的评判标准:①服务的特征和范围,如服务的构思、舒适度、实用性、可靠性、专业化程度等;②服务的价格和成本;③有关售前、售中及售后服务。具体来讲,服务业跨国公司的所有权优势主要体现在以下几个方面:

1. 质量。由于服务一般具有不可存储性、异质性等特点,所以保证服务质量对企业尤为重要。特别是随着收入水平的提高和企业之间竞争的加剧,质量日益成为影响消费者服务的重要变量,在许多情况下,它是决定服务业跨国公司竞争力的一个最重要的变量。在一些服务行业中,企业创造和保持一个成功品牌形象的能力,或者在多个地区提供服务时实行质量监控的能力和降低购买者交易成本的能力,是其保持质量形象和占有竞争优势的关键。

2. 范围经济,指服务提供者可以满足消费者对产品种类和价格的多种不同需求。在运输、商业等服务行业中,都不同程度地存在范围经济。典型的是零售业,零售商储存商品的范围越宽、数量越大,他们在同供应商交易中的议价能力就越强,就越能通过讨价还价方式以较低价格从供应商处获得商品;同时,供货品种和数量的加大使其有能力降低消费者的交易成本,因为后者只需在一处就可以买到多种商品;此外,议价能力的提高使零售商能够加强对其买卖的产品和服务质量的控制,也有助于扩大其所有权优势。

3. 规模经济。从本质上讲,规模经济和专业化在制造业与一些服务业企业中并无太大区别,比如500个房间的宾馆与30个房间的宾馆提供的住宿服务相比,大医院与小医院提供的医疗服务相比,前者能够通过较大的规模有效降低单位成本。类似的,大型咨询机构和投资银行等可以在机构内部调动人员、资金和信息,实现了人事和管理的专业化,从而可以针对不同的经营环境来调整价格以实现利润最大化。此外,大型服务业公司往往容易得到优惠的融资条件和折扣等。至于规模经济和范围经济产生的分散风险优势,在保险、再保险和投资银行等行业中表现得更为突出,在这三个行业中,规模是成功进行对外直接投资的前提条件。

4. 技术和信息。在制造业中,衡量生产技术和产品知识成分的指数通常是 R&D 占销售额的比重,专业人员、科技人员和工程人员在总就业中的比重,以及取得的专利数量等。服务业中,与上述衡量标准类似的指标是对信息的把握和处理能力。在许多服务业中,以尽可能低的成本对信息进行收集、加工、储存、监控、解释和分析的能力,是关键的无形资产或核心竞争优势。对于证券、咨询这类以数据处理为主要内容的服务行业,情况更是如此。随着知识经济的蔓延,知识密集型服务行业的跨国公司数量增多,信息和技术在竞争中的地位日益重要,它们还能为规模经济、范围经济以及垂直一体化提供机会,特别有利于大型的、经营多样化的跨国公司。由于数据技术往往需要昂贵的辅助资产、固定成本或基础设施,因此拥有这两项优势的服务业企业占据了竞争中的有利地位。

5. 企业的信誉和品牌。服务是典型的"经验产品",其性能只有消费之后才能得到评价,信誉和商标品牌这样的非价格因素往往是服务业企业向消费者传递信息的有力手段,也成为企业主要的竞争优势之一。许多成功的服务业跨国公司,如所罗门兄弟、安纳信、贝恩等,其卓越服务和优良品牌的扩散往往成为对外直接投资的先导。

6. 人力资源。服务的施动者和受动者都是人,人力资源素质的提高无疑使服务的质量和数量大大提升,有利于增大企业的优势。另外,在人力资源的使用过程中还普遍存在着"干中学"和"溢出效应"这样的动态效应,为服务企业优势的创造、保持和发展奠定了基础。所以,人力资源对于服务企业来讲尤为重要。

7. 创新。在许多情况下,创新形成了跨国服务公司的竞争优势,例如美国的沃尔玛、法国的家乐福等跨国零售企业在国外采取了超级市场的新概念,国际医疗服务连锁经营把现代管理方式运用到传统中一直缺乏商品敏感度的领域而取得了竞争利益。把商品和服务结合在一起进行创新,也可以得到竞争利益,例如计算机辅助设计、数据传递、娱乐服务等。不断在生产、经营和管理等方面进行创新,是现代企业保持恒久竞争力的根源。

此外,所有权优势还可以表现在服务业企业利用诸如劳动力、自然资源、金融、数据处理和传送设备等投入进入产品市场的机会。

(二)区位优势

区位优势与所有权优势、内部化优势不同,它是东道国所有的特定优势,企

业无法自行支配,只能适应和利用这种优势。区位特定优势主要表现在以下几个方面:

1. 东道国不可移动的要素禀赋所产生的优势,如自然资源丰富、地理位置方便、人口众多等。不同的服务行业对外直接投资对区位优势的要求也不同,比如,旅游业服务点的选址显然与金融企业的选址大不相同,前者需要考虑气候、自然风光、名胜古迹等,后者则集中在工商业中心。除了区位约束性服务外,跨国公司东道国的区位选择主要受服务消费者需求支配,因此东道国人口数量、人口素质、习惯性的消费偏好等因素也决定了跨国公司的对外直接投资行为。除此之外,东道国较大的市场规模、优越的资源质量、较为完善的基础设施,以及地理相邻、语言相通、文化相近的地缘优势等因素,也构成了重要的区位优势。

2. 东道国灵活、优惠的政策法规形成的有利条件。东道国政府在服务领域的政策干预可能会给投资者创造更好的竞争机会。例如,美国废除了对金融业混业经营的限制,这不仅有利于其境内的金融机构大规模发展,也有利于外资金融机构扩大在美经营范围,从而有利于吸引外国投资。又如,我国台湾地区逐渐放宽对服务业外资的限制,成为服务业直接投资流入的一个热点。

3. 聚集经济也是一种区位优势。竞争者集中的地方,会产生新的服务机会,这种服务是针对市场发展需求而产生的。例如,国际银行在竞争者集中的大金融中心创立了银行间市场,严重依赖专业信息来源和专门技巧的服务商大多选择同类企业相对集中的领域,保险和银行业常常会选择主要城市和中心商业区布局等。

区位优势的获得与保持往往是服务业对外直接投资的关键。当企业投资的产业选择与东道国的区位特色相融合时,会强化产业比较优势和区位比较优势,促进对外直接投资的发展;反之,则使两者的优势相互抵消、衰减乃至丧失。但应注意的是,区位因素直接影响跨国公司对外直接投资的选址及其国际化生产体系的布局,只构成对外直接投资的充分条件。

(三)内部化优势

内部化优势指服务业企业为了克服外部市场的不完全性和不确定性,防止外国竞争对手模仿,将其无形资产使用内部化而形成的特定优势。一般而言,与服务业跨国公司特别有关的内部化优势包括以下几个方面:

1. 避免寻找交易对象并与其进行谈判而节约的成本。服务业国际贸易的起始点是跨越国境寻求合适的客户资源,这其中必然会产生包括寻租成本、协商成本等在内的一系列交易成本。跨国公司通过将外部交易内部化,可以有效地降低交易成本,尤其是当跨国投资的启动成本低于外部交易成本时,对外直接投资就是有利可图的,企业也能因此取得竞争优势。

2. 弱化或消除要素投入在性质和价值等方面的不确定性。由于服务产品的差异性较大,又具有量身制作的特征,信息的不对称性使得买方对产品的了解程度远低于卖方,容易出现服务业的买方出价过低或卖方要价过高的现象。内部化可以克服以上弊端,消除投入方面的不确定因素,对于中间性服务产品尤为重要。

3. 中间产品或最终产品质量的保证。产品质量控制是服务业企业对外直接投资的主要动力之一,通过将服务交易内部化,服务企业可以用统一的衡量标准,实现在全球范围内对产品质量的监控,使其所有权优势得以保持和发挥。

4. 避免政府干预。目前,对服务产品跨国交易的严格管制普遍存在,配额、关税、价格管制、税收差异等干预手段层出不穷。相对来讲,外商投资由于其在一国经济发展中所产生的积极影响而易于被东道国接受。因此,通过跨越国境投资设厂可以降低服务业国际交易中的政策性因素干扰,而且能得到东道国的一些优惠性投资待遇,有利于企业在当地市场展开竞争。

邓宁认为,下列几种类型的服务公司具有内部化开发利用优势和从事对外直接投资的强烈倾向:

一是信息密集型的服务行业,如银行业。这类企业以拥有的信息和知识为主要优势,这些知识带有默示性质,生产费用高、复杂且特征性强,但易于复制,只有在企业内部才能得到更好的保护和更有效的运用。

二是以产品品牌或公司形象而著称的公司,如建筑、汽车租赁、广告和一些商业服务行业。当企业寻求质量保障和商誉维护时,就需要为服务产品建立严格的、直接的质量标准,此时就会出现水平一体化,因为内部化比外部市场交易对于质量标准的控制更加有效。

三是以知识为基础的创新型服务企业。实现生产和消费的垂直一体化有利于新型服务产品的推广,这是因为在创造服务需求和普及服务产品时,需要指导购买者消费服务,创新者对其产品所具备的知识使其成为最佳引导者。

四是拥有商标和版权等无形资产的企业。这类企业会在国外建立保护其资产权利的分支机构。

五是工业跨国公司拥有股权的服务业附属公司。这些公司旨在保证制造业公司以最优条件获得要素投入,帮助母公司维持和发展生产、出口及海外市场。

邓宁的内部化优势理论源于巴克莱和卡森等人的分析,但他认为,拥有无形资产所有权优势的企业,通过扩大组织和经营活动,将这些优势的使用内部化,可以带来比非股权转让更多的潜在或现实利益。拥有所有权和内部化优势的企业也可以扩大国内的规模,并通过出口来获得充分的补偿,并非一定要进行对外直接投资。所以,这两项优势只是企业对外直接投资的必要条件,而非充分条件。

邓宁关于服务业对外直接投资理论的核心是"三优势模型",他认为所有权优势、区位优势和内部化优势以及服务和服务业的特性,使对外直接投资、跨国经营成为服务业企业的必然选择。但是该理论强调,企业只有同时具有上述三大优势时,才能进行有利的对外直接投资。如果只有所有权优势和内部化优势,而无区位优势,企业就缺乏优越的投资场所,只能将有关优势在国内加以利用,即在国内进行生产,然后出口。如果没有内部化优势和区位优势,仅有所有权优势,企业就难以内部使用其自身拥有的无形资产优势,只能通过特许转让等方式来获取收益。

1993 年,索旺(Sauvant)主持的"服务业跨国化"研究对服务业跨国公司进行了综合实证分析。他用包括不同国家 11 个部门中最大的 210 家企业 10 年(1976—1986)的数据进行了回归法检验,以测定影响服务业跨国公司对外直接投资的决定因素。回归分析确定了 9 个决定服务业对外直接投资的主要因素,即市场规模、东道国的商业存在、文化差异、政府法规、服务业的竞争优势、全球寡头反应、产业集中度、服务业的可贸易性以及企业规模与增长。这一检验结果充分证实了邓宁理论在现实中的解释力。

第四节　发展中国家国际投资与跨国公司理论

20 世纪 80 年代以来,随着发展中国家跨国公司的形成和发展,陆续出现了一些专门用来解释发展中国家企业对外直接投资行为的理论。

一、小规模技术理论

小规模技术理论是由美国学者威尔斯(L. Wells)针对发展中国家的对外直接投资提出的。该理论注意到发展中投资母国对发展中国家跨国公司"特定优势"的影响,认为发展中国家跨国公司的技术优势具有十分特殊的性质,是投资母国市场环境的反映。具体来说,发展中国家跨国公司具有如下三点优势:

第一,小规模技术优势。由于发展中投资母国大多市场规模不大、需求多样化,从而迫使发展中国家的企业不得不将引进的技术加以改造,使其生产技术更具有灵活性,能提供品种繁多的产品,以适应本国小规模、多样化的市场需求,从而具有小规模技术的特征。这些经过改造的小规模技术成为发展中国家跨国公司到类似市场开展对外直接投资的特殊优势之一。

第二,当地采购和特殊产品优势。威尔斯发现,当发达国家的技术转移到发展中国家后,往往需要对其加以改造,以便适应发展中国家当地的原料供应和零部件配套生产的能力,而这一优势同样成为发展中国家企业对外直接投资的特殊优势之一。另外发展中国家的对外直接投资往往还带有鲜明的民族特色,能够提供具有民族文化特点的特殊产品,在某些时候它甚至可以成为压倒性的经营优势。

第三,物美价廉优势。发展中国家跨国公司之所以能做到这一点,主要原因有二:①与发达国家相比,发展中国家的劳动力成本普遍较低;②发展中国家跨国公司的广告支出较少。

威尔斯的小规模技术论的贡献在于:将发展中国家跨国公司的竞争优势与其投资母国自身的市场特征结合起来,能够解释发展中国家对外直接投资的部分行为。但该理论也存在明显的缺陷,如威尔斯始终将发展中国家在技术上的创新活动局限于对现有技术的继承和使用上,从而限制了该理论的适用范围。

二、技术地方化理论

拉奥(S. Lall)在对印度跨国公司的竞争优势和投资动机进行深入研究之后,提出了关于发展中国家跨国公司的技术地方化理论。和小规模技术理论一样,技术地方化理论也是从技术角度分析发展中国家跨国公司的竞争优势。

所谓技术地方化,是指发展中国家跨国公司可以对外国技术进行消化、改进和创新,从而使得产品更适合自身的经济条件和需求。拉奥强调,发展中国家跨国公司的这种创新过程是企业技术引进的再生过程,而非单纯的被动模仿和复制。所产生的技术在小规模生产条件下具有更高的经济效益,且效果会由于民族或语言等因素而得到加强。另外,拉奥还认为当发展中国家的国内市场较大,存在特殊市场需求时(如消费者的不同口味和购买力),发展中国家的跨国公司有可能填补这些市场,从而使其产品具有一定的竞争力。

三、技术创新产业升级理论

英国学者坎特威尔(J. Cantwell)和托兰惕诺(P. E. Tolentino)对发展中国家对外直接投资问题进行了系统的考察,提出了发展中国家技术创新产业升级理论。

技术创新产业升级理论强调技术创新是国家、产业、企业发展的根本动力。与发达国家跨国公司的技术创新活动有所不同,发展中国家跨国公司的技术创新活动具有明显的"学习"特征。换句话说,这种技术创新活动主要利用特有的"学习经验"和组织能力,掌握和开发现有的生产技术。坎特威尔和托兰惕诺认为,不断的技术积累可以促进一国经济的发展和产业结构升级,而技术能力的不断提高和积累与企业的对外直接投资直接相关,它影响着发展中国家跨国公司对外直接投资的形式和增长速度。

四、投资发展周期理论

英国学者邓宁(John H. Dunning)将一国的吸引外资能力、对外投资能力与其经济发展水平结合起来,提出了投资发展周期理论。该理论是其国际生产折中理论在发展中国家的运用和延伸。邓宁认为,在一定的经济发展条件下,一国的利用外资和对外投资是紧密相连的两个发展过程,一国的海外投资地位与其人均国民生产总值呈正比关系,随着人均国民生产总值的逐步提高,一国的对外直接投资先落后于外商对该国的直接投资,而后赶上并超过。邓宁把人均GDP水平分为四个档次即四个阶段,每个阶段利用外资和海外投资的状况都不相同:第一阶段,人均GDP处于400美元以下时,只有少量的外国直接投资,几乎没有对外直接投资;第二阶段,人均GDP处于400~2 500美元时,利用外资的数量有所增加,本国对外直接投资量仍较少,净对外直接投资额仍为负值;第三阶段,人均GDP处于2 500~4 000美元时,在利用外资进一步增长的同时,对外直接投资大幅度增长,其发展速度可能超过引进外国直接投资的速度,但净对外直接投资额仍为负值;第四阶段,当人均GDP处于4 000美元以上时,对外直接投资增长速度高于引进外国直接投资的速度,净对外直接投资额变为正值。

投资发展周期理论是少有的从宏观经济角度分析发展中国家对外直接投资的理论。虽然该理论存在局限性,但它从理论上指出发展中国家对外直接投资发展的一般轨迹,即一国的对外直接投资与该国所处的经济发展阶段和人均GDP水平有正向关系。

五、母国制度优势理论

以奎罗瓦·卡祖内拉(Cuervo·Cazurra)、凡勃伦(Holburn)等为代表的制度学派认为,除了生产灵活、原材料以及劳动力价格等优势以外,发展中国家跨国公司还拥有发达国家跨国公司所不具备的,与母国政治、经济、社会制度相关的所有权优势。

发展中国家跨国公司擅长在不确定的经济发展、不透明的管制条件和不完善的市场制度环境条件下成功经营。

六、跳板理论

跳板理论(springboard theory)是由迈阿密大学教授陆亚东提出的、与中国情境相契合的国际化理论。发展中国家企业以对外直接投资为跳板,可实现以下战略目标:寻求战略资产以强化自身能力;扭转"后来者劣势";识别与捕捉国际市场的机会;缓解母国的市场约束;巩固从母国政府获得的优惠待遇;提升核心能力与特定优势,以求在全球竞争中占据优势地位。

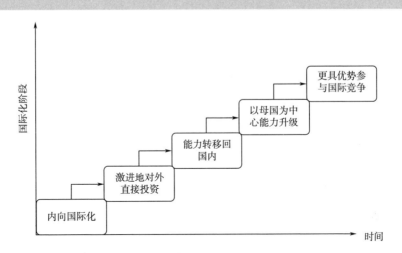

图 3-1　跳板理论视角下螺旋式上升的过程

第五节　国际投资与跨国公司理论的新发展

20 世纪 90 年代以来,跨国公司对外直接投资活动的规模进一步扩大,方式不断推陈出新,出现了一些新的特点和趋势。对此,学术理论界进行了分析概括,提出了一些新的理论观点和见解。

一、新资源基础论

新资源基础论(new resource-based theory)也称知识基础论。该理论认为,竞争优势主要表现为知识,知识使跨国公司具有特定优势,知识的转移是直接投资的关键所在。该理论的代表人物是约翰逊(H. G. Johnson)。约翰逊认为,知识包含各种技术、诀窍、管理与组织技能、销售技能等无形资产。知识的学习和创造以及企业家精神是企业最重要的内生资源,企业的成长和扩展、进行对外直接投资、发展跨国经营和成长为跨国公司,都是上述内生资源优势作用的结果。知识资产的生产成本高,直接投资利用知识资产的边际成本却非常低,甚至接近于零,并且知识资产可以同时向跨国公司的不同海外分支机构转移,因此更加降低了跨国公司知识资产的转移成本。与此同时,当地企业在获取同类知识资产时则需要付出全部成本。

二、产业集群理论

近年来,国际直接投资的集群布局现象日趋显现,这种产业集群有以大企业为主体的,也有以中小企业为主体的,有分布在发达国家的,也有分布在发展中国家的。产业集群理论(industrial clustering theory)有时也称为产业集聚理论或企业扎堆理论,其代表人物包括波特(M. Porter)、克鲁格曼(P. R. Krugman)和伦德瓦尔(B. A. Lundvall)等。该理论认为,今天的跨国公司对东道国的战略性资产更感兴趣,这种战略性资产主要指高新技术、知识以及高素质的人力资源,跨国公司希望通过获得这些战略性资产来增强自己的核心优势。而这些资产往往集聚在特定的地区和环境中,使得跨国公司趋之若鹜地纷纷去投资,从而产生了集群现象。这也是跨国公司追求资源的必然结果。这种解释比较适用于发达国家的产业集群,如美国硅谷的信息产业集群。对于发展中国家或地区出现的产业集群,如印度班加罗尔软件产业集群和中国台湾地区计算机产业集群,该理论的解释是:产业或企业的集群布局可以实现服务或生产的配套,创造出一种产业配套环境,实现外部规模经济(external economics of scale),大大节省原材料和零部件的运输与仓储等物流成本,从而寻找到新的降低成本和提升产品竞争力的源泉。产业集群布局在中国已经出现,如北京经济技术开发区的"星网工业园"等。

三、非股权安排理论

非股权安排形式的国际投资是指外国投资者(如跨国公司)并没有在东道国企业中占有股权,而是通过与东道国企业签订有关技术或管理等方面的合同,取得对该东道国企业的某种控制管理权。在20世纪90年代以前,跨国公司主要是通过股权安排对其国际化的生产和销售体系实施控制、整合与指挥,以前的理论研究也主要以股权安排(equity arrangement)为核心展开。20世纪90年代以后,跨国公司与其他企业间的非股权安排(non-equity arrangement)或非股权联系(non-equity linkages)出现,并取得迅速发展,其形式包括许可证合同、管理合同、特许经营合同、销售合同、技术援助或技术咨询合同、工程承包交钥匙合同、国际战略联盟、制造合同和分包合同等。非股权安排越来越为跨国公司所青睐,形成了目前股权安排与非股权安排同时并存和发展的格局。

非股权安排理论(non-equity arrangement theory)认为,跨国公司核心优势的特性是一些跨国公司选择非股权安排以及进行国际战略联盟的内在原因。这些特性可以概括为:

(1)独特性。独特性是指不易模仿性(non-imitable)、不可交易性(non-tradable)和不可分割性(non-separable),这几个特点可以通俗地概括为学不到、买不来和拆不开。

（2）绝缘性。跨国公司的核心优势之所以能够长久地保持,主要是由于一种绝缘机制(isolating mechanism)在发生作用。这种绝缘机制包含两个方面:第一个方面是模仿障碍,包括模仿的法律限制、在获得资源和吸引客户方面享有的特殊权利、对历史条件和历史传统的依赖、在一定的社会环境和企业组织系统中长期培育获得的特定优势。第二个方面是先发优势,主要指先行制定技术标准和技术规范而产生的路径依赖与锁定(path dependence and lock-in)。

（3）整体性。整体性是指某些独特的知识、技术诀窍和能力等是在跨国公司特定的组织系统中,通过集体学习和长期培育而形成的,它已经沉淀在企业文化当中,渗透在企业运作的各个环节,所以具有整体性。

（4）隐含性。隐含性是指跨国公司具有的知识、技术诀窍和能力往往是隐含的,难以用语言文字传递和包装出售。

四、优势获取论

优势获取论(advantage-seeking theory)也称战略资产寻求论,该理论的代表人物是邓宁(John H. Dunning)。1993年,邓宁出版了《全球经济与跨国公司》一书,书中首次提出了FDI的战略资产寻求型(strategic-asset seeking)动机。1998年,邓宁进一步将一国企业开展对外直接投资的动机分为两大类:一类是优势扩张型,另一类是战略资产寻求型。优势扩张型的对外投资是以本国企业具有的所有权特定优势为基础和前提,开展对外投资的动机主要是扩张企业的所有权优势,寻求海外的自然资源、销售市场或提高资产的使用效率。战略资产寻求型海外投资的动机和目的是为了获取东道国的战略性资产,寻求能补充自己已有优势的资源和能力(如技术、知识、管理技能和高素质的人力资源等),以增强企业的核心优势,在对外投资中培育、强化和提高企业自身的竞争优势。一国企业不仅要获得另一国企业在技术上和营销上的协同作用,还要获得和吸收其创造出来的资产,特别是国外竞争者、供应者和客户等知识性资产。对外投资不仅是母国企业发挥其已有的所有权优势的手段,而且是增大这些优势的工具。传统的优势扩张型投资理论认为企业应首先具有某种优势,然后才能开展对外直接投资;战略资产寻求型投资理论主张企业在对外投资中培育和强化优势,把优势的增强看成是一个动态的过程,是一个追求的目标,而不是一个既有的结果。

降低成本、获取自然资源、克服贸易壁垒、利用规模经济,这一切对于寻求战略资产的对外投资的吸引力比较小,优良的物质和人力基础设施、有利于并购和企业联盟的商业环境,以及著名品牌和独特的技术专利,这些的吸引力要更大些。借助战略资产寻求理论,人们可以认识为什么发展中国家或新型工业化国家的企业要到发达国家去投资。这些国家的企业对发达国家开展直接投资，不完全是因为它们具有了某种可以在发达国家利用的所有权优势，而是它们意图获取发达国家的技术或技能。当它们发现东道国企业具有的这些技术或技能更为优越，或者在母国的某一产品市场根本不存在时，它们就会开展FDI。

五、外包生产理论

外包生产理论（theory of original equipment manufacture）也称贴牌生产或外部求援理论。外包生产（original equipment manufacture）直译为"原始设备制造"或"贴牌生产"，缩写为OEM，有时也用外部求援（outsourcing）代替。与OEM相应的还有ODM（original design manufacture），即原始设计制造。当前，有大量跨国公司通过国际投资发展制造业或服务业的外包业务，OEM已经成为跨国公司的一种重要的经营战略和海外投资途径，有相当多的外包业务都是在跨国公司母公司与海外分支机构以及跨国公司的分支机构之间进行的。外包生产与归核化（refocusing）有关，归核化强调一元化和集中化，强调把公司的业务归拢到有竞争优势的行业，把经营重点放在价值链上最重要的环节，重视核心竞争能力的培养、保护和发挥，重视战略性外包。例如，美国著名的体育用品经销商耐克公司，几乎没有一间自己的生产车间，其产品主要是通过外包生产来解决。

近年来，外包业务发展呈现出几个新趋势：

（1）从本土走向海外，出现离岸外包。美国本土90%企业的60%软件开发业务已经外包给了印度，将核心业务留在本国，将非核心业务外包给擅长这类业务的海外企业。

（2）从制造业走向服务业。外包是从制造业起步的，最初外包主要是制造业企业为了降低成本、提高效益，将产品的非关键部分通过分包合同转让给别的公司或海外公司来做，现在已经扩展到以信息为主的服务业（典型的是软件开发），还有公司的办公室文案、人事资源管理、库存管理、财务会计、客户服务中心、售后服务电话支持系统等。另外，大型零售商店等服务业企业也开始积极发展外包业务。

（3）从劳动密集走向技术密集。外包业务开始从低附加值到高附加值演进，从技术含量低领域发展到高新技术领域。

（4）从公司弱小的标志演变成提高绩效的手段。外包已经不是公司弱小的标志，而成为提高组织绩效的重要方法。

外包业务的发展对发包方和接包方、发达国家和发展中国家都带来了重要影响。2004年2月，美国《纽约时报》进行了一项调查，题目是"2003年的美国，你认为哪件事情对你影响最大"，40%的人将外包作为第一选择，反恐排在了第二位。美国政府2004年1月规定:限制将政府项目外包给外国公司,50名国会众议院议员提出提案:"对离岸外包项目政府不给予融资支持和贷款担保"……这说明外包导致发包方工作机会的外流和减少,已经成为政府必须面对的一个政治和社会问题。当然,承接外包业务也给接包方国家带来了就业机会的增加,不少国家对承接外包业务持积极欢迎态度。应当说,外包是经济全球化背景下国际分工的一种新形式,国际投资、国际贸易或国际生产将因此形成一种崭新的格局,并使世界经济结构产生剧变。

案例专栏

巴黎迪斯尼乐园项目

巴黎迪斯尼乐园原名欧洲迪斯尼乐园,是美国之外第二座、全球第四座迪斯尼乐园,同时也是欧洲最大的文化娱乐度假中心。但1992年开业之后就连年亏损,数十年来仅有个别年份获得了少量盈利,50多亿美元的建造成本至今仍未收回。

巴黎迪斯尼乐园经营失败的原因主要在于进入模式的选择错误,在不具备区位优势的条件下,选择直接投资方式进入欧洲市场。

一、文化差异

项目选址过程中,美国简单生硬地购买农田,迫使农民不得不离开眷恋的故土,认为"美国佬"低价购买土地是一种侵略行为。筹建过程中,美国委派律师而不是管理人员参与谈判,毫不让步的方式让法国人感到双方毫无信任可言。另外,最开始园区工作语言不是法语,不提供欧洲人习惯的早餐和法国人喜欢的酒类,停车位的设置也不符合欧洲人的出行习惯。

文化因素是OIL理论区位优势的重要内容之一,缺乏跨文化意识势必会导致海外投资项目的失败,这也是巴黎迪斯尼项目失败的最重要原因。

二、逆经济周期投资的后果

海外投资的成败受经济形势的影响,存在顺经济周期的规律性变化。巴黎迪斯尼乐园开业不久就赶上了欧洲严重的经济衰退,经济不景气使得保守的欧洲人更加节俭。不仅如此,过高的垄断性定价也使得精明的欧洲消费者理性地回避了迪斯尼乐园。

思考与练习

1. 垄断优势理论与内部化理论的主要区别是什么？
2. 比较优势理论是如何分析国际直接投资动机的？
3. 产品生命周期理论的基本观点是什么？
4. 国际生产折中理论的局限性主要表现在哪些方面？
5. 如何从理论层面解释中国跨国公司的对外直接投资行为？

第四章

跨国公司与全球价值链

全球价值链是全球经济的一大特征,国际生产的片段化以及生产环节的国际分散化,驱使无国界生产体系的形成。跨国公司主导的全球价值链掌控了80%全球贸易。本章分析国际生产体系的形成与发展,比较了国际生产体系、全球生产网络和全球价值链的含义,随后介绍了全球价值链的治理和升级、跨国企业融入全球价值链的模式与升级路径。通过本章学习,应理解相关概念,掌握全球价值链的治理模式、升级模式及融入渠道,并能用其分析跨国公司的全球价值链。

学习要点

Today's global economy is characterized by global value chains(GVCs), in which the fragmentation of production processes and the international dispersion of tasks and activities have led to the emergence of borderless production systems. TNC-coordinated GVCs account for 80% of global trade. This chapter analyzes the formation and development of the international production system and compares the meanings of international production system, global production network and global value chains, and subsequently introduces the governance and upgrading, and the modes of participating into the global value chains and upgrading path. By studying this chapter, students are expected to have a general understanding of GVCs, grasp its governance, upgrading modes and participating methods, and master techniques to analyze global value chains of transnational corporations.

　　跨国公司是世界经济发展的引擎。自 19 世纪 60 年代跨国公司出现以来，跨国公司对世界经济的发展和全球经济一体化的形成具有重要推动作用。20 世纪 80 年代之后，随着商品、服务及国际资本流动规模的迅速扩大、贸易投资壁垒的降低和新技术的出现，经济全球化的趋势日益增强，各国之间经济相互依赖的程度不断加深，国际分工逐渐由产业间分工、产业内分工向产品内分工演进，世界各大跨国公司为应对日益激烈的竞争，积极调整经营战略，利用世界各地有利的要素资源，在全球范围内进行生产布局，将具备供求关系的上下游产业分布在世界不同的地区，把产品生产的不同环节分配在具有比较优势的区域，构建全球生产体系，把跨国公司管理的单个工厂或企业之间的竞争，转变为跨国公司治理下整个生产体系的竞争，以实现其全球利润的最大化。

　　跨国公司全球生产体系的构建是世界经济一体化发展的重要推动力量。当前，由跨国公司主导的国际生产活动呈现出生产的分散化、片段化，跨国公司又通过股权、贸易和非股权安排把其拥有的独资公司、合资公司与遍及全球的供应商、承包商、分销商及战略联盟伙伴联系起来，形成一个渗透全球的巨大的生产体系或生产网络，许多学者及国际机构称之为全球价值链。

第一节　跨国公司的全球生产体系与生产网络

一、全球生产体系的形成与发展

　　全球生产体系最初起源于国际贸易，开始于国外生产。15 世纪前，以自然经济为基础的区域贸易仅是经济生产的一个补充，贸易目的主要以互通有无为主。15 世纪末 16 世纪初的"地理大发现"，促进了世界市场的形成，开始了真正意义上的"世界贸易"，贸易目的由互通有无转变为牟取商业利益。16 世纪开始，西欧封建专制国家大力推进重商主义政策，鼓励发展航海业和对外贸易，促进了为出口而生产的国际分工。1770 年开始的以机械化为特征的第一次工业革命，促进了国际分工体系的建立。1865 年德国弗里德里克·拜耳公司在美国开设苯胺工厂，1866 年瑞典诺贝尔在德国开设炸药工厂，美国胜家（Singer）缝纫机公司于 1867 年在英国建立分厂，这些均标志着西方的公司开始在国外一些区域设立生产工厂，由国内生产向国外生产延伸，也就是开始了国外生产。在国外生产阶段，国内公司是以直接投资的形式在国外建立分公司、子公司，由分公司、子公司在东道国开展生产经营活动，主要通过所有权对国外机构进行控制。这个阶段，国外子公司的数量、生产量及雇用员工数量较少。

　　随着人员流动，资本、商品的放松管制和科技的进步，国外生产的地理区位逐渐增多，国外生产范围逐渐扩大，国外生产成为国际分工体系的重要组成部分,其发展趋向扩大化、国际化。1870—1913 年是国际经济一体化的"黄金时代",这个阶段短期资本和长期资本流动不受管制,利润转移不受阻碍,几乎所有工业国及大部分农业国实施金本位制,劳动力洲际间的流动限制较少,国内制度对资源直接分配的影响很小。由对外直接投资推进的国际化生产得到了发展,截至 1914 年,对外直接投资总额已达 140 亿美元,占世界外国总投资的1/3。其中,英国约占对外直接投资总额的 45.5%,美国占 18.5%。1914 年,发达经济体的制造业在国外建立的子公司有 349 家,若包括矿业、石油业和其他行业在内,国外子公司数量约 800 家,这些子公司遍及世界各地,从事产品制造、销售,以及采掘、种植和其他活动。制造业跨国公司大多集中在当时新兴的资本或技术密集产业,其设立的子公司主要集中在发达国家,既出口产品,也对外直接投资,有些跨国公司初步建立了公司内部水平分工和垂直分工相结合的生产国际化体系,如美国跨国公司开始组织以世界市场为目标的国际经营活动,美国胜家缝纫机公司以美国和加拿大子公司的产品供应拉美市场,其英国、德国的子公司供给其他地区市场。两次世界大战期间,发达国家公司的对外直接投资发展缓慢,1914—1938 年,世界投资由 143 亿美元增长到 263.5 亿美元。美国的对外投资地位提升,其海外子公司的数量增长较快,187 家制造业公司在国外的分支机构由 1913 年的 116 家增加至 1929 年的 467 家,1939 年达到715 家。

第二次世界大战以后,全球对外直接投资增长较快,国际生产活动发展迅速,趋向一体化发展。真正意义上国际生产体系的形成开始于 20 世纪 80 年代初,完成于 20 世纪 90 年代末。1945 年发达经济体的对外直接投资累计额为200 亿美元左右,1960 年、1975 年、1980 年和 1985 年的累计额分别增加到 670亿美元、2 754 亿美元、5 357 亿美元和 6 933 亿美元。1961—1973 年,FDI 年均增长率超过世界生产总值和世界贸易的增长速度,三者的年均增长率分别为15.1%、5.5%和 8%。1974—1980 年世界生产总值和世界贸易年均增长率分别为 3.6%和 4.0%,而同期对外直接投资年均增长速度为 18.9%,1981—1986 年这三个数字分别为 2.7%、2.7%和 5.85%。1990—2015 年,全球 FDI 流量快速增长,年均复合增长率 7.5%,产品零部件等中间产品的国际贸易量扩张迅猛,零部件中间品的出口额由 1992 年的 4 100 亿美元增至 2003 年的 10 400 亿美元,年均增幅达到 14%,而同期世界出口贸易额的平均增幅仅为 9%。2000 年以来,全球贸易和 FDI 呈指数增长,增长速度超过了全球 GDP 增速,国际化生产迅速扩张。2001 年,全球约有 64 592 家跨国公司母公司,控制着 851 167 万家国外子公司。2010 年底,跨国公司母公司发展到 103 786 家,海外分支机构超过 892 114 家,跨国公司及其分支机构创造的价值占全球 GDP 总额的 1/4,境外分支机构创造价值占全球 GDP 的 1/10,出口商品占全球出口的 1/3。2015

年跨国公司的境外分支机构提供 7 951 万个就业岗位,创造的价值占全球 GDP 的 10.8%,出口商品占全球出口的 37.4%。在这一阶段,国际生产体系进一步深化,跨国公司与其分支机构及其他公司间的联系不仅依赖于股权,还可能依赖合同制造、技术许可、战略联盟等非股权方式,跨国公司主导的生产体系内各成员间的联系趋向网络化,例如,芭比娃娃是通过一体化的生产体系实现产品的生产。在这一生产体系中,美国企业负责芭比娃娃的设计和销售,提供模型和装饰;中国台湾地区企业从石油中提炼出一种塑料材料,提供模体的生产原料;日本公司生产尼龙头发;中国大陆企业提供棉花用于制作芭比娃娃的服装;最后在印度尼西亚、马来西亚、中国大陆组装成最终产品。苹果公司第五代 iPad 的生产体系则显得复杂些,呈现网络化。苹果公司拥有 iPad 品牌,负责产品设计、检验与销售,该产品 451 个部件中的关键部件(如硬盘、显示器模块、芯片和内存)由日本、美国和韩国企业提供,由中国台湾地区代工企业在中国内地组装,而这些关键部件可能由其他地区的外包企业生产(如日本提供的硬盘的生产地在中国,芯片生产地在美国或新加坡或中国台湾地区),每一个零部件中所用的许多零件由其他国家或地区生产。

总之,国际生产体系的形成与发展是国际分工演进和 FDI 发展的产物,其主体是跨国公司。该体系的发展经历了国内独立体系、简单一体化体系、复合一体化体系向网络化和无国界的国际生产体系的演变。第二次世界大战之前,国际分工主要是发达经济体之间的水平分工(制成品生产的分工)和发达经济体与殖民地附属国之间的垂直分工(制成品和原材料生产的分工),跨国经营企业以在国外设立工厂或并购企业等股权方式进行国外生产。第二次世界大战以后,国际分工由产业间分工向产业内分工、产品内分工发展,跨国公司根据区位优势与资源状况,把同一产品的不同生产工序、不同零部件或不同组件分散到全世界不同国家和地区进行一体化生产,并通过股权与非股权方式对生产体系内的参与者进行管理与协调。同时,不同跨国公司生产体系之间存在竞争,也存在着合作,跨国公司需要管理同一生产体系内参与者之间的内部关系,同时还需要与其他跨国公司生产体系之间建立互利共赢的合作关系,跨国公司的全球生产体系趋向网络化发展。

二、全球生产体系、全球生产网络及全球价值链的含义

跨国公司是世界经济一体化发展的主要推动者,是国际分工体系演进的主角。跨国公司以对外直接投资、贸易及非股权安排等生产经营方式参与全球国际分工演进的过程中,出现生产国际化,国际生产简单一体化、复杂一体化,生产片段化、分散化,无国界生产体系等现象。针对国际生产中出现的这些经济现象,许多学者从不同理论角度、不同分析框架出发,用不同术语来界定跨国公

司的国际生产活动,由此出现了"国际生产体系""全球生产网络""全球价值链"等术语。在上述术语中,"国际"是指国际化(internationalization),侧重强调经济活动跨越国家的国境或关境(在地理范畴的扩展),"全球"意指全球化(globalization),侧重对国际分散的经济活动进行功能方面的一体化整合,"生产"是指包括技术研发、生产制造和营销等环节价值增值的过程。

(一)国际生产体系

跨国公司国际生产体系是国际直接投资迅速增长过程中的一个显著特征,即跨国公司为实现终端产品价值创造和整体利益最大化,把产品的设计与研发、生产、采购和销售等生产经营活动根据全球各地资源禀赋和劳动力成本优势进行合理布局,也是跨国公司控制下国际价值增值活动的区位安排。国际生产体系也称全球生产体系,有的称之为"以世界为工厂""以各国为车间"的全球化经营模式。在国际生产体系中,"国际"指地理空间布局,产品不同环节的分配不再局限于个别的国家或地区,而是基于不同区位的比较优势,在全球范围内布局;"生产"的含义是研发、制造、销售和售后服务等各个环节中的增值活动,包括所有商品、劳务、中间产品和最终产品的创造。国际生产体系有三个核心要素:治理、全球价值链和地理配置。

(二)全球生产网络

网络(network)最早出现在电学,后扩展到数学、物理、神经生理学、计算机科学等领域。20世纪80年代以来,网络分析方法被引入经济研究领域。全球生产网络是一种介于国际市场和跨国公司之间的、以关系契约为治理基础的组织形式,是跨国公司在生产体系内开展研发、设计、采购、制造和销售以及售后服务等增值活动时,各活动的参与者之间形成的相互依赖、共同发展的错综复杂的关系。在全球生产网络中,跨国公司通过股权或非股权方式,把其控制的子公司、合资公司及全球各地的供应商、承包商、分销商及战略联盟伙伴联系在一起(图4-1)。国际生产网络侧重强调的是国际生产体系内企业间错综复杂的水平的、垂直的以及混合的各种关系特性和由此形成的更大规模的经济群落。

(三)全球价值链

全球价值链(global value chains,简称GVCs)概念的发展经历了价值链、增值链、全球商品链和全球价值链四个阶段(张向晨,2014)。1985年,美国学者波特(Porter)在其著作《竞争优势》中首次提出"价值链"这一概念,认为公司的价值创造过程主要通过基本活动(生产、营销、运输和售后服务等)和支持性活动(原材料供应、技术、人力资源和财务等)两部分来完成。这些活动在公司价值创造过程中是相互联系的,由此构成公司价值创造的行为链条,称为价值链。科格特(Kogut,1985)在《设计全球战略:比较与竞争的增值链》一书中把价值增加链表述为厂商把技术同投入的原料和劳动结合起来生产产品、进入市场、销售产品的价值增值过程。霍普金和沃勒斯坦(Hopkins & Wallerstein,1986)最早提出"全球商品价值链"概念;杰里菲(Gereffi,1994)把全球商品价值链作为分析范式,2001年在分析全球范围内产业联系和产业升级问题时提出了全球价值链概念。

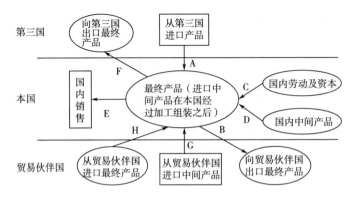

图4-1 全球生产网络示意

资料来源:Kei-Mu Yi(2003),转引自林玲和余娟娟(2012)。

联合国工业发展组织(UNIDO)认为,全球价值链是指在全球范围内为实现商品或服务价值而连接生产、销售、回收处理等过程的全球性跨企业网络组织,涉及原料采集和运输、半成品和成品生产及分销,直至最终消费和回收处理的整个过程,包括所有生产销售等活动的组织、价值和利润分配。目前,分布于全球、处于全球价值链中的企业进行着产品创意、产品设计、生产制造、营销、销售、售后服务及循环利用等各种增值活动。全球价值链的技术(研发、创意设计、技术创新等)、生产(采购、生产、装配、测试、包装和库存管理等)和营销三大环节(批发、零售、品牌推广、售后服务等)所创造的价值呈现两端高中间低的U型,即"微笑曲线"形状(图4-2)。

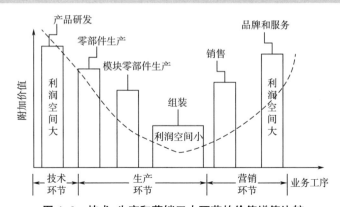

图4-2　技术、生产和营销三大环节的价值增值比较

资料来源:张剑,袁洪飞,吴解生. 全球价值链视角下中国制造业地位的提升.

企业经济,2007(6).

全球价值链是全球经济的一大特征,中间产品和服务贸易体现为片段化和国际化的分散生产,最终消费商品和服务生产过程的分离以及生产过程中任务和活动日益趋向国际分散化,驱使无国界生产体系的形成,这或许是顺序链或复杂的网络,又或是全球性、区域性的体系。

与生产网络相比,价值链描绘的是商品或服务诸多生产和流通活动的一种垂直序列关系,侧重于某种商品或服务从生产到交货、消费和服务的一系列过程中在不同的经济行为主体之间如何安排和切分。生产网络研究的是将一系列企业纳入更大规模经济集团的企业间关系的程度和范围,强调的是一群相关企业之间关系的特性和界限。迪肯和马姆伯格(Diken & Malmberg,2001)认为全球生产经营网络是价值链活动在更加广阔的地理空间展开,许多这些特定的全球价值链"串联"起来就会形成生产经营网络。全球生产网络的范畴要比全球价值链的范畴更加宽泛。

学者们在描述构成全球经济的复杂网络关系时,使用了很多重叠的术语,如国际生产网络、全球商品链、全球价值链等,并用这些术语来讨论同一经济现象。价值链的概念最具有包容性,能全面反映可能的链活动和终端产品的经济活动。因此,本章用全球价值链的术语来研究生产全球化现象。

第二节　跨国公司的全球价值链

基于理论背景和研究方法,全球价值链理论形成两个流派:以杰里菲(Gereffi)和卡普林斯基(Kaplinsky)、吉本(Gibbon)为代表的国际化学派

(internationalist),以汉弗莱(Humphrey)、施米茨(Schmitz)为代表的产业学派(industrialist)。国际化学派侧重宏观视角,关注全局分析和国际政策,产业学派从微观角度分析本土并集聚发展政策(表4-1)。研究中,沿着四个基本维度进行,即原材料投入到最终产品产出、地理分布、治理结构、法制环境。目前的研究主要集中在三个方面:全球价值链的治理,全球价值链的升级机制、类型和路径,价值链中经济租的产生和分配,其中价值链治理居核心位置。

全球价值链理论关注全球生产是如何组织的,价值链的垂直分离和全球空间再配置是如何进行的,认为片段化、协调和网络是全球产业组织变化的本质(杰里菲等,2003)。以跨国公司为主导,跨国公司通过复杂的供应商关系网和不同的治理模式(如 FDI、公平交易、非股权安排)管理全球价值链,东道国的经济特征、政策框架及商业便利化政策对价值链中价值增值活动的区位选择具有决定作用。融入全球价值链是国家总体发展战略的一个组成部分,全球价值链对价值增值、就业以及收入均有直接经济影响。企业可以通过产品升级、过程升级、功能升级和产业链升级提高其在全球价值链中的竞争力(经合组织,2013)。更多的生产活动基于比较优势在全球的拆分,更多的新兴经济体和发展中经济体可以参与到全球价值链中(迪恩等,2011),新兴经济体已经从全球贸易的外围国家变为主要核心国(国际货币基金组织,2012)。

表 4-1　　　　　　　　　　国际化学派和产业学派比较

	国际化学派	产业学派
主要关注点	发展中经济体的全球价值链治理	发展中经济体升级和全球价值链
研究方法	宏观的行业层面或贸易数据	微观的案例研究及定量数据
政策关注	双边或多边贸易协议,FDI 国际劳动分工的作用	企业竞争性和集聚,当地发展政策
理论背景	国际经济、政治经济、跨国公司理论	产业研究、发展研究
代表性学者	Gereffi,Sturgeo,Kaplinsky, Gibbon	Schmitz,Humphrey,IDS group

资料来源:Andrea Morrison, Carlo Pietrobelli, Roberta Rabellotti. Global Value Chains and Technological Capabilities:A Framework to Study Industrial Innovation in Developing Countries. Oxford Development Studies, Vol. 36,2008.

一、全球价值链治理

治理是指以非市场机制来协调价值链上不同价值环节之间的经济活动(汉弗莱 & 施米茨,1995),是价值链中权力拥有者或某些机制对分散于不同区位的价值创造活动的协调和制度安排,是决定价值链中资金、材料、人力资源分配和流动的权力与权威关系(杰里菲,1994)。"生产什么或怎样生产""什么时间""生产多少""什么价格"是治理中强调的重要战略变量。不同的价值链中往往存在不同的权力分布,主要权力的持有者往往制定各种规则和参数,迫使产业价值链中其他行为者接受和服从。治理分为立法治理、司法治理和执法治理三个层面。立法治理主要指制定参与全球价值链的一些基本条件和规则,包括产品质量、价格产品标准以及质量标准(ISO9000)、环境标准(ISO14000)、劳工标准(SA8000)和行业标准等社会标准。司法治理主要提供监督标准,监控参与者是否遵从规则等。执法治理是针对监督结果而采取的措施,如胡萝卜与大棒(carrot & stick)政策。

对于全球价值链的治理模式,学者们提出了二分法、三分法、四分法和五分法等具体的治理模式。广义上全球价值链分为购买者驱动价值链和生产者驱动价值链(杰里菲,1999)。在购买者驱动价值链中,大型零售商和品牌商要求符合它们的标准和规则。生产者驱动价值链中,掌握关键生产技术的跨国公司在价值链中占支配地位,通过投资来推动市场需求,形成全球生产网络的垂直分工体系。

表 4-2　　　　购买者驱动价值链和生产者驱动价值链的比较

	生产者驱动型	购买者驱动型
控制资本类型	产业	商业
资本/技术密集度	高	低
劳动力特征	技能/高工资	非技能/低工资
生产一体化	垂直/上下级	水平/网络松散
控制企业	制造业企业	零售商
合同/外包	中性或较高	高
供应商提供	部件或组件	产品
代表性行业	汽车、计算机、航空、电子机械等	服装、鞋子、玩具、电子易耗品等

资料来源:Neil Coe,Philip kelly and W. C. Henry Yeung. Ecomic Geography:A Contemporary Introduction. 2nd edition,Wiley,2013.

在此基础上,张辉(2006)提出了混合型全球价值链。斯腾根(Sturgeon,2002)研究生产网络的国家模型,把日本、德国、意大利和美国生产网络模型分为三类:领导型(日本和韩国)、关系型(德国、意大利和东亚地区)和模块型(美国)。层级制或领导型网络一般由总公司对海外分支机构实施较强的控制,或由一个领导厂商协调各层次俘虏型供应商;关系型生产网络植根于社会经济体系,其治理主要依赖网络主体之间的社会关系;模块型生产网络中的供应商向领导厂商提供全承包服务,交易和沟通通过高度格式化程序进行。汉弗莱和施米茨(2001,2002)提出了网络型(networks)、准等级型(quasi-hierarchy)、等级型(hierarchy)和市场型关系(market-type relationship)四种类型治理模式。杰里菲等(2005,2011)按照市场交易的复杂程度、交易转换程度及供应商的能力把治理模式分为五种:市场型(market value chains)、模块型(modular value chains)、关系型(relational value chains)、捕获型(captive value chains)和层级制(hierarchy value chains)。

二、价值链升级

升级是公司通过从购买商及生产商的知识和信息的流入,获得额外能力和接近新市场的机会,在全球生产活动中从低附加值的活动移动至价值链的高附加值活动以获取更大利益的过程。由于行业和经济体价值链的投入—产出及每一经济体所处的法制环境不同,其升级模式存在差异。全球价值链升级沿两个不同的方向(吉本,2003):一是同一个价值链内增加要素投入、提升能力,如汉弗莱和施米茨(2002)提出的工艺升级(process upgrading)、产品升级(product upgrading)、功能升级(functional upgrading);二是由一个价值链参与到可以获得高而稳定回报的另一价值链,如杰里菲(1999)引入两类升级路径,链条升级(inter-sector upgrading)和营销联系升级(upgrading of marketing linkages),其中营销联系升级现已很少使用。

发展中经济体的企业可以通过工艺升级、产品升级、功能升级和链条升级四个渠道提高其竞争力,实现在全球价值链中的升级。价值链升级是企业主动参与的过程,产业不同、国家基础差异意味着升级路径和方式也不同,特定产品的价值链可能包含不同行业的附加值,不同方式的升级可同时进行。价值链升级受多种因素的影响,如全球价值链本身性质、结构和治理,主导企业的特征以及东道国与当地企业的特点等。由于主导企业在价值链中的绝对优势、全球价值链的动态竞争、东道国企业地位、长期效率换取短期利润最大化的低效行为、价值链中承包的固定格局等因素,发展中经济体容易实现“工艺升级”和“产品升级”,很难实现“功能升级”和“链条升级”(汉弗莱和施米茨,2003)。

三、价值链中经济租的产生和分配

价值链中经济租是指由价值链中的所处地位带来的超额利润,也就是超出不在价值链所处位置时所创造利润的那部分利润。根据经济租来源的不同,价值链中的经济租可分为价值链参与者租金、参与者关系租金和存在于价值链之外的租金三类。价值链参与者租金是指参与者凭借自身拥有的独特禀赋创造的额外利润,包括市场垄断产生的垄断租金、独特资源产生的李嘉图租金以及依靠企业动态能力的熊彼特租金,生产者驱动型全球价值链中的技术租金和组织租金属于这种类型租金。参与者关系租金是通过参与者共同专属性投资而创造出超额利润,源于企业间的交换关系(辛,1998),购买者驱动型全球价值链中的关系租金属于这类租金。存在于价值链之外的租金主要有自然资源租、政策租、基础设施租和金融租(卡普林斯基 & 莫里斯,2003)。

全球价值链是商品或服务从生产到交货、消费和服务的一系列过程,整个过程可细分为研发、设计、生产、物流和销售等多个环节,每个环节所创造的附加值不同,因此处在价值链不同环节的企业所能得到的收益也是有差异的。全球价值链的经济租主要有上述三种类型,参与企业所能创造的经济租类别、所依存的价值链自然资源及政策环境、在价值链中的角色是经济租利益分配的决定因素。一般来说,全球价值链中的主导企业,拥有对全球价值链的协调和管理权,通过不同治理模式确定参与企业的利益分配,自己则占有多数租金。

第三节　跨国公司参与价值链的模式及其升级路径

在工业经济时代,当全球价值链尚未形成之时,在国际生产体系中获取多少价值,往往取决于这个国家拥有的资本以及机器数量的多少。在全球价值链形成之后,知识技术以及知识技术的整合能力成为获取价值多少的决定因素。现如今,一个国家在全球价值链中获取价值量的大小,并非取决于资本和机器的多少(想一想苹果公司没有工厂的例子),而是取决于这个国家在知识方面的比较优势,取决于能否主动构建自己的生产网络以及加入网络时"跨越门槛"的能力。参与产品价值创造及利润分配的不再是一国或几国内部的事情,开始成为一种全球的现象。

一、参与全球价值链的方式

一个经济体的企业参与全球价值链,可以通过 FDI、贸易和非股权形式中的某一种方式,也可以综合运用多种方式。

(一)外国直接投资

FDI 方式融入全球价值链是指跨国公司在另一经济体以新建投资方式设立分支机构、附属机构、子公司,或与东道国合资创办新企业或者以并购方式收购或兼并其他经济体的企业或资产,并让所投资企业参与全球生产体系。对于一个确定的经济体来说,既可以采用吸收外资(inward FDI),也可以采用对外直接投资(outward FDI)方式参与全球价值链。不管水平型 FDI 还是垂直型 FDI,以 FDI 方式参与全球价值链都形成等级型的治理关系。

(二)国际贸易

国际贸易区分为跨国公司内贸易和跨国公司间贸易。跨国公司内贸易可以通过转移定价实现公司利润最大化,母子公司形成等级型治理关系。跨国公司间贸易也就是所说的公平贸易,买卖双方根据产品的价格、规格和质量进行商品交易,双方贸易由市场关系协调与管理。有的研究机构把以贸易参与价值链的方式分为内部一体化贸易(in‑house chains)、供应链网络(supply networks)、分包商(subcontractor)和原材料生产商等多种,如表 4-3 所示。

表 4-3　　　　　　　　　以贸易方式参与全球价值链模式

类　型	描　　述	案　例
内部一体化贸易	子公司间贸易;企业集团内对产品进行开发、生产、销售和营销	医药公司、通信公司(如华为)
供应链网络	满足客户需求并在采购方面有比较优势(如时尚物品与家居装修项目以自己的品牌销售),在许多国家安排订单,了解终端市场消费者偏好,没有或很少有生产设施	宜家家居、南非的连锁超市
分包商	与一个或多个客户有业务往来,供应要素投入用以产品生产(如汽车零部件、衣服、呼叫中心服务)	印度珠宝首饰或软件生产商、瑞典的安全带设备供应商
原材料生产商	谷物、木材的生产,石油开采,用于制造其他产品的金属的生产	加拿大石油生产商、马来西亚木材生产商

资料来源:National Board of Trade. Global Value Chins and Developing Countries:An Introducion. 2013.

(三)非股权形式

非股权形式(non‑equity mode,简称 NEM)又称非股权安排(non‑equity arrangement)、非股权投资(non‑equity investment)、合同参与或合同安排,是指投资主体通过与东道国企业签订有关技术、服务或工程承包等方面的合约,以获取利润或取得对该东道国企业的某种管理控制权。其最大特点是通过契约方式参与或控制全球价值链。非股权形式包括合同制造与服务外包、订单农业、许可经营、特许经营、管理合同和战略联盟合作经营等。

以哪种方式融入全球价值链,跨国公司需要综合权衡交易成本、治理结构及风险等因素。同时,还要考虑当地资源条件和政策环境,如关键投入品的可得性、劳动力成本、基础设施和金融、社会环境治理、劳动力供给与技能水平、税收和劳动法规津贴、教育和创新政策等。

二、公司层面全球价值链升级路径

从企业层面看,企业在全球价值链中的演进路径可分为"线性"升级路径和"非线性"升级路径(杰里菲 & 费娜德史塔克,2011)。

(一)"线性"升级路径

"线性"升级路径是指参与者首先需要参与价值链的低附加值阶段,并在该阶段积累经验、提高能力,然后进入高一级的价值链环节。杰里菲等学者总结中国香港地区和中国台湾地区企业价值链升级的轨迹就属于这种性质的升级,即由接单产品组装(original equipment assembling,OEA)到贴牌生产(OEM),再到设计生产加工(ODM),最后实现自有品牌生产(OBM)。马修斯和秋(Mathews & Cho,2000)归纳的两种升级轨迹也是这种类型的升级:一是市场开拓能力较强的发展中经济体的企业,开始于贴牌加工,通过全球物流契约(global logistics contracting,GLC)模式融入全球物流体系,最后实现自有品牌生产;二是技术能力相对较强的发展中经济体企业,由贴牌加工逐渐发展到自行设计制造,最终实现自主品牌制造。这两种价值链升级途径有相同的起点和终点,但价值升级的路径不相同。

约旦、洪都拉斯、肯尼亚、摩洛哥和智利等国家的水果和蔬菜产品在园艺价值链中的升级,墨西哥托雷翁服装业的升级,二者均属于线性升级。线性升级路径实质上是同一价值链内由工艺升级到产品升级再到功能升级的过程。

(二)"非线性"升级路径

"非线性"升级路径是企业进入全球价值链后,在从低附加值业务向高附加值业务升级的过程中,可能在进入中等附加值业务后,在中等附加值业务内拓展业务,也可能进入具有低中高多层次附加值业务,或同时从事多个具有不同附加值的业务,最终进入高附加值的专业化业务。非线性升级路径经历了工艺升级、产品升级、功能升级和链条升级。离岸服务外包和旅游业价值链升级呈现非线性的升级路径特点。在离岸服务的非线性升级路径中,进入发达经济体市场更多需要依赖总部设立在发达经济体及一些新兴市场经济体(如印度)的主导公司。

离岸服务价值链可分为信息技术外包(ITO)、业务流程外包(BPO)和知识流程外包(KPO)三类业务。其中,ITO 包含低附加值、中附加值和高附加值业务,BPO 包含低附加值和中附加值业务,KPO 处于高附加值业务范畴。基于 10 个经济体的案例,杰里菲和费娜德史塔克(2010)归纳出离岸服务外包业务的五阶段的升级路径:进入价值链、在 BPO 业务内升级、提供全包服务、由 ITO 拓展到 KPO、垂直专业化,如表 4-4 所示。

表 4-4 离岸服务业价值链升级非线性路径

类 型	特 点
进入价值链	①进入离岸服务价值链的通常方式是建立呼叫中心业务;②是低收入经济体进入知识经济的机会;③萨尔瓦多、尼加拉瓜、巴拿马和危地马拉等有成功案例
在 BPO 内升级	①BPO 同类业务内扩展业务;②改善和扩大呼叫中心或提高专业化程度;③如南非以 33%的速度扩展 BPO 服务
提供全包服务(功能升级)	①定位于 ITO 和 KPO 业务的公司可能会选择提供一个更全方位的活动,包括 BPO;②收购规模较小的 BPO 公司或公司内设立新的业务部门;③如印度的 ITO 和 KPO 公司向 BPO 业务扩张
由 ITO 到 KPO(功能升级)	①ITO 公司开始包括 KPO 业务在内的组合业务;②ITO 公司为客户策划解决方案;③如 2002—2005 年印度的 Infosys、Wipro、TCS 和 WNS 等公司从事商业咨询服务
垂直专业化(链条升级)	①从事 ITO、BPO 和 KPO 业务的公司开始专业化和专注于重点产业的研究;②如捷克以 BPO 共享服务进入离岸服务业,很快进入汽车、航空航天等产业的研发领域

资料来源:Gary Gereffi & Karina Fernandez – Stark. Global Value Chain Analysis:A Primer. Duke CGGC,2011.

第四节 计算机行业的全球生产治理模式

一、计算机行业的价值链

计算机行业是全球化程度最强的产业之一,全球性采购、全球性生产、全球性经销的特点非常明显。20 世纪 40 年代末期,得益于大型计算机和晶体管技术的发展,美国确立电子产业的世界领先地位。随后,日本企业在动态随机存取存储器(DRAM)方面紧追欧洲公司并发展迅速,其后是韩国、中国台湾地区和新加坡的企业,诞生了 IBM、苹果、摩托罗拉、西门子、NEC、三星等世界级大公司。随着国际贸易和 FDI 的快速膨胀以及全球生产体系的延伸,全球电子产业生产价值链逐渐形成。计算机行业的价值链由五个环节组成：标准制定环节(如芯片和操作系统)、核心零部件(如硬盘、主板等)、一般零部件(显示器、光驱等)、代工生产与组装、品牌管理及售后服务。按照各个部分在价值链中的控制能力和增值幅度,这五个环节在微笑曲线中的位置如图4-3所示。

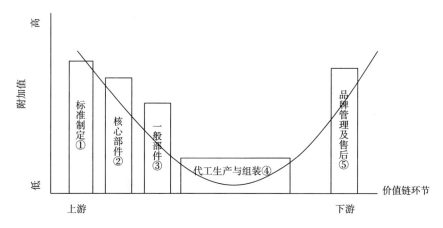

图 4-3　计算机行业价值链的微笑曲线

环节①和环节⑤占据价值链的高端环节,这两个环节的企业往往成为生产经营网络中的领导厂商。环节①的厂商(如微软公司、英特尔公司)控制着计算机最核心的产品研发和设计,成为全球生产体系中生产者驱动型的佼佼者。环节⑤的厂商(如戴尔、惠普、苹果公司等)控制了产品的营销和品牌维护等高附加值的服务环节,这类厂商成为全球生产经营网络中购买者驱动型的领先企业。环节②指的是高技术资本密集型的核心部件,这一环节中的厂商充当了全球生产经营网络中主要供应商的角色,能够获取较高的产品附加值,拥有较高的利润率,典型的代表企业如 AMD、希捷、台积电等。

环节③和环节④均在全球生产经营网络中扮演了一般供应商的角色。环节③的生产技术绝大多数已经标准化,因此进入门槛和成本较低,竞争较为激烈,典型的代表企业有冠捷、光宝等。环节④是典型的劳动密集型生产阶段,技术含量非常低,典型的厂商代表如富士康、纬创等。

由于各个环节的特性、技术含量不同,对要素条件的需求存在差异性。因此,计算机产业价值链的各环节会在全球范围内寻找最佳的地理布局。从目前的全球布局特点看,不同国家和地区在计算机产业价值链的地位并不相同。美国是计算机产业标准的制定中心、研发设计中心,处于产业价值链的高端,拥有品牌,负责制定标准和产品研发以及系统集成,控制着核心产品和新产品的生产,微处理器主要来源于美国;日本在芯片、DRAM 等方面具备较强的研发能力,内存设备主要来源于日本;主板主要来源于中国台湾地区,硬盘驱动器主要来自新加坡,监视器来源于韩国、中国台湾地区和日本,键盘和转换电源来自中国台湾地区等,最终产品的装配很有可能散布于美国、欧洲和亚洲。

二、计算机行业的购买者驱动型治理模式

购买者驱动型全球价值链中居于领导地位的厂商往往是拥有品牌或销售渠道优势的"没有工厂的制造商"。购买者驱动型治理模式是指以行业中的零售商、品牌营销商为领导厂商,领导厂商利用其在设计、品牌与营销渠道方面的突出优势,有序组织各供应商、契约制造商按标准与规格为其提供成品。这种模式主要存在于劳动密集的快速消费品行业(如服装业、制鞋业和玩具业),计算机行业的戴尔公司也属于这种类型。

在计算机行业,戴尔是一家为顾客提供订制的品牌产品和个性化的解决方案为主的大型技术供应商,以直销为主要的运营方式,在业界号称"零库存高周转"。戴尔公司成为市场领导者的根本原因是:拥有产品、技术和直销渠道,为终端用户提供计算机的订制化销售及高附加值的服务,有较高的品牌忠实度。戴尔在全球设立一个总部和三个区域生产经营体系,其中每一个区域都拥有它自己的装配厂、供货网络,这样就形成戴尔主导的全球性生产经营体系。

在戴尔公司的全球生产经营体系中,总部设立于美国得克萨斯州奥斯汀,三大区域性市场分别是美洲,欧洲、中东、非洲,亚太。其中,美国、加拿大和拉丁美洲等美洲区域市场由总部负责,美洲市场占据其收入的半数以上;在英格兰的布拉克内尔、新加坡设有地区总部,分别负责欧洲、中东和非洲业务,日本、中国、澳大利亚和新西兰等亚太区业务。戴尔在北美、南美、欧洲、亚洲四个大洲有 10 座装配厂(奥斯汀、纳什维尔、温斯顿-塞勒姆、南埃尔多拉多、荷托兰迪亚、厦门、钦奈、槟榔屿、利默里克、罗兹),每个装配厂周围都有物流商和供货商。在这种组织体系中,公司专注于自己的核心业务,将大量的非核心业务外包给其他公司。在产品制造上,戴尔利用信息技术全面管理生产过程(图4-4)。

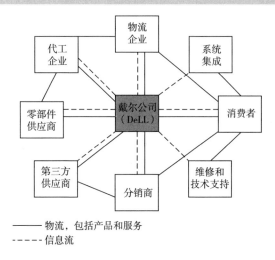

物流，包括产品和服务
----- 信息流

图 4-4　戴尔的全球生产体系

在戴尔的全球生产经营体系中,购买者系最初驱动者,戴尔经过零部件产品及服务的标准化和区域化来控制生产经营体系。在体系中,通过互联网,戴尔公司和其上游配件制造商服务于客户订单,当用户的个性化订货单传至戴尔控制中心,控制中心把订单分解为子任务,并通过网络分派给各独立配件制造商进行生产;各制造商按戴尔的电子订单进行生产组装,并按戴尔控制中心的时间表来供货;戴尔在成品车间完成组装和系统测试,以服务外包的方式由当地的代理服务商承担售后服务。

三、计算机行业的生产者驱动型治理模式

生产者驱动型是指行业中的制造商成为网络的领导厂商,由它们在全球发起并主导形成垂直分工型的生产经营网络。这些企业往往在资本、技术等方面拥有独特的竞争优势,一般从事汽车、飞机、计算机、半导体和重型机械等资本、技术密集型产业的设计、制造和营销等活动。如美国的苹果公司、微软公司都是典型的生产者驱动型生产经营网络领导厂商。

苹果公司主要从事移动通信智能手机、计算机、大容量便携式音乐播放器、平板电脑和软件等产品的设计、制造、销售。对于 iPod、iPhone 和 iPad 三大产品,苹果公司负责产品研发设计和市场营销,产品所用的零部件由第三方企业制造,最终产品的加工、组装都在美国境外完成。苹果公司 iPod、iPhone 和 iPad 产品的生产过程体现生产者驱动型的治理模式。在 iPhone 产品的全球价值链

中,苹果公司凭借着品牌、技术与设计优势,产品部件在全球采购,由多个经济体的不同供应商为其提供部件,由设在中国的工厂来组装,组装后由中国出口到美国,苹果公司利用其销售渠道进行全球销售。iPhone 手机 2009 年的生产成本是 178.96 美元/部,其中:闪存(24 美元)、屏幕(35 美元)等部件由日本企业供货,占成本的 33.9%;信息处理器及其相关零件(23 美元)是韩国企业生产,占成本的 12.8%;全球定位系统微电脑、摄像机、WiFi 无线产品等(30 美元)来自德国企业,占成本的 16.1%;美国企业生产的蓝牙、录音零件和 3G 技术产品(12 美元)占成本的 6.0%;材料费用、各种软件许可证和专利费用占成本的 26.8%;中国企业的组装费用仅占成本的 3.6%(见表 4-5)。

若该款手机售价为 499 美元/部,则公司的毛利润为 320 美元/部。从上述价值链中可以看出,在价值链中处于主导地位的苹果公司不生产零部件,但赚取大部分的利润。

表 4-5 　　　　　　　　iPhone 3G 的主要部件和成本 　　　　　单位:美元

制造商	零部件	成本	
		单价	占比%
日本东芝(Toshiba)	闪存(Flash Memory)	24	33.9
	显示组件(Display Module)	19.25	
	触摸屏(Touch Screen)	16	
日本村田(Murata)	射频前端模组(FEM)	1.35	
韩国三星(Samsung)	应用处理器(Application Processor)	14.46	12.8
	随机存储器(SDRAM-Mobile DDR)	8.5	
德国英飞凌(Infineon)	基带(Baseband)	13	16.1
	照相机(Camera Module)	9.55	
	无线电收发器(RF Transceiver)	2.8	
	GPS 接收器(GPS Receiver)	2.25	
	电源集成电路无线电装置(Power IC RF Function)	1.25	
美国博通(Broadcom)	蓝牙/调频/无线(Bluetooth/FM/WLAN)	5.95	6.0
美国恒亿(Numonyx)	多重晶片封装记忆体(Memory MCP)	3.65	
美国凌云逻辑(Cirrus Logic)	多媒体数字信号编解码器(Audio Codec)	1.15	

续表

制造商	零部件	成本	
		单价	占比%
德国戴乐格半导体 （Dialog Semiconductor）	电源集成电路应用处理器 （Power IC Application Processor Function）	1.3	0.7
其他		48	26.8
零部件成本合计		172.46	96.4
组装成本		6.5	3.6
总生产成本		178.96	

资料来源：Andrew Rassweiler. iPhone 3Gs Carries ＄178.96 BOM and Manufacturing Cost. iSuppli Teardown Reveals，June 24，2009.

案例专栏1

万向集团全球生产体系的构建

万向集团以出口贸易融入全球汽车配件生产体系，设立境外分公司并以其为踏板延伸产业链，增强研发创新能力，提升品牌，先后在美国、英国、德国、加拿大、澳大利亚等8个国家设立了26家境外公司，其中独资或控股18家，以并购整合高端资源，构建了国内外生产基地、海外研发中心和涵盖50个经济体的有话语权的生产体系，打造企业品牌。

一、全球生产体系的布局过程和方式

首先，万向集团以出口贸易方式融入全球生产体系。1984年，万向集团为美国舍勒公司贴牌生产，产品出口美国市场；1986年，产品出口澳大利亚、泰国、菲律宾等国家，1987年产品进入日本、意大利、法国、德国等18个国家的市场。万向以出口贸易的方式嵌入全球生产体系，成为全球汽车配件价值链中的代工工厂。

其次，万向集团设立美国全资子公司，进行资本运作，以并购方式构建欧洲和美国市场的销售体系和研发机构。1997年，收购英国AS公司60%的股份，成立万向欧洲轴承公司，拓展欧洲市场。1999年，收购美国QA1公司200万美元的股权，实现以股权换市场。2000年，以42万美元收购美国舍勒公司的资产,拥有"舍勒"的品牌营销资源和专利技术资源,收购从事汽车轮毂制造与营销的 LT 公司 35%的股权,拥有北美加工装配基地。2001 年 8 月,收购从事汽车制动器制造与营销业务的美国上市 UAI 200 万股可转换优先股,获取 21%的股份,拥有 58.8%的表决权。2002 年,收购美国轴承生产企业 GBC 公司,获得了完整的市场网络,并与最大的汽配供应商 TRW、DANA 等形成战略合作关系。2003 年 9 月,收购从事汽车传动零部件制造与营销业务的汽车翼形万向节传动轴的发明者和全球最大的一级供应商洛克福特公司 33.5%的股权。2005 年,收购从事汽车连接零部件制造与营销业务的美国 PS 公司 60%的股权,打通了向福特、克莱斯勒和通用供货的另一渠道。2007 年 7 月,以 2 500 万美元收购了从事模块装配及物流管理的美国 AI 公司 30%的股权,AI 在美国 7 个州拥有 12 个装配厂。2008 年收购美国福特蒙洛工厂,收购福特 ACH 在密歇根州门罗的传动轴工厂,2011 年收购福特在欧洲的两个工厂。2009 年收购美国维修市场汽车加热器和汽车水箱第一大供应商 Vista-Pro 公司和美国环球控制系统公司。2010 年 7 月,万向收购美国 T-D 公司在美国、德国、荷兰的三个工厂。2011 年与美国电池供应商 Ener1 合资,成立浙江万向 Ener1 动力系统公司,控股 60%。2012 年以 2.56 亿美元收购美国最大新能源锂电池制造企业 A123 Systems,投资电动车企业史密斯电动车约 2 500 万美元,并出资 7 500 万美元与其建立合资企业。2014 年还收购莱顿的"钛酸锂和非易燃电解液技术",该技术对 A123 纳米级磷酸铁锂材料组合形成补充。2013 年联合其他投资人收购美国刹车零件厂商 BPI 公司。2016 年 3 月,以 1.492 亿美元完成对美国插电式混合动力汽车品牌菲斯科的收购。

最后,万向集团注重提升自身的研发能力,由最初的模仿,经过引进技术,到设立海外技术研发中心,创建研发体系。创业初期,测绘进口汽车的万向节,生产试制,模仿学习国外先进技术。收购舍勒公司、UAI、洛克福特等企业后,把技术和生产转移到国内,提高国内集团企业的生产水平,同时产品在国内低成本生产,使用国外品牌向国外销售渠道供货,获取高收益。为与国际先进技术接轨,万向在境外设立技术研发机构,2000 年初组建北美技术中心,随后以此为核心,先后在万向英国公司、万向欧洲公司等 18 家海外公司设立了二级研发机构,集团技术人员实行国内外轮岗工作制,确保技术开发的先进性。

二、案例点评

万向由乡镇企业,通过创新、新建、并购和联盟获取了关键技术、品牌资源、销售渠道和研发资源等战略性资产,逐步发展成为拥有轿车等速驱动轴、汽车传动轴、轴承、轿车减震器、制动器等系列化产品的大型汽车零部件生产商,拥有包括电池、电机、电控及整车研发与制造的汽车完整上下游产业链。

构建有话语权的全球生产体系是发达经济体跨国公司在全球资源整合过程中创造出的一种高效的全球资源组织和利用方式,并且在一些新兴工业化国家的跨国企业发展中获得了验证。企业要实现转型升级,就需要学习和探索如何通过更大范围的跨境资源整合来实现价值链升级。万向集团的实践说明,构建有自主话语权的全球生产经营体系是企业持续快速发展的必由之路。

案例专栏2

比亚迪汽车的产业升级路径及其价值链体系构建

比亚迪创立于 1995 年 2 月,分别在香港联合交易所及深圳证券交易所上市,主要从事以二次充电电池业务,手机、电脑零部件及组装业务为主的 IT 产业,以及包含传统燃油汽车及新能源汽车在内的汽车产业,并利用自身技术优势积极发展包括太阳能电站、储能电站、LED 及电动叉车在内的其他新能源产品。比亚迪现有员工约 18 万人,总占地面积近 1 700 万平方米,在全球建立了 22 个生产基地。

2003 年 1 月 22 日,比亚迪正式收购西安秦川汽车有限责任公司,进入汽车制造与销售领域。其汽车产品包括各种高、中、低端系列燃油轿车以及汽车模具、汽车零部件、双模电动汽车及纯电动汽车等,代表车型有 F3、F3R、F6、F0、G3 等传统燃油汽车,S8 运动型硬顶敞篷跑车以及 F3DM 双模电动汽车等。从 2003 年跨入汽车行业,2005 年首款新车 F3 在西安正式下线,比亚迪股份有限公司成为中国增长最快的自主汽车企业。比亚迪股份有限公司从 2006 年起开始出口汽车,主要销往俄罗斯、乌克兰、中东、东南亚、非洲、南美洲等国家和地区。2007 年,比亚迪在印度建立分厂,同年 8 月比亚迪深圳现代化生产基地落成暨中高级轿车 F6 下线,标志着比亚迪汽车开始进军中高级轿车市场。2013 年,比亚迪新能源车 e6 进入英国市场,2015 年 2 月,比亚迪纯电动大巴 K9 登陆日本京都,此后又获得美国长滩运输署 60 辆纯电动大巴订单和伦敦 6.6 亿英镑纯电动大巴订单。目前,比亚迪新能源车的足迹已遍布全球五大洲,包括英国、美国、日本等汽车强国在内的 36 个不同国家和地区,约 160 个不同城市。

一、产业升级路径

比亚迪汽车在发展壮大过程中,经历了过程升级、产品升级、功能升级和价值链升级四种产业升级路径(表 4-6)。

表 4-6 　　　　　　　　　　　　比亚迪汽车的升级路径

过程升级	产品升级	功能升级	价值链升级
以深圳坪山为基础,对生产线进行改造,将汽车制造流程分为很多小节,每小节只需要做简单工作,以"人力+机械"方式降低制造成本	2005 年 F3 上市;2007 年 F3R 上市;2008 年 F3DM、F0 上市;2009 年 S8、G3 上市(1.8L 车型 G3 发动机是自主研发)	2005年分站上市的营销模式打破常规,获得成功;2007年F3成为本土品牌以单一车型跨入"万辆俱乐部"的先例,与伊兰特、凯越、福美来并列中级轿车市场"四大金刚";比亚迪与奇瑞、吉利成为三大国产小轿车品牌	2007 年纯电动轿车 F3e 研发成功;2008 年双模电动轿车 F3DM 上市;2010 年纯电动轿车 E 获批量产

二、价值链体系构建

作为自主创新模式下发展的民营企业,比亚迪汽车构建了一条自己主导的纵向一体化的汽车价值链(见表 4-7),即凭借核心技术,把整个产业的利润环节尽可能留在企业内部,80%的零部件都由公司内部的零部件事业部进行研发与生产,将技术密集型活动转变为劳动密集型活动,最大限度地降低成本。如 F3 除挡风玻璃和少数通用零部件外,包括转向、减震、座椅、车门甚至 CD 都是自行生产。

表 4-7 　　　　　　　　　　　　比亚迪汽车的价值链体系

企业名称	股权	经营范围	价值链环节控制
汽车研究院	100%	新车型的研发	研发设计
电动汽车研究院	100%	新能源汽车的研发	零部件采购
北京比亚迪模具有限公司	100%	各系列车型的模具汽车	
第十三事业部	100%	汽车内外饰零部件的研发和生产	
第十四事业部	100%	汽车零部件的研发和生产	
第十五事业部	100%	整车线速、CD、前后车灯、安全带、安全气囊的研发和生产	
第十六事业部	100%	整车座椅、天窗、车架、制动器、减速器、结构零件、工艺装配等的研发和生产	

续表

企业名称	股权	经营范围	价值链环节控制
第十七事业部	100%	汽车发动机及传动装置系统的研发和生产	零部件采购
汽车零部件检测中心	100%	部分整车和零部件的实验检测工作	
第十二事业部	100%	汽车整车 F6 的生产	生产制造
西安比亚迪汽车有限公司	100%	汽车整车 F3、F3R 的生产	
比亚迪汽车销售有限公司	100%	F0、F3、F3R、F6 等整车的销售与售后服务管理	营销、销售
出口贸易事业部	100%	国外市场的开发、营销和服务	

资料来源：黄锦华. 后危机时代中国汽车企业的升级策略研究——基于全球价值链治理的多案例分析. 科技管理研究，2013（1）.

三、案例点评

比亚迪的价值链治理模式呈现典型的层级治理模式，与以北美为代表的市场型治理模式和以日本为代表的关系型治理模式有明显差别。纵向一体化的层级治理可以最大限度地利用资源，降低成本，提升比亚迪产品性价比优势，提高产品竞争力，但这种模式适合市场环境相对稳定，企业技术优势、市场优势和内部化优势都很明显的情景。如果外部环境发生变化或内部一体化管理紊乱时，这种治理模式将受到影响。另外，比亚迪汽车的价值链体系主要扎根于中国国内，价值链的全球性特征和优势尚未完全显现。

思考与练习

1. 简述全球生产体系的形成。
2. 比较国际生产体系、全球生产网络和全球价值链体系的异同。
3. 全球价值链治理的含义是什么？有哪些治理模式？
4. 怎样理解价值链升级？全球价值链升级的路径有哪些？
5. 跨国企业融入全球价值链的路径有哪些？

第五章

跨国公司内部贸易与转移价格

　　从传统意义上讲,国际贸易基本上是公司间的贸易。随着跨国公司的发展,经营活动扩大到全球经济互动,不仅促进了传统的国际贸易,而且还使国际贸易产生了新的内容,即跨国公司内部的国际贸易。跨国公司内部贸易的价格制定往往具有特定目的,转移价格往往给有关国家带来了损失。因此,世界各国都将转移定价管理作为外资及其内部贸易管理的重点。

学习要点

　　From the traditional point of view, international trade is conducted between two different corporations. With the rapid development of transnational corporations, their global activities not only boost the traditional trade, but also bring a new type of international trade, intra-firm trade. The price of intra-firm trade, namely transfer price, has great influence over the home and host countries, even the global economy in its special way. Therefore, the intra-firm trade has always been the focus of the whole society and all countries.

第一节　内部贸易

跨国公司内部贸易(intra-firm trade)指的是在跨国公司内部展开的有关中间产品、原材料、技术和服务的国际流动,包括跨国公司母公司与海外子公司之间、同一跨国公司集团中处于不同东道国的子公司之间产生的国际流动。

一、内部贸易相关理论

(一)交易成本理论

交易成本经济学(transaction cost economics)以"交易成本"为出发点,认为由于有限理性和信息不完全使得现实中的交易并非像新古典理论中所设想的那样,企业在交易成本为零的情况下做决策。一些现实因素会使得市场交易费用高昂,为了节省这种交易费用,代替市场的新的交易形式应运而生。新制度经济学鼻祖罗纳德·科斯(Ronald H. Coase)在其代表作《企业的本质》中创造性地提出,当企业内部组织交易的费用低于市场交易费用时,企业这种配置资源的机制就会代替市场机制。在此基础上,威廉姆森进一步推进了交易成本理论,指出资产专属性(asset specificity)、不确定性(uncertainty)、交易频率(transaction frequency)这三个因素在市场交易中会相互影响,并表现为大幅度提高综合性的市场交易费用,而通过在企业内部建立科层,将原来的市场交易转化为企业内部的资源配置过程,即所谓的"内在化",就能实现降低交易费用的目的。交易成本理论奠定了现代企业理论的基础。

(二)内部化理论

第二次世界大战后,随着生产活动的进一步国际化,专业分工与协作越来越重要,加上内部资源转移可能具有更高的效率,因而跨国公司集团内部发生跨国交易显得十分必要。在此基础上,英国雷丁大学学者巴克莱(Peter J. Buckley)和卡森(Mark Casson)在1976合著的《跨国公司的未来》一书中将交易成本理论与国际直接投资理论相融合,创造性地提出了内部化理论。他们认为,由于外部市场不完全,存在种种不确定的因素使得交易成本上升,企业通过外部市场的买卖关系会导致许多附加成本,从而不能保证企业获得最大利益。因此,企业需通过对外直接投资、建立海外子公司及企业内部市场,即通过跨国公司的内部贸易,克服外部市场不完善不稳定所造成的风险与损失。

拉格曼(A. M. Rugman)在1981年出版的《跨国公司的内幕》中指出,市场内部化是指"将市场建立在公司内部的过程,以内部市场取代原来固定的外部市场,公司内部的调拨价格(即转移价格)起着润滑内部市场的作用,使它能像固定的外部市场一样有效地发挥作用"。

　　跨国公司实行内部化虽然要付出更多的成本,但也可以获得更多的收益,只要收益大于成本,对于跨国公司来说就是有利可图的。市场内部化的收益主要来源于消除外部市场不完全所带来的经济效益,主要包括以下几个方面:

　　1. 降低交易成本。狭义的跨国公司的交易成本主要包括信息的搜寻、发布、议价、决策、签约、合约执行、监督以及违约所带来的一切外部成本。交易成本对于跨国企业是否决定内部贸易具有重要意义。通过跨国企业内部贸易,实现内部不同组织之间交易的统一协调管理,可以显著降低寻找交易对象和获取价格信息等所付出的搜寻费用、达成协议而付出的谈判费用以及保证合同执行所需的监督费用。此外,根据交易成本理论,由于现实中跨国交易存在有限理性、投机主义、信息不对称等情形,会使得交易费用高昂,因此跨国公司更需要通过内部贸易来减少交易成本。

　　2. 提高交易效率。首先,内部贸易可以消除所有权造成的利益对立。企业进行市场交易,是利益不同的企业个体之间进行交易,在交易过程中极有可能因为所有权交换引起摩擦,导致交易效率低下。而内部贸易是将外部市场内部化,交易会以整体利益最大化出发,且所有权不存在内外部交换,从而提高交易效率。其次,内部贸易有利于买卖双方传递真实信息。特别是对某些知识产品而言,其价值不易确定,若通过市场交易,由于买卖双方信息不对称,会扭曲其交易价格,而通过内部贸易可以有效规避这种问题。

　　3. 消除不确定性。在现实中,由于不完全外部市场难以持续稳定地提供特定的中间品,中间品的价格和数量存在不确定性,各独立企业之间也存在协调问题。传统的外部供应链在现实中还存在着一种需求变异放大的现象——市场需求的信息流从最终客户端向原始供应商传递时,无法有效地实现信息共享,使得信息扭曲并逐级放大,导致了需求信息出现越来越大的波动。由于此信息扭曲的放大作用在图形上很像一个甩起的牛鞭,故将此现象称为"牛鞭效应"(图5-1)。因此,跨国公司将生产各环节尽可能内部化,以消除各种不确定性,减少市场波动造成的干扰,保证稳定经营,提高应变决策能力。

　　4. 最大化收益。迈克尔·波特1985年提出的价值链理论认为,"每一个企业都是在设计、生产、销售、发送和辅助过程进行种种活动的集合体。所有这些活动可以用一个价值链来表明"。价值链在经济活动中无处不在,上下游关联的企业与企业之间、企业内部各业务单元之间都存在着价值链联结。价值链上的每一项价值活动都会对企业最终能够实现多大的价值造成影响。波特的价值链理论揭示了企业与企业的竞争并不只是某个环节的竞争,而是整个价值链的竞争,整个价值链的综合竞争力决定企业的竞争力。因此,跨国公司通过内部贸易将设计、生产、销售、发送和辅助过程等活动内部化,一方面可充分利用各国在价值链不同环节的比较优势(比如利用美国的研发能力、中国制造成本优势、印度的 IT 服务等)降低成本,另一方面因为每一个环节都能创造价值,把这些环节全部内部化可以最大限度地获取价值。

最终客户（customer）　　零售商（retailer）　　经销商（distributor）　　生产者（manufacturer）

图 5-1　牛鞭效应

5. 知识产权保护。知识产权是企业的核心竞争力之一。跨国公司与外部合作方进行交易(如技术贸易、合资经营、国际合作经营)时往往涉及知识产权的所有权或使用权的转移,使外部受让方有权使用这项知识产权进行生产或提供服务。然而,知识产权的外部转移不仅效率低下,还容易发生技术泄露等问题,尤其是东道国对知识产权保护欠缺的情况下。通过跨国公司内部贸易,使知识产品在公司内部转移,避免了知识产权外溢,避免外国竞争者的仿制,确保技术领先。

实际上,跨国公司在国际贸易与投资中存在着广泛的知识产权问题。以技术贸易中改进技术成果的归属问题为例,我国 2001 年版《进出口技术管理条例》规定"在技术进口合同有效期内,改进技术的成果属于改进方",并进一步对合同中可能存在的限制性条款做出了强制性排他规定,这些规定在 2019 年修订版中一并予以删除。2020 年 1 月 1 日起施行的《外商投资法》,对于外商投资过程中涉及技术和知识产权的交易做了特别规定,明确"鼓励基于自愿原则和商业规则开展技术合作",强调"技术合作的条件由投资各方遵循公平原则平等协商确定,行政机关及其工作人员不得利用行政手段强制转让技术"。以上规定对于促进跨国公司与中国公司开展技术合作具有积极作用。

6. 利用转移价格获得更多的利益。转移价格是跨国公司内部确定的交易价格,不受国际市场供求的影响。因此跨国公司通过制定转移价格可以实现逃避税收、转移资金、控制市场、调节利润、逃避风险等目的,从而获得更多的利益,并为公司的经营管理目标和策略服务。

二、内部贸易的基本特征

从国际贸易的交易动机、所有权转移、定价策略以及对国际收支影响四个方面,我们可以看出跨国公司内部贸易的特征与传统国际贸易有较大的差别。

(一) 交易动机

传统国际贸易的交易动机即进入新市场实现盈利,跨国公司内部贸易的交易动机更多的是出于实现跨国公司系统内部一体化的经营与管理,保证上下游企业之间中间产品、原材料的及时供给和生产的按时完成,控制技术外溢等目的。

(二) 所有权转移

传统国际贸易中的商品和劳务的国际流动,强调的是国际市场相互联系并完成交换过程,一旦交易完成,商品和劳动的所有权即发生转移。而跨国公司内部贸易中有关商品和劳务的国际流动只是在同一个所有权主体的不同分支机构之间的转移,并没有流向所有权主体即跨国公司之外,因此商品和劳务的最终所有权并未发生变更。

(三) 定价策略

传统国际贸易的商品和劳务价格主要由外部国际市场的供需关系来确定。因此,当国际市场上出现垄断价格时,它垄断的也仅仅是外部市场,攫取的是外部市场的垄断利润。跨国公司内部贸易采用的是内部转移定价策略,贸易价格由公司内部来确定,其高低取决于跨国公司内部市场,而不是按照国际市场供需关系来确定。

(四) 对国际收支的影响

传统国际贸易中,在相关合同约定的支付期之前必须完成结算,对国际收支的影响更具有明朗性。跨国公司内部贸易虽然不同于传统国际贸易,但也同样影响各国国际收支。跨国公司内部贸易双方在进行结算时,会依据各国汇率变动而延迟或提前支付相应款项,以达到跨国公司整体利润最大化,可见该做法对于国际收支的影响更具有隐蔽性。

三、内部贸易的发展阶段

内部贸易对跨国公司的业务经营具有极为重要的影响。20 世纪 50 年代以来,随着跨国公司的迅速发展,跨国公司内部的商品和劳务的贸易总额不断增长,占国际贸易总额的比重正在不断地上升。根据 OECD 的统计,20 世纪 70 年代,跨国公司内部贸易仅占世界贸易总额的 20%,而到了 20 世纪 80、90 年代,该比例上升至 40%,目前跨国公司内部贸易已占到世界贸易总量的一半以上。

另外,根据邓宁教授的调查,在所有行业中,制造业企业内部贸易比重较大,有的行业达到了 3/4。特别是技术密集型行业和具有规模经济效应的行业,企业内部贸易占有更加重要的地位,如图 5-2 所示。由此可见,跨国公司内部贸易已经成为世界进出口贸易的一个主导因素。

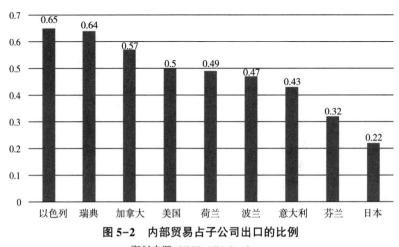

图 5-2　内部贸易占子公司出口的比例

资料来源:OECD AFA Database。

从单个企业跨国经营的发展历程来看,其内部贸易大体要经历如下五个阶段(图 5-3):

第一阶段,简单内部贸易阶段。企业刚刚跨入跨国化经营的征程时,一般其海外投资的规模和范围十分有限,海外分支机构的数量也很少。除母公司向海外子公司提供进行开采、生产等所必需的投入品外,子公司还向母公司提供各种产出品,如石油、矿产品、农副产品等,以达到弥补国内相关资源短缺的目的。

第二阶段,纵向内部贸易阶段。第二次世界大战后到 20 世纪 60 年代末期,以垂直一体化为主导的纵向分工为基础,形成了跨国公司纵向内部贸易,即在跨国公司内部,一个企业的产出构成另一企业的投入,多发生于跨国公司母公司与其子公司之间,主要保证原材料供应。这种纵向内部贸易是跨国公司实施垂直一体化的主要内容。

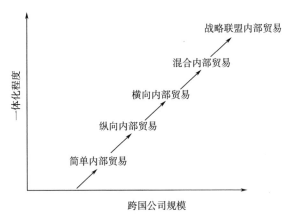

纵轴：一体化程度

横轴：跨国公司规模

战略联盟内部贸易

混合内部贸易

横向内部贸易

纵向内部贸易

简单内部贸易

图 5-3　内部贸易发展的五个阶段

　　第三阶段,横向内部贸易阶段。20 世纪 70 年代,随着企业跨国化经营的进一步发展与海外分支机构的增多,以水平(横向)一体化为主导的水平分工为基础,形成了跨国公司横向内部贸易。具体表现为根据国际市场的差异性对最终产品采取差别化的生产,即在同行业的最终产品生产上实行水平分工,各个海外分支机构生产不同的产品。可见这种横向内部贸易在这一时期多发生于跨国公司各个子公司之间,由水平分工产生的各子公司之间的产品交叉销售。

　　第四阶段,混合内部贸易阶段。20 世纪 80 年代之后,跨国公司的竞争更加激烈,迫使跨国公司在全球范围内重新进行研发、生产、购销等的布局,从而扩大了跨国公司内部国际贸易,这也是跨国公司内部贸易近年来激增的原因所在。在实际中,当跨国公司发展到相当的规模和水平,前三种内部贸易模式将同时存在,即既有母公司与子公司之间的投入品或产出品的简单内部贸易,也有子公司与子公司之间的价值链前后各环节上的垂直协作的纵向内部贸易,同时更有建立在子公司与子公司之间的水平分工基础上的横向内部贸易。混合内部贸易是跨国公司实施全球一体化经营和全球战略的粘合剂,它使内部贸易发展到了极点。

　　第五阶段,战略联盟内部贸易阶段。跨国公司在内部一体化经营发展到一定规模的基础上,将会发展公司间的一体化,即为共同开发高新技术,攻克独立作战条件下难以逾越的难关,跨国公司将强强联合,形成交融程度不同的国际战略联盟。国际战略联盟的产生,使得一般的跨国公司内部贸易发生了变异。国际战略联盟内部贸易与一般的内部贸易相比,既有相同之处,又有不同之处,这种变异的程度依据战略联盟内各跨国公司的联合形式以及关系程度而定。

随着内部贸易的扩大,各种生产要素的调配更加复杂,经验和判断的失误也会增多,而跨国公司内部没有价格信号,新增资源的使用效率将逐渐降低,即内部贸易的边际成本是递增的。当跨国公司内部组织一笔额外交易的成本等于在公开市场上完成这笔交易所需的成本时,即为跨国公司的扩张边界。

第二节　转移价格

一、转移价格的含义与分类

转移价格是指跨国公司内部,在母公司与子公司、子公司与子公司之间购销产品、提供服务、转让技术、资金借贷、设备租赁时所确定的内部价格,也称划拨价格、转移定价或转让定价。转移价格通常不是一种由供求关系所形成的市场价格,而是根据跨国公司的全球战略和整体利益人为制定的企业内部价格。

跨国公司内部的转移价格,形式上,不仅包括有形资产的转移价格,还包括无形资产的转移价格;支付方式上,包括贸易性支付和非贸易性支付;交易对象上,可分为实物转移价格、资本转移价格、劳务转移价格、无形资产转移价格等。下面介绍一些跨国企业常见的转移定价方式。

(一)实物交易转移定价

实物交易中的转移定价具体包括产品、设备、原材料、零部件购销、投入资产估价等业务中实行的转移定价,这是目前转移定价最重要、使用最频繁的一种方式。其主要手段是采取"高进低出"或"低进高出",借此转移利润或逃避税收。

(二)货币、证券交易转移定价

货币、证券交易转移定价主要是指跨国公司内部关联企业间货币、证券借贷业务中采用的转移定价,通过自行提高或降低利率,在跨国公司内部重新分配利润。关联企业间的借贷较之参股有明显的税收优势,因为子公司用股息形式偿还母公司的投资,在纳税时不能作为费用扣除,但支付的利息可以作为费用扣除。母公司还可根据情况确定利息率的高低,具有较大的灵活性。

(三)劳务费用转移定价

在跨国公司内部,各实体之间可以通过提供劳务服务,收取高额或低额的服务费用来实现转移定价。如母公司通过向子公司收取高额的业务咨询费用,使子公司替母公司分摊管理成本。劳务费用有技术性劳务费和管理性劳务费。

（四）租赁服务转移定价

作为转移定价的一种方式,租赁可达到减轻税负的目的。比如,跨国公司内部位于高所得税率国 A 的子公司 a 借入资金购买一项资产,并以最低的价格将该资产租赁给低税率国 B 的子公司 b,子公司 b 再将此项资产以高价格租赁给位于第三国的子公司 c,使集团的利润尽可能地在低税率国 B,从而减少整个集团的税负。另外,也可以将设备租赁给一个难以获得贷款的东道国子公司。

（五）专利和专有知识转移定价

专利具有独此一家的特点,其公允价格在外部市场难以查询,具有不可比性。跨国公司可利用其这一特点,在公司内部专利的所有权和使用权的转移定价方面大做文章,通过设置较高或较低的转移价格,以实现多种目的。其他专利化的专有知识和技术、商业秘密、商业信誉等,也具有类似的特点。这也是跨国公司经常使用的转移定价方式。

二、转移价格的目的

（一）逃避企业所得税

由于不同东道国对企业所得税税率和税则规定不同(图 5-4),跨国公司可以利用转移定价逃避企业所得税纳税。具体做法是以高的转移价格从低税率国家的子公司向高税率国家的子公司出口,或以低的转移价格从高税率国家的子公司向低税率国家的子公司出口,把利润从高税率国家的子公司转移到低税率国家的子公司,从而降低集团的纳税总额,提高总体利润。

表 5-1 左侧为某跨国公司母公司及其海外子公司 A 调整转移定价前的简化财务报表。母公司所在国企业所得税税率为 30%,子公司 A 所在国企业所得税税率为 50%。子公司 A 主要依靠从母公司进货,并在当地进行销售。子公司 A 当年从母公司进货的总成本为 500 万美元。假设进货成本由母公司决定,母公司应如何调整转移定价,以减少公司的总体税负?

母公司所在国税率较低,应采用"低进高出"的转移定价方式,以高的转移价格向子公司销售商品,使利润从子公司 A 转移到母公司。具体调整如表 5-1 右侧所示:将子公司从母公司进货的成本从 500 万美元提升至 575 万美元,可减少缴纳$(575-500)\times(50\%-30\%)=15$(万美元)的所得税。

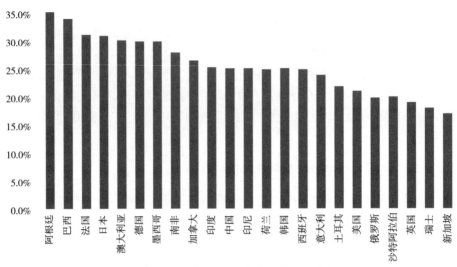

图 5-4 2020 年 G20 国家企业所得税税率

资料来源：OECD Tax Database。

表 5-1   "低进高出"的转移定价   单位：万美元

项　目	调整前			调整后		
	母公司 税率 30%	子公司 A 税率 50%	合计	母公司 税率 30%	子公司 A 税率 50%	合计
对外销售	400	600	1 000	400	600	1 000
对子公司销售	**500**	0	**0**	575	0	0
销售总额	900	600	1 000	975	600	1 000
自有成本	775	25	800	775	25	800
从母公司进货成本	0	**500**	0	0	**575**	0
成本总额	775	525	800	775	600	800
税前利润	125	75	200	200	0	200
所得税	37.5	37.5	75	60	0	60
税后利润	87.5	37.5	**125**	140	0	**140**

表 5-2 左侧为某跨国公司母公司及其海外子公司 B 调整转移定价前的简化财务报表。母公司所在国企业所得税税率为 30%,子公司 B 所在国企业所得税税率为 10%。子公司 B 主要依靠从母公司进货,并在当地进行销售。子公司 B 当年从母公司进货的总成本为 500 万美元。假设进货成本由母公司决定,母公司应如何调整转移定价,以减少公司的总体税负?

表 5-2　　　　　　　　　　"高进低出"的转移定价　　　　　　　单位:万美元

项　目	调整前			调整后		
	母公司税率 30%	子公司 B税率 10%	合计	母公司税率 30%	子公司 B税率 10%	合计
对外销售	400	600	1 000	400	600	1 000
对子公司销售	**500**	0	**0**	375	0	0
销售总额	900	600	1 000	775	600	1 000
自有成本	775	25	800	775	25	800
从母公司进货成本	0	**500**	0	**375**	0
成本总额	775	525	800	775	400	800
税前利润	125	75	200	0	200	200
所得税	37.5	7.5	45	0	20	20
税后利润	87.5	67.5	**155**	0	180	**180**

母公司所在国税率较高,应采用"高进低出"的转移定价方式,以低的转移价格向子公司销售商品,使利润从母公司转移到子公司 B。具体调整如表 5-2 右侧所示:将子公司从母公司进货成本从 500 万美元降低至 375 万美元,可减少缴纳$(500-375)\times(30\%-10\%)=25$(万美元)的所得税。

(二)逃避关税和进口配额

尽管跨国公司内部贸易不同于传统的国际贸易,但商品的转移只要跨越国境,就要缴纳关税。不过跨国公司可以利用转移定价逃避关税,减少关税负担。对于高关税国家的子公司,跨国公司以偏低的转移价格发货,减少纳税基数和纳税额,降低进口子公司的从价进口税。另外,如果东道国以商品价值规定进口限额,那么采取内部调低转移价格,还可以使更多的产品出口到这个国家。

（三）转移资金

某些东道国会对国内公司汇出利润设置较高的门槛,跨国公司可以通过转移价格绕开东道国对利润汇出的限制,实现将子公司利润调回母公司。另外,对于那些受东道国投资法令严格限制的子公司,当其在东道国资金遇到困难时,跨国公司可以通过转移价格将利润尽可能地转移到这些子公司,为其融资。

（四）控制市场及子公司

跨国公司可以利用转移价格来控制市场,如在市场竞争激烈的地区,母公司以极低的价格向海外子公司供应原料、零配件或成品,海外子公司可以适当调低当地市场价格,通过价格竞争来击败竞争对手。另一方面,母公司也可以利用转移价格实现控制海外子公司的目的,如对于那些只有少数股权控制的海外子公司,母公司往往索取较高的转移价格,以限制这些海外子公司的活动,早日将其资本金抽回,减少风险。

（五）调节利润

为了帮助新建子公司在竞争中建立良好信誉,以便在当地发行证券或取得信贷,跨国公司往往会通过转移价格使该子公司显示出较高利润率。此外,为了帮助在东道国获得较高利润的子公司回避东道国政府和东道国利益相关者的进一步需求,往往也会利用转移价格来降低该子公司的利润率。比如东道国政府对高盈利的外国企业倾向于实行国有化或没收,利用转移价格掩盖子公司的高盈利一方面可降低被国有化及没收的风险,另一方面也避免了由于高盈利而吸引更多竞争者进入的情形。

（六）规避风险

1. 规避汇率风险。东道国汇率动荡将导致外汇交易风险和资产贬值风险。通过转移定价将资金尽早转移出东道国,跨国公司可以有效地降低、避免外汇风险。

2. 规避通货膨胀风险。当子公司所在东道国的货币有通货膨胀的压力时,母公司可以通过转移定价将子公司的利润及现金及时转移出去,避免通货膨胀使得滞留子公司的现金贬值。

3. 规避政治风险。当跨国公司子公司面临东道国政治风险时,通过转移定价一方面把子公司的设备等物资以低转移价格转移出该东道国,另一方面以高转移价格向该子公司卖出商品,索取高昂的服务费,达到从东道国调回资本的目的。

三、转移价格的制定策略

(一)"低进高出"

转移价格的制定策略主要包括"低进高出"和"高进低出"两种。"低进高出"指跨国公司的某子公司(或母公司)以偏低的转移价格从其他子公司(或母公司)购买商品和服务,并以偏高的转移价格向其他子公司(或母公司)输出商品和服务。其结果往往是增加了该子公司(或母公司)在东道国的税前利润。

"低进高出"的转移定价方法,主要适用于以下几种情况:

1. 当地企业所得税率较低。"低进高出"往往能增加子公司在当地的税前利润,由于当地企业所得税税率较低,因此,子公司的税后利润会增加。这样做,实际上是把公司利润从高税率地区转移到低税率地区,以减轻跨国公司总体税负。

2. 绕过东道国关税壁垒。如果东道国实行较高的从价关税,跨国公司可以采取偏低的进口价格来平衡高关税所带来的不利影响。此外,如果东道国对进口产品实行价值总量的配额限制,偏低的转移定价还可以使更多的产品出口到这个国家。

3. 增强子公司在当地的竞争力。子公司在东道国市场的竞争力,与子公司的原材料、配件、零部件和机器设备的成本有关。跨国公司以较低的转移定价向子公司提供以上产品,可降低子公司成本,提升其竞价能力,使子公司的产品能以较低的价格迅速占领当地市场,甚至获得在当地市场的垄断地位。

4. 改善子公司财务状况。子公司在东道国的融资能力往往与子公司的盈利水平和财务状况有关,当地银行将视子公司财务状况的好坏决定是否发放贷款、贷款数额大小和利率水平。子公司在东道国发行证券也需要以公司良好的财务状况做背书。因此,"低进高出"可显著改善子公司财务状况,使子公司在东道国获得更多融资。

5. 东道国存在出口补贴或返税等优惠政策。当子公司所在国实行出口补贴或出口税收减免等优惠时,如果该子公司产品需要转移到另一个国外子公司或者需要出口到国外,对子公司实行"低进高出"策略可增加产品在该公司的价值增加额,从而获得更多的出口补贴或税收减免好处。

6. 东道国的通货膨胀率较低。通过"低进高出",跨国公司将总体的利润集中在通货膨胀较低的子公司,可避免资产过快贬值。

(二)"高进低出"

"高进低出"指跨国公司的某子公司(或母公司)以偏高的转移价格从其他

子公司(或母公司)购买商品和服务,并以偏低的转移价格向其他子公司(或母公司)输出商品和服务。其结果往往是减少了该子公司(或母公司)在东道国的税前利润。"高进低出"的转移定价方法,主要适用于以下几种情况:

1. 当地企业所得税率较高。"高进低出"减少了子公司在当地的税前利润,本质上依旧是把公司利润从高税率地区转移到低税率地区,可以在一定程度上减轻当地所得税率较高带来的负面影响。

2. 掩饰子公司过高的利润。子公司的高利润固然能给跨国公司带来诸多好处,在某些情况下也会给跨国公司造成一系列不必要的麻烦。首先,过高的利润必将引起同行的关注,引来竞争对手纷纷"抢滩",进而加剧竞争,打乱跨国公司在当地的布局。"高进低出"避免了由于高盈利进而吸引更多竞争者进入的情形。其次,过高的利润还将引起东道国政府的关注,使东道国政府与跨国公司就进入条件、税收优惠等问题重新谈判并制定新政策。利用"高进低出"将子公司利润移至国外,宣布较低的子公司利润甚至亏损,可避免来自东道国政府的麻烦。此外,如果子公司为合资企业或合作经营企业,当地合资或合作方有可能针对利润分红提出更多要求。子公司可通过"高进低出"降低利润,限制投资伙伴的分红。最后,如果东道国工会的力量较强,子公司的工人要求分享企业利益、提高工资福利时,可通过"高进低出"使子公司账面利润呈现较低水平,以应付工会的要求。

3. 规避政治风险。当东道国政府对外国企业实行国有化或没收方式,或者东道国国内政局不稳定时,跨国公司采用此法从子公司抽回资金,使子公司成为空架子,从而将投资利润从东道国转移出去,将风险降至最低。

4. 规避汇率和通货膨胀风险。如果东道国直接标价法下的汇率不断升高或东道国通货膨胀率较高,那就意味着子公司以当地货币计价的利润正在不断地贬值。跨国公司对子公司采取"高进低出"的转移定价,可减少因货币贬值而带来的损失。

5. 规避外汇管制。当东道国实行外汇和利润汇出限制时,子公司将所得利润汇出东道国将受到严格限制或者要付出较大的代价。跨国公司采用"高进低出"可规避上述限制,变相地将子公司利润转出东道国,从而减少因利润汇出困难所带来的损失。

6. 规避价格管制。许多东道国为了扶持民族工业、保护本国市场、打击倾销等行为,往往会对最终产品的价格以其生产成本为基础实行价格限制。为避开东道国的价格管制,跨国公司可采用"高进低出"的方法使产品在东道国的生产成本提高,进而提高产品售价,赚取高额利润。

表5-3概括了转移价格的制定策略及适用情境。

表 5-3　　　　　　　　　　　　　转移价格的制定策略及适用情境

低价输入高价输出的情境	高价输入低价输出的情境
①当地企业所得税率较低 ②较高的从价关税和进口配额限制 ③增强子公司在当地的竞争力 ④改善子公司财务以便更容易获得当地融资或其他优惠 ⑤东道国存在出口补贴或返税等政策 ⑥东道国较低的通货膨胀率	①当地企业所得税率较高 ②避免子公司利润过高带来的一系列麻烦 ③东道国存在政治风险 ④东道国存在汇率和通货膨胀风险 ⑤东道国实行外汇管制 ⑥东道国存在价格限制

四、转移价格的制定方法

转移价格的制定方法主要包括成本加成法、市场基础法、协商定价法和公平价格法。

(一)成本加成法

成本加成法是指以中间产品或劳务生产时发生的成本为基础,加上一定比率的毛利,作为一个部门向另一个部门转移产品或劳务的价格。当中间产品不存在外部市场,即该跨国公司生产的中间产品在公司以外的市场上不存在需求者,同时该公司是这些中间产品的唯一供给者时,跨国公司内部倾向于采用成本加成法制定转移价格。按照作为计算基础的成本的定义不同,成本加成法又可以分为:

1. 全部成本法,即以产品或劳务的全部成本作为转移价格。全部成本既可以是实际成本,也可以是标准成本(指对产品或服务未来成本的理性预期,其计算过程中的直接材料、直接人工费以及其他间接费用都是预计的)。

2. 成本加成法,即在产品或劳务的成本之外再加上一定比例的利润。该方法有两种形式:实际成本加成和标准成本加成。

3. 边际成本法,即在变动成本的基础上加上一定比例的利润。

成本加成法的优点是简单实用,不需要在各个市场上寻求价格标准,而且数据容易从公司内部取得。另外,由于规则明确,这种定价方法可以避免和政府机构及其他子公司的摩擦。成本加成法的缺点在于:如果按照实际发生成本定价,只有进行最后销售的子公司才能取得利润,这就可能导致生产中间产品的子公司缺乏积极性;如果按照毛利率加成定价,各子公司出于自身利润考虑,可能人为地提高成本,导致产品最终售价变高。

为了解决这些问题,许多跨国公司采用标准成本制定内部转移价格——对于各个子公司的转移商品制定出统一的标准成本,这些商品的内部转移价格一律按照标准成本计算,这样子公司就会加强成本管理,尽可能地减少生产经营费用、降低公司的成本,以取得更多的利润。但另一方面,跨国公司使用标准成本计算其转移价格,就失去了成本加成法灵活可变的优势,因为标准成本一经确定,再改变就不太容易,容易引起跨国公司与东道国有关机构之间的摩擦。此外,当子公司拥有一定的决策权时,统一的标准成本容易导致子公司的"次优决策",如外部市场价格低于内部市场时,子公司为降低生产成本,决定以更低的价格从外部市场购买原材料,而非通过内部市场购买。这样的决策对子公司达到最优,但对整个跨国公司并没有达到最优。可见跨国公司采用标准成本作为转移价格的标准,容易导致公司决策功能的失调。跨国公司的转移价格决策权应当集中在公司总部,才能实现公司总体利益的最大化。

(二)市场基础法

市场基础法是指跨国公司的转移价格以公开市场的价格为基础,扣除一定价格的折让后确定。当中间产品外部市场是完全竞争市场时,上下游部门能够任意买入卖出任意数量的中间产品,内部买卖不会影响市场价格,此时转移价格应该等于外部市场价格。现实中由于不存在完全竞争的市场,内部交易成本优势体现在节省了管理、销售、运输、服务等费用,即内部交易相对于外部市场交易具有成本优势,所以可为接受转移商品的企业提供一个比市场价格更低的转移价格。当中间产品存在外部市场时,跨国公司内部倾向于采用市场基础法。

市场基础法为子公司提供了一个明确目标,使子公司不断改善经营,提高利润,并且市场基础法以市场价格为基础,这样容易评价子公司经营情况。市场基础法缺点在于:不存在完全竞争状态的外部市场;市场价格受环境不确定性的影响大;灵活性、可变性差,转移价格制定的余地小;容易使公司忽视成本控制;不适用于某些产品非标准化的行业。

(三)协商定价法

协商定价法是指拥有较多自主权的关联公司之间可采取竞争性的讨价还价,自由协商确定转移价格。此种方法要求存在一定形式的中间产品外部市场,以保证谈判双方地位的平等性,避免单方垄断局面出现。此外协商双方还需保持信息对称,使双方协商价格接近于一方或双方的机会成本。母公司应充分保证协商双方的自主权,只对偶尔出现的无法协调的争执进行必要干预。

采用协商定价法意味着子公司自主权较大,转移价格灵活自由。但协商过程通常会消耗大量时间,导致成本升高,也会导致子公司的利润更多地与各自谈判能力挂钩,而非基于运营能力,出现本末倒置。此外,由于协商定价隐蔽性更高,更容易与政府部门、税收机关产生矛盾。

(四)公平价格法

公平价格,指在不相关企业之间出售商品或服务时应收取的价格,是一种仅以一般的商业因素为根据而不受任何人为的、特殊的关系所影响的价格。公平价格与市场价格的区别在于:市场价格要受一些特殊关系的影响,如市场的垄断及某些个体寻租等;公平价格只是在纯自然商业环境下(自由竞争市场)形成的。从这种意义上说,公平价格是一种理想价格,是商品真正的价值,是市场价格中去掉了经济租的价格。但公平价格的确定本身就是一个问题,很多情况下难以精确获得,只能大致估计,各国估计方法各不相同。国际经济合作与发展组织(OECD)发布的 2017 版《跨国企业与税务机关转让定价指南》中规定了几种可选择的公平价格确定方法,但按公平价格方法确定的转移价格很难付诸实践。

五、转移价格的影响及监管

(一)转移价格对各国的影响

跨国企业利用内部转移价格,规避会计规则与税法限制,以实现纳税最小化的目的。这无疑损害了市场正常交易秩序,进而影响了国家或地区的税收收入和经济健康可持续发展。随着跨国公司数量不断增多、规模不断扩大,转移定价的滥用不断挑战各国的税收稳定。

跨国公司转移价格将对东道国经济产生如下影响:

1. 减少东道国税收收入。转移定价避税的直接后果是导致国家税款的流失,进而减少该国的财政收入。我国在 20 世纪 90 年代后期到 21 世纪初的这段时间里,每年因外资企业避税行为而损失的税收收入约为 300 亿元,相当于当时中央财政年收入的 3%。这还仅仅是外资企业避税,若加上内资企业避税,数字将会更加惊人。

另外,多数发展中国家为了吸引更多的国际投资,纷纷提供各类优惠政策(如我国前些年实行的"两免三减半"政策[①]),甚至为争夺国际投资而产生恶性竞争。这种竞争使跨国公司处于十分有利的地位,发展中国家要约束跨国公司

---

① "两免三减半":1991 年通过的《中华人民共和国外商投资企业和外国企业所得税法》第八条规定:对生产性外商投资企业,经营期在 10 年以上的,从开始获利的年度起,第 1 年和第 2 年免征企业所得税,第 3 年至第 5 年减半征收企业所得税。该项政策已于 2018 年版《中华人民共和国企业所得税法》中予以废止,内外资企业均适用统一的 25% 企业所得税率。

转移定价行为显得十分困难。

2. 降低东道国引进外资的关联效应。引进外资的关联效应包括：推动东道国相关产业的技术进步、加快产业结构和产品结构调整、带动当地相关产品的需求、增加就业等方面。这些关联效应是一个国家实际利用外资程度的重要标志。但跨国公司为了更多地利用转移价格获取利润，通过其对企业进口的控制权，高价从国外关联企业进口原材料、半成品等，大大降低了上述关联效应，并对东道国相关产业的发展构成实质性的危害，不利于东道国国内市场的有序健康发展。

3. 使国内合作方利益受损。合资企业中的各方本应共享利润、共担风险，但许多发展中国家的国内合资方因国际化经验不足，信息相对闭塞，加之出口渠道一般掌握在外方手中，因而难以对国外合资方形成有效约束。跨国公司通过向合资子公司高价出售原材料、低价收购子公司最终产品，将合资企业的利润转移到母公司，造成合资企业亏损而母公司盈利的现象，使东道国合资方蒙受巨大损失。

4. 恶化东道国国际收支状况。跨国公司为了更多地利用转移价格获取利润，通过子公司高价从国外关联企业进口大量东道国国内可生产的产品，导致东道国国际收支中商品进口的增长、经常项目的流出。同时，子公司向国外关联企业购入相同数量的商品、劳务、技术等，或出售相同数量产品的情况下，"高进低出"的转移价格将导致东道国的进口支出增加、出口收入减少，从而进一步恶化东道国国际收支。此外，子公司低价向国外关联企业出口商品的行为还有可能成为其他国家指责东道国低价倾销的口实之一。

（二）政府对转移价格的监管措施

跨国公司内部贸易的急剧发展和转移价格的广泛应用，对各国税务机关和监管部门提出了日益复杂的挑战，其中最主要的困难之一是如何从税收角度确定恰当的转移价格。为确保纳税人与税务机关之间的利益平衡，采用对各方而言都公平的方法，就必须从制度层面对转移价格的相关问题加以明确。

中国反避税的立法经历了由无到有、不断发展的历程，30 多年的反跨国公司避税的实践，促进了中国转让定价税制的不断完善。1987 年，深圳颁布了《深圳特区外商投资企业与关联公司交易业务税务管理的暂行办法》，开创了中国反避税立法的先河。1991 年《中华人民共和国外商投资企业和外国企业所得税法》对转让定价进行了规定，此后，《中华人民共和国税收征收管理法》（1992年、2001 年修订）、《涉外税务检查规程》（1993 年）、试点反避税信息软件（1996年）、《关于进一步加强转让定价税收管理工作的通知》（1998 年）、《涉外税务审计规程》（1999 年）、《中华人民共和国企业所得税法》（2008 年）、《特别纳税调整实施办法（试行）》（2009 年）、《中华人民共和国外商投资法》（2020 年）的相继实施，使中国反避税的法律体系逐渐趋向完善。

《中华人民共和国企业所得税法》第四十一规定,企业与其关联方之间的业务往来,不符合独立交易原则而减少企业或者其关联方应纳税收入或者所得额的,税务机关有权按照合理方法调整。

《中华人民共和国企业所得税法实施条例》第一百一十一条规定,企业所得税法第四十一条所称合理方法,包括:可比非受控价格法、再销售价格法、成本加成法、交易净利润法、利润分割法以及其他符合独立交易原则的方法。

转移定价的监管方法(见图5-5)包括如下数种:

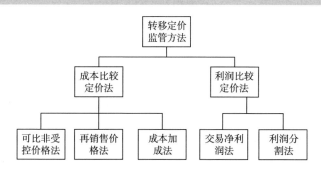

图5-5 转移定价的监管方法

1. 可比非受控价格法。可比非受控价格法指在可比情况下将某一受控交易(两个关联企业之间的交易)中商品或劳务的转移价格与某一可比的非受控交易中商品或劳务的转让价格进行比较的定价方法。根据公平交易原则,如果满足以下两个条件之一,那么一项非受控交易与另一项受控交易即为可比(该项非受控交易就是可比非受控交易)。这两个条件是:①在进行比较的交易之间或进行这些交易的企业之间存在的差异(如果存在的话)对公开市场上的价格没有实质性影响;②能够进行合理准确的调整,以消除此类差异所产生的实质性影响。

当存在可比非受控交易的情况下,该方法最符合公平交易的原则,但是差异调整及可比资料获取的难度比较大。为了确定可比程度,进而做出适当调整以建立公平交易的条件(或范围),有必要对可能影响公平交易条件的交易性质或企业性质进行比较。这些重要性质包括转让商品或劳务的性质、各方承担的功能(考虑使用的资产和承担的风险)、交易条款、各方经济状况,以及各方实施的经营策略等。

假设跨国公司某子公司按每吨80美元的价格将1 000吨产品销售给同一跨国公司集团内的另一家子公司。与此同时按每吨100美元的价格将500吨同样产品销售给一家独立企业。在这个例子中需要分析是否不同的销售数量会导致对转移价格的调整。相关机构需要对市场进行调查,分析类似产品的交易,以确定典型的按销售数量所给予的折扣。

2. 再销售价格法。再销售价格法指按照从关联方购进商品再销售给没有关联关系的交易方的价格,减除相同或者类似业务的销售毛利进行定价的方法。再销售毛利,可参照同一再销售企业在可比非受控交易中购买并销售产品获取的再销售毛利确定。

一般而言,再销售价格法对产品的可比性要求较低,对可比性分析应重点考察关联交易与非关联交易在合同条款上的差异以及影响毛利率的其他因素,具体包括销售、广告及服务功能,存货风险,机器、设备的价值及使用年限,无形资产的使用及价值,批发或零售环节,商业经验,会计处理及管理效率等。

假设跨国公司的子公司 A 以及某独立企业 B 均从跨国公司的母公司购买同一产品,并在同一市场再销售。子公司 A 提供售后服务,独立企业 B 不提供售后服务。子公司 A 把服务价格包括在其定价策略内,所以以较高的价格销售其产品,得到了较高的毛利率,相比之下,独立企业 B 的销售价格较低。这两个毛利率不可比,除非进行调整以消除这种差异。

3. 成本加成法。成本加成法指以商品或服务的供应方在受控交易中发生的成本为基础,在成本的基础上加上一个恰当的成本加成毛利,来确定其转让价格的转让定价方法。在理想化的情况下,对受控交易中供应方成本加成额的确定是参照同一供应方在可比非受控交易中的成本加成额而进行的。另外,独立企业在可比交易中能够获得的成本加成额也可以用作参考。

相比可比非受控价格法,在成本加成法中为消除产品差异而需要进行的调整可能要少一些,成本加成额的调整应更多地考虑供应方所承担的功能(使用资产的类型和承担的风险)和市场条件,综合确定。

跨国公司 A 是手机电池的国内生产商。A 将该产品销售给其外国子公司 B,并赚取约 5% 的毛利。X 是笔记本电池的国内生产商,且与 A 无关联关系。X 生产活动赚取的毛利率介于 3% 到 5%。A 将监管费用、综合办公费及管理费作为经营费用,因此这些成本不反映在所销售货物的成本之中。然而,X 的毛利增加额将监管费用、综合办公费及管理费记为销售成本的一部分。使用成本加成法时,必须对 X 的毛利进行调整,以实现会计一致性。

4. 交易净利润法。交易净利润法是指按照没有关联关系的交易各方进行相同或者类似业务往来取得的净利润水平确定利润的方法。交易净利润法以可比非关联交易的利润率指标确定关联交易的净利润,利润率指标包括资产收益率、销售利润率、成本收益率等。

交易净利润法的优点之一是净利润与价格相比受交易差异的影响较小。不同企业因营业费用差异和会计处理方式不同,毛利润水平可能存在很大差异,但仍获得相似水平的净利润。可比性分析应特别考察关联交易与非关联交易在功能风险及经济环境上的差异以及影响营业利润的其他因素,具体包括执行功能、承担风险和使用资产,行业和市场情况,经营规模,经济周期和产品生命周期,成本、费用、所得和资产在各交易间的分摊,会计处理及经营管理效率等。

以成本加成法中的例子进行说明,当子公司 B 和独立企业 X 的监管费用、综合办公费及管理费能够获取时,这种调整不难做到。当上述费用无法完全获取时,就有必要审查净利润。

5. 利润分割法。利润分割法指将企业与其关联方的合并利润或者亏损在各方之间采用合理标准进行分配的方法。当多项交易之间存在紧密关联时,难以对各交易单独进行评估,需要通过利润分割的方式确定独立企业在一项或多项交易中预期获得的利润。利润分割法具体又可分为一般利润分割法和剩余利润分割法。一般利润分割法根据关联交易各参与方所执行的功能、承担的风险以及使用的资产对利润进行分配;剩余利润分割法将关联交易各参与方的合并利润减去分配给各方的常规利润的余额作为剩余利润,再根据各方对剩余利润的贡献程度进行分配。

利润分割法的一个优点是通常不需要直接依赖严格可比的交易,具有一定的灵活性。然而评价交易各方贡献度大小的外部市场数据往往参考性不强,导致利润分配的结果较为主观。因此在使用利润分割法时,应特别考察交易各方执行的功能、承担的风险和使用的资产,成本、费用、所得和资产在各交易方之间的分摊及会计处理,确定交易各方对剩余利润贡献所使用信息和假设条件的可靠性等。利润分割法通常适用于各参与方关联交易高度整合且难以单独评估各方交易结果的情况。

6. 预约定价安排。预约定价安排是指有关税务当局和纳税人在受控交易发生之前,就一定期间交易的转让定价问题确定一套适当的标准,也称预约定价协议(advance pricing agreement,简称 APA)。APA 一般由纳税人发起,需要由纳税人、一个或多个关联企业、一个或多个税务机关进行谈判。APA 旨在对解决转让定价问题的传统管理、司法及条约机制进行补充。在传统机制失效或难以适用时,APA 可能很有帮助。

实施 APA 必须遵循以下几个原则:

(1)APA 程序是一个弹性的解决问题的程序,使纳税人在税收对待上处于确定状态。

(2)APA 必须与转移定价法规所规定的精神一致,实际上 APA 是对转移定价规章的事先应用。

(3)APA 所规定的转移定价方法可适用于以前年度,追溯期最长为 10 年,即转回原则。

(4)应尽量方便纳税人,以避免税收对经济的过分干扰。

APA 对保护纳税人的合法经营以及税务机关依法征税都有好处。从税务机关角度来看,对公司采用的转移定价预先做出规定,这样能较好解决企业转移定价的滥用问题。从纳税人角度来看,这种制度有助于降低税务机关对转移定价调整的不确定性、减少税务机关对转移定价的调查,同时事前规范也有利于企业进行经营决策,同时减少征纳纠纷,避免税收对经济的过分干扰。另外,APA 能够提高工作效率,降低征纳双方管理成本,也有助于协调当事国之间、税务机关与纳税人之间的矛盾。除此之外,传统方法调整转移定价时,若一国税务当局依据本国税法对企业所得进行调整而另一国税务当局不进行相应的调整,就会产生重复征税或双重不征税问题,而采用 APA 时,与关联企业各方有关的税务当局会共同参与该企业的各方税收事宜,就有关交易的税收管辖权进行分析协商,明确各自税收权利,因而能避免双重征税或双重不征税。

APA 也存在潜在的缺陷:①APA 迫使企业披露敏感机密信息以供税务机关裁定哪些信息或事实是相关联的;②在调整转移定价政策方面缺乏弹性;③由于要求提交大量文件并进行大量的管理工作,同时需要专家实施管理裁定,对税务部门的管理要求很高,多数发展中国家难以同时满足实施 APA 的各项要求,目前只有少数 OECD 成员国具有 APA 方面的经验;④由于实施 APA 程序烦琐、花费较高,这就使得只有规模大的跨国公司才能够承受,否则,从成本和效率角度来看纳税人只会遭受损失。

7. 其他对策。对于转移定价问题,我国还可以从以下几个方面来进一步完善:

(1)提高合资、合作企业中中方的自我保护能力。在与外商成立合资、合作企业前,中方应通过结构上的优化组合,使自己掌握对外购销和财务部门,控制营运企业的运营。另外,引进专有技术、商标使用权的转让价值应经过中国权威部门鉴定。

(2)加强会计师事务所和海关的作用。中国会计制度正逐渐与国际惯例接轨,事务所应熟悉跨国企业的财务会计做账方法,建立和健全严格的审计制度。加强海关对外企进出口货物的监督管理,发现价格严重偏离正常交易价格时,可要求对进出口货物重新估价和征税。

(3)注意多方面的配合、掌握信息。国内各部门应进行有效配合,商务、海关、税务、市场监督、审计等部门应注意相互通气、相互协调工作,积极收集国际市场价格的情报,形成一个反对跨国公司滥用转移定价的网络。

斯沃琪集团避税案

一、基本案情

斯沃琪(Swatch)集团总部位于瑞士伯尔尼,是世界上最大的手表生产商和分销商,零售额占到全球份额的 25%。斯沃琪在全球拥有 160 个产品制造中心,主要分布在瑞士、法国、德国、意大利、美国、泰国、马来西亚和中国,旗下拥有斯沃琪、欧米茄、雷达、浪琴、天梭、CK 等 17 个世界知名手表品牌,是世界销量最高的瑞士手表。

据斯沃琪集团亚洲分部的前财务经理约瑟夫·埃得和马特斯·潘瑟拉透露:集团亚洲分部办公地设在中国香港特区,却在英属维尔京岛登记注册,英属维尔京岛成为其操纵转让定价非法避税的中心地。通过亚洲分部销往斯沃琪其他关联企业的所有产品,其内部交易价格都被人为地大大提高。如从亚洲分部销往新加坡关联企业的名牌手表欧米茄,其价格上涨 40%,销往日本关联企业的则上涨 50%,销往美国和澳大利亚的都有大幅度的提高。斯沃琪集团亚洲分部的办公地和注册地都是低税区,而其他关联企业所在国的税负要高得多,这样在关联企业的内部交易中,通过人为提高手表价格,就能把大部分利润从高税国转移出来,留在低税地,从而在整体上降低斯沃琪集团的税收。

报告透露,多年来,斯沃琪集团亚洲分部利用这种手段,从美国转移出去大笔利润,从而逃避了 100 多万美元的美国税收。同时在澳大利亚和亚洲等地,其逃避的各国国内税收和关税总额超过 1.8 亿美元。

斯沃琪宣称自己历来严格遵守包括税法在内的各国法律及国际法,另一方面,斯沃琪也在声明中写道:"在不违反现有法律、法规的情况下,寻求税收结构的最佳化对所有企业而言已是一种惯例。转移定价是一个相当复杂的问题……斯沃琪集团在关联企业间使用的任何转移定价策略都并非仅以减少税收为目的,而是为消费者协调国际上的价格结构,以防止出现有害的平行市场,这种平行市场将引起巨大损失,并需要远比税收高得多的成本。"

由于转移定价是集团在关联企业间根据整体利益和经营意图人为确定的,并非在自由竞争市场中由交易双方共同确定,因此随意性很大,这就为关联企业任意操作转移定价、非法逃避税收提供了巨大空间。专家指出,在国际上寻求税收结构最佳化的做法必须在合理的范围内进行,至于斯沃琪的做法是否在此范围之内,尚有待进一步调查。

二、案例点评

转移定价和不合理分摊成本费用,使得跨国关联企业在不同国家境内的各个经济实体的真实盈亏状况被歪曲,因而各个实体所承担的税负与其实际盈利水平不符。为使关联企业在各国经济实体的利润额尽可能符合各自的实际经营情况,就必须对关联企业的国际收入和费用依据某种标准重新进行分配,以此消除关联企业通过逃避在某个国家的纳税义务来减轻企业总的国际税负的可能性,使有关各国都能征收到理应归属于自己的那份税款。

目前,许多国家对关联企业之间的收入费用进行分配时都根据所谓的正常交易原则,即将关联企业的总机构与分支机构、母公司与子公司、分支机构或子公司相互间的关系当作独立竞争的企业之间的关系来处理。按照这一原则,关联企业各个经济实体之间的营业往来,都应按照公平的市场交易价格计算。如果有人为地抬价或压价等不符合这一原则的现象发生,有关国家的税务机关可依据这种公平市场价格,重新调整其应得收入和应承担的费用。

根据正常交易原则,各国制定了管辖转移定价的税制,针对关联企业内部进行的贷款、劳务、租赁、技术转让和货物销售等各种交易往来,规定了一系列确定和评判其公平市场交易价格的标准和方法。例如在审查关联企业之间有关交易是否符合正常交易原则方面,许多国家的转移定价税制都规定了税务机关可按可比非受控价格法、转售价格法、成本加成法、其他合理方法依次进行审定和调整。如果关联企业间的有关交易往来背离了按上述有关标准或方法确定的公平市场交易价格,税务机关可认定纳税人存在转移定价行为,并据此公平市场交易价格对有关交易价格进行重新调整。

思考与练习

1. 什么是跨国公司内部贸易?它具有哪些形式?
2. 跨国公司的内部贸易一般具有哪些特征?
3. 跨国公司内部贸易的发展包括哪几个阶段?
4. 跨国公司内部贸易对国际贸易有什么影响?
5. 跨国公司转移价格的含义是什么?它有什么作用?
6. 简述国际转移价格的制定方法。
7. 跨国公司转移定价制定时所需考虑的因素有哪些?
8. 世界各国政府对转移定价的管制和监督措施主要有哪些方面内容?

跨国公司营销管理

　　跨国公司营销管理是指国际市场营销与公司所在国市场营销管理的总和。由于国内和国际市场环境存在巨大差异,跨国公司需要对不同环境进行仔细分析,制定不同目标市场的营销策略,主要包括产品策略、定价策略、分销策略、促销策略。制定科学的营销策略,是跨国公司打开国际市场的关键。

学习要点

　　Marketing management of transnational corporations includes marketing in both the international market and the domestic market. Due to the huge difference between domestic and international market environments, transnational corporation should analyze the different environments in detail and formulate marketing strategies for different target markets. These includes but not limited to product strategy, price strategy, place strategy and promoting strategy (4Ps). Formulating the scientific marketing strategies is the key to open the international market for transnational corporations.

第一节　跨国公司市场营销理论

营销是公司的一整套相互联系的经营销售活动,包括认识市场、开发市场和满足市场三个基本方面,在满足购买者(消费者、公司及政府)对商品和服务需求的前提下,使公司的经营目标和效益得以实现。

跨国公司营销管理是指国际市场营销与公司所在国市场营销管理的总和。其目的在于,通过公司的资源满足在地域上分散的多国购买者的需要,实现公司的跨国经营战略和发展目标。与国内营销相比,跨国公司的营销更为复杂,影响成败的因素更多,主要原因在于国际营销环境与国内营销环境存在很大差别,因而公司必须使自己的营销规划和活动与这些不同的环境相适应。跨国公司的营销研究具体包括产品策略研究、定价策略研究、分销策略研究、促销策略研究等。

一、营销学的"4Ps"与"4Cs"理论

(一)"4Ps"理论

市场营销的"4Ps"理论由美国学者麦卡锡(Jerome McCarthy)教授于20世纪60年代提出。麦卡锡认为:市场需求的大小将受到公司营销策略的影响。公司为扩大产品市场需求,获得最大利润,往往会采取多种营销要素组合而成的营销策略。这些营销要素主要可以概括为以下四类:产品(product)、定价(price)、分销(place)和促销(promotion)。成功的市场营销活动必须采取适当的产品、适当的价格、适当的渠道和适当的市场促销手段。

"4Ps"理论的营销战略四要素为:

1. 产品策略,即消费者购买的产品的各方面特性。
2. 定价策略,即对消费者、批发商和零售商的价格策略。
3. 分销策略,即将产品送到消费者手中的方式。
4. 促销策略,即跨国公司将产品相关信息传达给消费者的方式。

"4Ps"理论的提出,奠定了现代市场营销理论的基础,但以上四个要素显然不能涵盖所有的营销变量,因此,后来又发展出了"7Ps"和"10Ps"理论,以丰富和补充营销组合要素、更好地指导公司制定营销策略。本章将主要围绕"4Ps"理论介绍跨国公司营销战略的制定过程。

(二)"4Cs"理论

进入20世纪90年代,随着消费者的需求日渐多元化,产品更新迭代速度

越来越快,市场竞争日趋激烈,传统的以产品为导向的市场营销"4Ps"理论受到很大挑战。在此背景下,美国学者劳特朋(R. F. Lauterborn)教授在 1990 年提出,应以消费者需求为导向,重新设定市场营销组合的四要素,即消费者(consumer)、成本(cost)、便利(convenience)和沟通(communication)。

"4Cs"理论的营销战略四要素主要包括:

1. 消费者策略,即公司应从消费者的需求和利益出发,生产满足消费者需求的产品。

2. 成本策略,即公司在定价时应综合考虑消费者的购买成本和公司生产成本,而不是仅从公司角度考虑要达到的利润目标。

3. 便利策略,即在分销渠道上考虑消费者购买商品的方便程度,为消费者购买商品提供便利。

4. 沟通策略,即转变促销方式,从向消费者进行单向营销信息传递转变为公司与消费者之间进行双向营销信息沟通,使顾客参与到产品的研发和生产之中。

"4Ps"理论向"4Cs"理论的转变,为公司的营销理念注入了新的内涵,被认为是现代市场营销学的一次革命。相比"4Ps"理论,"4Cs"理论更注重以消费者的需求为中心,使公司意识到只有满足消费者的需求,才能实现公司的生存和发展。但在实际情况中,不同消费者的需求往往差异较大且经常发生变化,其需求也存在一定的合理性问题,使得"4Cs"理论在实践运用上存在局限性。

二、国际市场细分

国际市场细分是指识别购买行为中与其他群体在重要方式上有差别的消费者群体的过程。由于国际市场在政治、经济、文化、法律等各方面都存在巨大的差异,导致国际市场之间的需求差异也很大,跨国公司难以同时满足所有市场消费者的需求。跨国公司需要首先对国际市场进行分类,从中选出能发挥自身优势的、有一定市场需求的国家或地区作为自己的目标市场。

(一)宏观市场细分

国际市场是由许多国家的市场构成的,宏观上来说,跨国公司进行国际市场细分首先应该考虑进入哪个国家的市场,即跨国公司须根据自身的标准将国际市场划分为若干个子市场,每一个子市场有基本相同的特性,然后跨国公司选择其中的一个或几个作为自己的目标市场。

宏观细分标准包括:

1. 地理位置。按照地理位置,国际市场可以划分为欧洲市场、北美市场、亚洲市场、非洲市场等。同时,按照地区间的相互关系,可将国际市场划分为区域性市场、地区性市场或国别市场等。

2. 经济标准。以国民生产总值、人均 GDP 或 GDP 增长速度来衡量经济发展水平,国际市场分为发达国家市场、发展中国家市场、新兴市场等。

3. 文化标准。如以宗教信仰、语言、价值观等作为市场细分的标准。

(二)微观市场细分

跨国公司进入某一个宏观细分市场后,同样不可能满足所有消费者的需求,跨国公司需要将市场进行进一步细分,这种细分称之为微观细分。消费品市场细分的标准包括地理要素(地形、气候、交通、城乡、行政区等)、人口统计要素(性别、年龄、收入、种族、教育水平等)、社会文化要素(行为习惯、生活方式等),以及心理要素等。

国际市场细分的目的是有针对性地开展跨国营销活动,顺利进入并占领目标市场。由于不同的细分市场呈现出不同的购买行为模式,跨国公司通常要调整其营销组合来适应不同的细分市场。不同的细分市场应该设计不同的产品策略、定价策略、分销策略和促销策略,以更好地促进消费者的购买行为,从而在每个细分市场都实现利润最大化。

三、目标营销

目标营销是指跨国公司在市场细分的基础上,选定其中的一个或多个子市场作为目标市场,并相应制定国际市场营销策略的过程。跨国公司一般采用以下三种目标营销策略。

(一)无差异性营销策略

无差异性营销策略是指跨国公司采用标准化的营销组合,仅考虑不同市场的共性而不考虑其特性。无差异性营销策略的优点在于降低营销成本、实现规模经济效益;缺点是忽视消费者的需求特性,从而丧失很多机会。

(二)差异性营销策略

差异性营销策略是指跨国公司将国际市场划分为若干个细分市场,并对每个细分市场制定有针对性的营销组合策略。差异性营销策略的优点在于增加跨国公司的竞争能力、扩大消费群体,缺点是成本过高。

(三)集中性营销策略

集中性营销策略是指跨国公司只选择一个或少数几个细分市场作为目标市场,集中力量制定适应该市场的营销组合。集中性营销策略的优点在于有效整合公司的有限资源,降低公司经营成本和试错成本;缺点是公司经营易受目标市场波动影响,竞争者的出现可能会给公司带来较大困难等。

第二节　跨国公司产品策略

产品策略是跨国公司经营策略的一个重要方面,随着跨国公司的加速发展和市场的激烈竞争,跨国公司必须不断调整其产品策略,以适应不断变化的全球市场的需要。产品策略包含多个方面,如产品差异化和标准化的选择、产品多样化和产品专业化的选择、效用性产品和知识性产品的选择等。跨国公司须综合不同市场的不同特点,制定利益最大化的产品策略。

一、国际性产品的特性

产品可以被看作是各种特性的集合。消费需求受到国别文化和经济发展水平的制约,而且随着国家的变化而变化。不仅如此,跨国公司在全球销售统一标准产品的能力还受到各国不同的产品标准的限制。

(一)文化差异

文化差异是指国家或地区之间在社会结构、语言、宗教和教育等方面存在的差异,这些差异对公司的营销战略有重要的影响。国家间文化差异最重要的方面也许是传统的影响力。传统的影响在食品和饮料业中尤其突出,例如考虑到传统饮食习惯上的差异,瑞士食品工业巨人雀巢公司的 Findus 冷冻食品分厂在英国销售鱼糕和鱼棒,而在法国销售红酒、洋葱、牛肉和酒焖仔鸡。由于历史和个人偏好的原因,各国之间也存在一系列其他的文化差异。

(二)经济差异

经济发展水平的差异与文化上的差异同样重要。消费行为在很大程度上受到一个国家经济发展水平的影响。在高度发达国家,跨国公司往往赋予产品额外的功能,而不发达国家的消费者不需要这些功能,那里的人们喜欢具有基本功能的产品。

(三)产品和技术标准

尽管消费口味和偏好在走向融合,但由于各国在产品和技术标准上的差异,统一的全球市场还是难以在短期内实现。各国政府普遍制定了千差万别的产品标准,这些产品和技术标准使跨国公司标准化产品的大规模生产和大规模营销成为非常困难的事情。

二、产品—沟通策略组合

跨国公司的产品策略主要是在中心市场和分散发展之间做出选择,此外,还须在营销组合标准化和组合调整之间做出选择。在表 6-1 中,可以看到五种总结出的关于产品特性和沟通方法的策略,这些组合提供了跨国公司如何选择产品策略的思路。

表 6-1 国际产品—沟通策略组合

策略	产品功能或所满足的需求	产品使用的条件	购买产品的能力	推荐产品策略	推荐的沟通策略	调整的相对成本	产品实例
1	相同	相同	有能力购买	延伸	延伸	1	软性饮料
2	不同	相同	有能力购买	延伸	适应	2	自行车
3	相同	不同	有能力购买	适应	延伸	3	洗涤剂
4	不同	不同	有能力购买	适应	适应	4	贺卡
5	相同	—	没有能力购买	创新	研制新的沟通策略	5	汽车

资料来源:Warren J. Keegan. Multinational Product Planning, Strategic Alternatives. Journal of Marketing, January 1969, p. 59.

(一)策略一:一种产品,一种信息

最易行和最有利可图的战略是产品和沟通的延伸策略,即使用相同的销售信息,向全世界销售相同的产品。这种战略对大多数的国际公司都具有巨大的吸引力,因为采用这一战略能够节省巨额的费用。

(二)策略二:产品延伸—沟通适应

当一种产品或服务能满足不同的需求,而使用的方法和条件与它在中心市场使用的方法和条件有相像或类似之处时,此时所需做的唯一调整就是改变市场沟通。例如,自行车在美国主要用来满足人们对健身娱乐的需求,但是在印度这样的国家里,自行车是一种基本的交通工具。"产品延伸—沟通适应"方案的吸引力,在于它能够在产品制造、研究和开发及存货成本方面节省很多费用。唯一的附加成本是为说明产品将在国际市场上所具有的特殊功能以及为产品的新功能制定相应的广告、促销和市场宣传等所需的费用。

(三)策略三:产品适应——沟通延伸

产品适应——沟通延伸策略,即在不改变中心市场的基础上,使产品适应不同的使用条件的基本沟通策略。产品适应——沟通延伸方案的基本出发点是,产品在不同的外国市场上的基本功能相同,而使用条件各有差异。麦当劳公司就遵循了这一法则,该公司使汉堡包的基本特性适应不同国家消费者的不同口味和条件的同时,依然使用公司标准的广告宣传,邀请人们在金色的拱形标志下享用麦当劳汉堡包。许多国际性的日用清洁品公司,针对地方性的水质条件和当地洗衣机特点对产品的配方进行相应的改变,而公司的基本广告宣传方法保持不变。

(四)策略四:双重适应

当产品使用的外界环境条件和产品所发挥的功能都有差异时,应使产品和沟通手段都适应当地条件。这种策略实际上是策略二和策略三两者的结合。美国生产贺卡的公司在欧洲曾遇到过这种情况:在欧洲使用贺卡的时机与美国不同,另外,在欧洲,贺卡的一种作用是留出空间让赠送贺卡的人自己写上贺词,而在美国,贺卡上的贺词是预先印好了的,因此在欧洲销售贺卡时须适应当地情况。双重适应可能失去标准化所带来的某些有益之处,但在许多基本属性上可以保持恒定,这些属性仍可带来规模经济效益。

(五)策略五:产品创新

当潜在消费者买不起公司的某种产品时,必须创新产品,或设计一种全新的产品,以满足特定需求或功能,从而在价格上使消费者能够承受。假若产品研制的成本不是过分高昂,对于一个广阔的市场来说,这可能是一个有巨大回报潜力的产品战略。

在国际市场营销活动中,在上述五种产品和沟通策略中做出选择,需要考虑下面三个关键因素。

第一,产品在特定市场上所要满足的需求和应当具有的功能。

第二,产品使用的市场条件,包括顾客的偏好和消费者对该产品的购买能力。

第三,公司在竞争中的地位以及公司采取相应战略和制造中的相对成本。

当然,对于能带来最大利润的国际产品策略,只有在对产品市场适应性、公司能力及成本做充分的分析后,才能真正明白并掌握它。

第三节　跨国公司定价策略

跨国公司制定合适的定价策略,是保证公司目标实现的重要条件。通常,产品的价格有三个制约因素,即生产成本、竞争性产品的价格、消费者的购买能力。其中,产品的生产成本决定了产品的最低定价,可比产品的竞争性定价和消费者的购买能力制约着产品的最高定价。

一、价格歧视

价格歧视理论由英国经济学家庇古(Arthur Cecil Pigou)于 1920 年提出,是指公司在出售同一产品时,对不同的消费者要价不同。价格歧视涉及市场容忍范围内所能收取的任何价格。由于完全竞争市场的价格往往低于垄断市场,价格歧视是一种有效的价格策略,它顺应了消费者的心理差异,同时能帮助公司获得最大化收益,获得正向经济效益,对于跨国公司定价有一定的借鉴意义。

(一)价格歧视分类

1. 一级价格歧视。对每一单位产品都按消费者所愿意支付的最高价格出售,称为一级价格歧视。一级价格歧视需要公司获取每个消费者的心理价格,在实践中不太可行。

2. 二级价格歧视。对不同的消费数量段规定不同的价格,称为二级价格歧视。公用事业中的水费、电费等的阶梯价格就是典型的二级价格歧视。

3. 三级价格歧视。对同一种产品在不同的市场收取不同的价格,称为三级价格歧视。这是公司常用的价格歧视定价策略。

(二)实行价格歧视的条件

1. 不同市场的消费者具有不同的偏好,且这些不同的偏好可以被区分开。不同市场的消费者具有不同的偏好,即不同市场的消费者对同一产品具有不同的需求价格弹性。当产品价格的较小波动带来需求的较大波动时,说明需求是富有弹性的;当产品价格的较大波动只能导致需求的较小波动,说明需求是缺乏弹性的(如图 6-1)。通常来说,公司在需求缺乏弹性的市场可以制定更高的价格。需求价格弹性受很多因素影响,收入水平和竞争条件是其中最重要的两个因素。低收入水平的消费者对价格更为敏感,市场需求价格弹性大,同时,竞争越激烈,消费者讨价还价的能力越强、需求价格弹性越大。

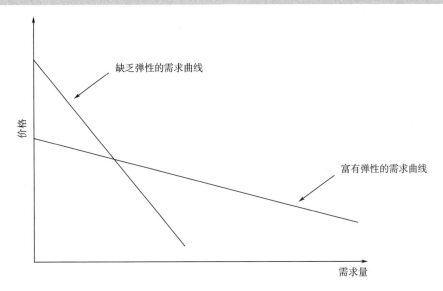

图 6-1　弹性与非弹性产品的价格—需求曲线

2. 不同的消费者群体或不同的销售市场相互隔离。公司必须能够让各个国家的市场分开或相互隔离，假如不能，个人或商家就可以通过参与套利来削弱该公司在价格歧视上的企图。个人或商家可以通过购买价格低的国家的商品，再出售给价格高的国家，消除二者之间的产品价格差异。如福特公司可以在英国和比利时之间实行价格歧视策略，因为在英国出售的是右侧方向盘的汽车，而在比利时出售的是左侧方向盘的汽车，左侧方向盘的汽车在英国没有市场，套利行为不能消除价格差异，使福特能保持市场隔离。

二、市场定价的方法

（一）成本导向定价法

成本导向定价法是指跨国公司定价时以产品成本为主要定价依据，同时兼顾公司目标、政府法令、需求状况、竞争格局等因素综合定价。

成本导向定价法分为两种：

1. 成本加成定价法。这种方法是指在总成本基础上加上一定的利润，以此作为产品价格。这种方法对那些刚刚从事出口业务、对市场竞争状况了解不多的公司比较合适，但在多数情况下，这种定价方法会导致中间商赚走大部分利润。

2. 边际成本定价法。这是指公司在定价时只考虑变动成本,不计算固定成本,在平均利润率降低的情况下增加市场份额和总利润水平。这种方法有一定的限制条件,如公司除满足原有市场外,还需要有剩余生产能力,但出口公司按此方法确定的价格对原有市场价格不会有大的影响,不会被认为是倾销,减少出口业务的政策风险。

(二)需求导向定价法

需求导向定价法是指跨国公司主要考虑国外市场的供求关系,根据市场需求强度(客户能够接受的水平)制定价格。需求明显增大时,制定市场可能接受的最高价,需求降低时制定较低价格。按照这种方法,首先要了解国外市场的供求关系,估计出产品在国外市场上的最终价格水平,然后估计中间商利润、关税、运费等,从而倒算出产品的出口价格。

(三)竞争导向定价法

竞争导向定价法是指跨国公司考虑产品成本和需求的同时,主要依据同一市场上同类产品竞争对手的价格来确定自己产品的价格。竞争格局中处于寡头垄断和垄断竞争的公司,应主要考虑这种方法。这种方法适应于公司在某一时期、某一市场,以击败某些竞争对手为主要目标时,以竞争对手的价格为依据,低于或等于竞争对手的价格,并随竞争对手价格变动而变动。某些大宗商品,如小麦、茶叶、石油等,其世界价格是众所周知的,公司在这种情况下一般只应随行就市,高于流行价格就会失去交易机会,低于流行价格则会减少利润水平。当公司刚刚进入某一市场,对需求、中间加成成本等了解不够时,一个简便方法就是模仿竞争对手的同类产品价格,待掌握充分情况后再进行调整。

三、不同产品生命周期的市场定价策略

美国哈佛大学教授弗农(Raymond Vernon)提出产品营销生命周期理论,该理论用于指导跨国公司在产品各个不同生命周期阶段的定价方法。

(一)产品市场的开创阶段

在这个阶段,新产品刚刚推向市场,跨国公司依靠新产品的独创性及其技术、品名等非价格因素,得以维持垄断或寡占的优势。其产品的定价战略取决于新产品的新颖性和这种性质能维持的时间。由于产品处于垄断地位,定价方式以获取最大利润为目的,定价总是使产品的边际成本与边际收益相等。新产品垄断取得的高额利润对其他公司会产生很大的吸引力,由于竞争者的模仿,新产品很难在较长时期内保持垄断地位,尤其是那些容易失去新颖性的产品。

在新产品阶段,跨国公司往往会采用撇脂定价法和渗透定价法两种方法,以保证公司获取最大利润和实现一定的定价目标。撇脂定价法可以视为一种价格歧视,主要针对那些缺少弹性且市场有足够购买者的产品,其价格定位于比垄断价更高的价格,使得跨国公司在短时期里取得巨额的利润,再随着时间的变化降低价格。渗透定价则是针对那些富于弹性的产品,早期将价格定得较低,从而在短时期内迅速占领市场。

(二)产品市场的增长阶段

这一阶段产品基本定型,需求日益增长,生产规模扩大,这时国内和国外出现了模仿者,这标志着产品进入增长期,趋于成熟。在增长阶段,潜在竞争者的仿制品已经进入市场,这时跨国公司要根据市场的竞争情况来决定自己的产品定价,保持并扩大市场份额,降低成本,实现规模效益。

在这一阶段,已形成寡头垄断的市场条件,少数几家跨国公司垄断了市场,占据了大部分市场份额。其定价策略是按照扭结断折需求曲线进行的(如图6-2)。

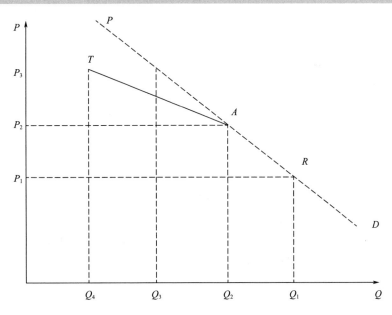

图6-2　扭结断折需求曲线

图6-2中,若市场产品价格为P_1,公司销售量为Q_1,DP线是该公司产品的需求曲线。如该公司提高产品价格至P_2,其他寡头为了趁机扩大市场份额,一

般不提价,或提价幅度小于 P_2,因此该公司产品的销量就会在 Q_2 的基础上进一步下降到 Q_3,市场份额大幅度下降,得到另一条偏离 DP 的需求线 AT。而公司降价时,其他寡头也会相应降价,以保持市场份额不变。为了避免引起价格战,价格下降幅度一般与本公司产品价格下降的幅度相适应,所以本公司需求曲线沿 AD 右下方进行。

扭结断折需求曲线表明了竞争对手的重要性,只有仔细研究竞争者的定价战略,才能制订出更为合理的市场价格。

(三)产品市场的标准化阶段

在本阶段,市场上产品广泛流行,产品的新颖性正在减退,市场销售接近饱和,增长停滞,产品趋于成熟阶段。同一产品在市场上竞争者众多,出现了替代品,形成了垄断竞争的市场条件。此时,跨国公司仍按边际成本与边际收益相等的原则进行定价。公司对定价必须慎重,若定价过高会造成市场份额减少,若定价过低可能会引发价格战,结果两败俱伤。

(四)产品市场的衰退阶段

产品在市场上由盛至衰,已经失去其新颖性,市场上有无数的竞争者存在,造成产品容易进入市场,这种情况类似于完全竞争的条件。为了争取消费者、保持市场份额,跨国公司对产品的定价应尽可能地低,有时候为了等待新产品的生产,产品的价格甚至低于产品的成本。

第四节　跨国公司分销策略

分销战略是指跨国公司选择的、将产品送达消费者手中的方法。作为跨国公司营销策略组合的重要一环,当跨国公司完成产品制造过程后,产品必须经过一定的分销渠道送达目标市场,以方便顾客的购买。产品经过渠道的增值变得更具吸引力和可用性,能更好地满足用户的需求。一个典型的分销系统包括批发商和零售商,国内生产商可以将商品直接销售给顾客,或销售给批发商、零售商,国外生产商也可以用此方式。另外,国外生产商也可以通过进口代理商,将商品销售给批发商、零售商或终端顾客。

图 6-3 是跨国公司分销系统示意图。

一、分销系统在国家间的差异

(一)零售集中度

零售集中度是指一个国家的零售体系是集中的还是分散的。在集中的零售售系统中,少数零售商供应大部分的市场,而在松散的零售系统中,零售商很多,但没有一个拥有很大的市场份额。

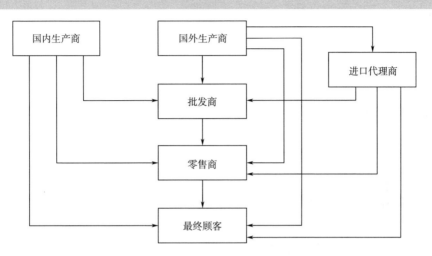

图 6-3 跨国公司的分销系统

欧美等发达国家的零售业更加集中化。这些发达国家基础设施较为发达,汽车拥有量大、家庭拥有冰箱和冷藏柜的数量大、双份收入家庭数量多,改变了人们的购物习惯,有助于远离传统商店区域的大型零售店的建立和成长。相比之下,发展中国家基础设施较为落后,汽车、冰箱等物品的人均保有量偏低,消费者缺乏集中采购的习惯,零售体系更加分散化。

(二)渠道长度

渠道长度指生产商与消费者之间中间环节的数量。如果生产者能将商品直接卖给消费者,渠道就非常短。如果生产者须经过进口代理商、批发商、零售商才能将商品卖给消费者,渠道相对较长。渠道长度最重要的决定因素是零售系统的分散化程度。分散化的零售系统将促使中间批发商增多,从而延长了渠道长度。尽管跨国公司可以根据自身产品特征选择或短或长的分销渠道,然而,由于地理、人口、经济发展等因素,某些国家(如中国、印度)的分销渠道往往比其他国家更长,跨国公司在这些国家难以直接维系与零售商的关系,不得不通过多级中间批发商来分销自身产品,这无疑增加了分销渠道的长度。

近年来,互联网的迅速发展有助于缩短渠道长度,例如国内生产商可以在国外的电子商务网站将商品销售给国外消费者,无须当地的代理商。在一些国家,大型廉价超市的普及也大大缩短了渠道长度,如家乐福、沃尔玛等的生意模式就是通过低价大规模出售商品,它们会脱离批发商而直接同生产商打交道。

(三) 渠道的排他性

排他性渠道是指对外来者而言难以进入的销售渠道。例如新公司的产品通常很难在大型超市中得到足够的货架空间,因为这类零售商往往更偏好历史悠久、知名度高的大型厂商生产的产品。销售渠道的排他性程度在不同国家不尽相同,例如在日本,生产商与批发商、零售商之间的关系往往能维持数十年之久,这使得跨国公司的产品进入当地的销售渠道非常困难。

(四) 渠道质量

渠道质量是指一国零售商的专业知识、能力和技巧,以及它们宣传和销售跨国公司产品的能力。发达国家的零售商质量大多不错,但在新兴市场或一些欠发达国家,渠道质量差异很大。

二、销售渠道类型及其选择

(一) 销售渠道类型

销售渠道是指商品权利从生产者转移到消费者手中所经过的通道。生产者和消费者分别是这个通道的两个端点,流转的客体是所转让商品的权利,流转过程由购销环节构成。根据承担流转销售职能的主体情况,销售渠道可分为三种类型。

1. 直接销售渠道。直接销售渠道是指生产者直接向最终消费者销售产品的渠道。这里,生产者承担全部流通职能。一般来说,只有涉及大宗交易、成交额很高,需要为用户提供技术性较强的服务,或者产品数量很少而用户比较集中,或者需要通过销售活动来搜集市场信息时,采用直接销售渠道才合理。如果运用不当,此类销售渠道会限制销售范围和数量,也会削弱生产力量。

2. 间接销售渠道。如果在生产者和消费者之间加入经销商,由经销商来承担商品流通职能,这样的渠道被称为间接销售渠道。这里,经销商是取得商品权利、再将之转卖出去的商人和商业机构,包括批发商和零售商。采用间接销售渠道,可以利用经销商网络来扩大市场交易活动,促进生产和扩大销售。当消费者数量多、分布广,商品价格低,购买频率高,生产或销售具有季节性时,应当采用间接销售渠道。

3. 代理销售渠道。如果在生产者和消费者之间加入代理商,代理商接受委托销售产品或采购产品,但并不拥有商品所有权,这样形成的渠道就被称为代理销售渠道。采用代理销售渠道,主要利用代理商信息灵通、联系面广的条件扩大商品销售,并控制商品价格。

销售渠道的选择与建立涉及对经销商和代理商(统称为中间商)的管理。公司利用的全部销售渠道一起构成销售网络,其中,各个中间商将构成公司销售网络上的购销节点,一般称为分销网点,这是销售渠道决策的核心问题。

(二)销售渠道选择

销售战略的选择决定公司将利用哪种渠道接近潜在消费者。公司是否应该将产品直销给消费者,还是应该通过零售商? 或者通过批发商或进口代理商? 或者,是否应该投资建立自己的渠道? 最合适的销售战略取决于每项选择中的成本与盈利,决定要素包括上文提到的零售集中度、渠道长度、渠道排他性、渠道质量。当零售体系非常松散时,间接销售渠道或代理销售渠道可以降低销售成本,而在零售业比较集中的国家,直接销售渠道更加合适。

三、分销网点密集度策略

在选择了目标市场以后,跨国公司需要根据顾客的数量与分布、商品的性质与购买频率、竞争对手的分销网点分布等因素,制定覆盖目标市场的销售网络规划,并制定该网络中分销网点密集度策略。一般来说,在一定目标市场上,分销网点密集度策略有三种类型,即密集型分销策略、精选型分销策略和独家型分销策略。

(一)密集型分销策略

如果商品适用于每一个家庭或个人,公司就可以采用密集型分销策略,即利用尽可能多的中间商来销售。这类商品多为家庭或个人必需的日常消费品,强调地点效用,例如牙膏、冰棒、面包、干电池等,销售的中间商越多越好,使分销网点的市场覆盖面达到最大,便利消费者购买。

(二)精选型分销策略

在目标市场上,跨国公司只选择那些有经验、信誉好、销售力量强的中间商来经销其产品,所建立的销售网络由这些中间商所构成,这是精选型分销策略。这样的销售网络适合各种各样的商品,尤其是那些选择性较强的日常消费品、专用性较强的零配件,以及技术服务要求较高的商品。

(三)独家型分销策略

独家型分销策略是指在目标市场上只选择一家中间商来销售公司产品。这种做法大多用于推销新产品、极品,或技术相当复杂、需要提供大量技术服务的商品。采用这种方式,所选择的中间商独自享有整个目标市场,跨国公司希望借以激励中间商积极地推销产品,并且对中间商在售价、促销、信贷等方面的政策加以控制。

销售网络的疏密直接影响商品的销售量,这里主要需研究消费者购买商品可接受的空间范围。一个中间商处于多少消费者的购货空间范围之内,决定了该中间商的销售辐射范围和销售能力。分销网点密集度与每个中间商平均辐射范围成反比。如果每个中间商平均辐射范围大,分销网点可适当少一些;反之,如果每个中间商平均辐射范围小,分销网点就必须多一些,密集度高一些。合理的分销网点密集度,应当能做到以较少的中间商使其辐射范围覆盖整个目标市场。

第五节　跨国公司促销战略

促销是指跨国公司进行国际市场营销时,通过人员或非人员的方式,利用各种信息载体与目标消费者进行沟通,引发消费者的消费欲望并使其产生购买行为的活动。跨国公司市场营销组合决策中的促销决策至关重要,促销决策的好坏,直接影响产品的销售和消费者购买产品的行为。

一、促销活动类型

国际市场上的促销活动包括人员推销、营业推广、国际广告和公共关系等内容,其中,人员推销是最为直接的促销方式,营业推广次之,国际广告更次,公共关系是最为间接的促销方式。跨国公司会根据产品特点、市场特性、促销目标和潜在消费者属性采取不同的促销活动,对各种促销活动进行综合运营和有机组合。

(一)人员推销

与广告这种经销活动相比,人员推销是更加直接的促销方式。它是指公司派出人员或雇佣当地人员、其他国家人员向顾客或潜在顾客面对面地介绍产品,以促进产品销售。

人员推销的方式多用于工业用品的销售,因为工业用品的购买者少而且集中,产品的技术性强,需要专门技术人员进行推销。此外,人员推销也可用于消费品的推销,但一般不是推向最终顾客,往往是寻找和建立中间商和零售商。

人员推销的基本过程可分为:①发掘潜在顾客;②做好事前准备,如掌握关于产品、顾客、竞争对手的基本情况;③接近顾客,创造进一步宣传产品的可能性;④介绍、宣传产品;⑤应付顾客提出的各种异议;⑥要求顾客购买;⑦事后与顾客的联系。

（二）营业推广

营业推广是指能够迅速刺激需求、鼓励顾客购买的各种促销形式。也可以认为，营业推广是除去广告、人员推销和公共关系以外的任何一种鼓励消费者购买产品、增强零售商和中间商推销能力并改善其合作态度的市场营销活动。

营业推广的形式多种多样，主要分为两类：一是针对最终消费者的，如免费赠送样品、发优惠券、销售产品时搭配赠送别的商品、收款时舍去零头、发行彩票等。二是针对中间商和零售商的，如购买产品时给予价格折扣、合作广告、销售竞争以及发放销售补贴等。

（三）国际广告

1. 国际广告的作用。国际广告是指跨国公司通过大众媒介，以付费形式将有关产品和服务的信息传递给消费者的一种促销活动。广告由于具有广泛的公众性、强有力的表现性和能够反复引起消费者注意的渗透性而成为人们日常生活中的一个组成部分，并在国际市场营销的促销过程中发挥越来越重要的作用。

跨国公司在国际市场上开展广告促销活动，方式虽与国内广告基本相同，但由于各国情况差异极大，所以比国内情况要复杂得多。广告作用发挥得如何，取决于下面一系列综合因素：各国不同语言对广告用词带来的障碍；各国广告媒介的完备程度对广告媒体选择造成的影响；各国政府对广告媒介、可进行广告宣传的产品、广告信息内容、广告开支的各种限制；各国广告代理机构的完备程度和广告代理制度的不同规定对广告业务发展带来的限制；各国不同消费者对广告的态度和不同的反应给制定广告策略带来的影响等。

2. 国际广告媒介。对于各国广告媒介的选择，是在国际市场开展广告活动时需要认真研究的问题。在国际市场开展广告活动，除需要全面了解互联网、报纸、电视、无线电广播、杂志、户外广告、直接邮寄等各种广告媒介的一般特点外，还需要特别注意种种媒介在各国的不同情况下能否得到充分的发挥。这需要分析产品本身的性质、各国各种媒介的可利用情况和各国各种媒介成本的变化情况，最终根据单位成本的广告效应来确定媒介选择。

3. 国际广告费用。关于广告预算，在国内广告和国际广告中都是一个复杂的问题。理论上讲，只要广告带来的收益大于广告支出，就可继续增加广告费用。在实际工作中，由于跨国公司很难确定广告支出的收益，所以一般用下面几种方法来确定广告预算。

（1）量力支出法，即根据跨国公司可能承受的广告费来确定广告费的绝对额。

（2）销售额比例法，即根据跨国公司在某国市场上的销售额来支付一定比例的广告费用。

（3）竞争预算法，即根据与竞争对手大致相同的广告费来确定自己的广告费用。

（4）广告目标法，即根据跨国公司总体经营战略，确定在一个时期要达到的广告目标，如促进销售增长、提高品牌知名度等，最后确定完成这一目标所需的广告费用。

这些方法各有利弊，需要在实践中具体情况具体分析。

（四）公共关系

公共关系是公司为维护与各种社会组织和公众的关系而采取的一种策略。搞好公共关系的最终目的是为了扩大公司的销售额，公共关系也被视为一种重要的促销手段，只是它与广告、人员推销和营业推广相比较，是一种更为间接的促销手段，因为它是通过树立公司形象来促进产品销售的。

公司树立公共关系形象可以采用的方式有：①了解社会组织和公众的需要，通过调查和研究确定它们需要什么、关心什么，并以此确定自己行为的准则；②进行公司形象分析，判断自己在社会中的形象和地位，特别要注意进入国外市场后，需入乡随俗，使自己的形象适应当地文化；③利用各种可能的机会进行有利的信息传播；④加强同政府机构、各国立法机构的交往，通过向文化、教育、体育、福利事业的捐助，与社会各界建立良好关系，赢得人们对公司的信任和好感。

二、促销活动的方式

跨国公司的促销方式主要是在推动式策略和拉动式策略中做出选择。推动式策略强调的是营销组合中的人员销售而非大众媒体广告，重点是分销渠道上各环节的人员直接推销，主要适用于单位价值较高、性能较为复杂、市场比较集中、分销渠道较短的产品（如家电、汽车等）。尽管人员销售作为推销工具是有效的，但它要求广泛地利用销售队伍，相对花费较高。拉动式策略强调的是利用媒体、广告等非人员推销的方式向潜在消费者传递市场信息，激发消费者的购买欲望，进而促使分销商向制造商进货，主要适用于单位价值较低、差异化不大、市场范围比较分散、流通环节较长的产品（如洗发水、牙膏等）。

三、影响促销策略的因素

（一）产品类型和消费者认知程度

当跨国公司试图向更大范围的市场销售消费类产品时，往往更偏向于拉动式策略,多采用向大众媒体投放广告的方式,很少采用以推动式促销策略为主的直销模式。销售工业品或复杂性能产品的公司往往更偏向于推动式策略。直销方式重在向消费者介绍产品特性。在发达国家市场,消费者对复杂产品已经有了一定的了解和使用周期,直销方式作用不甚明显。而在发展中国家市场,消费者认知程度较低或当新的复杂产品进入市场的时候,直销方式就变得不可或缺。在识字率低的贫穷国家,直销或许是唯一能够使消费者了解产品的方式。

(二)渠道长度

分销渠道越长,产品到达消费者时需要经过的中间商越多,推动式促销策略越要耗费大量的人力成本,跨国公司进入一个新的市场变得越发困难。在这种情况下,跨国公司更偏向于利用大众媒介广告向消费者传递产品信息,拉动消费者需求,促使中间商进货。反之,渠道长度越短,跨国公司采用推动式促销策略的效果越明显。

(三)媒介的可获得性

拉动式促销策略必须依靠大众传媒,只有当目标市场拥有大量可利用的媒介,包括印刷媒介(报纸和杂志)、广播媒介(电视和收音机)、互联网和自媒体等,拉动式促销策略才更为可行。当可获得的媒介较少时,跨国公司就不得不采用直销的方式。

案例专栏

元气森林的营销策略

一、基本案情

在过去数十年的中国市场,可口可乐和百事可乐两家国际巨头遇到了众多本土对手的挑战,包括健力宝、娃哈哈和农夫山泉等公司,但是这些传统营销的公司并没有真正让巨头们感受到真正的威胁。

近年来,信息化的浪潮正悄然影响着传统产品的营销方式。以"元气森林"为代表的本土"网红"饮料,采用互联网创新思维,通过独特的营销策略,在一片"红海"的饮料行业中突出重围,并直接威胁两家可乐公司在饮料领域持续多年的领先位置。数据显示,2019年"双十一",元气森林卖出226万瓶,拿下水饮品类目第一名,全网饮料销量力压可口可乐、百事可乐;2020年"双十一",元气森林更是以总瓶数超 2 000 万的销量,居天猫、京东水饮品类目第一。元气森林异军突起的背后,是其独到的营销逻辑。

1. 在红海中挖掘蓝海,切入无糖饮料赛道

中国的饮料市场经过多年的发展,格局已基本确定。碳酸饮料类有可口可乐、百事等国际巨头;纯净水有农夫山泉、娃哈哈等本土品牌;运动功能性饮料同样拥有红牛、脉动等品牌;唯独在茶饮品中,还没有一个品牌获得像可口可乐、脉动这种全民公认的地位,这也正是元气森林发现的突破口。

与此同时,近几年市场消费需求发生了极大的转变,带有原生态、有机、无添加、非油炸、非转基因、纯天然、无公害等健康概念的商品销量增长迅速,健康化需求成为饮料消费的新趋势。在此背景下,元气森林通过比较茶饮品类别中茶饮料和纯茶两个大类的优势和不足,用"零糖、零脂肪、零卡路里"保障健康属性,以组合茶的方式保障良好口感,开辟出属于自己的第一款独特茶饮——燃茶,将健康无糖的标签与品牌深刻关联。在燃茶成为爆款之后,为了满足年轻人对于碳酸饮品、网红奶茶的强烈需求,元气森林又顺势推出气泡水和乳茶系列,同样以无糖零脂的差异化优势加持,再度打开年轻人市场,成为年轻人人手一瓶的网红饮料。

2. 高颜值+好味道,差异化树立品牌符号

元气森林的产品包装设计,从瓶盖到瓶身,全部采用统一的颜色。为了创造独有的品牌内核,产品设计高度集中于一个相对小众的风格——"和风",在包装上选用日语中的"気"来增加产品标识度;瓶身以"品牌名+水果图案"作为主视觉,给人青春活力的感觉。这种独创性将颇具日系风的设计应用到包装上,强化清爽感的对撞冲击,用艺术与美味碰撞出新潮流,形成了元气森林自身的品牌符号。

在口味上,与无糖可乐添加的"阿斯巴甜"有所不同,元气森林气泡水的甜度主要来源于赤藓糖醇和三氯蔗糖。这种代糖是一种能量系数为零的代糖,在口中溶解时会有温和的凉爽感和爽口甜味。独特的添加剂既保证了口感,又避免了热量,成为元气森林宣传的亮点。

3. 场景化营销,精准击中消费心理

在商品大量同质化的时代,消费者往往更加关注产品带来的深度体验,并由此延伸出强烈的品牌忠诚度。元气森林通过一系列多元化、场景化的营销,使消费者在真实的体验场景中感受到产品的特点,并大获成功。

在流行音乐领域,元气森林通过冠名《我们的乐队》《我们的歌》《乘风破浪的姐姐》等多个年轻人喜爱的综艺节目,把自家产品带入了年轻人玩乐队、玩音乐的场景中,使元气森林吸引更大范围的年轻消费者。在社交媒体上,元气森林先通过微博崭露头角,并在之后的时间里,抓住以女性为主的种草社区——

小红书实现流量变现。在电商直播这个新风口,元气森林通过邀请知名电商主播李佳琦到直播间为其带货,15 万份元气森林乳茶被秒杀。

一整套精准出击的营销组合拳,让元气森林迅速占领市场,成为饮料届名副其实的新锐黑马。据 2020 年《第一财经》杂志发布的"金字招牌"榜单,元气森林位居碳酸饮料排行榜榜首。而在过去 5 年,该榜单的冠军一直是可口可乐。

二、案例点评

元气森林在巨头林立的行业中突出重围,仅 4 年时间就实现品牌估值 20 亿美元的突破,其所搭建的营销模式在互联网时代具有重要的理论价值和现实指导意义。

在产品策略上,元气森林气泡水的目标客户群体主要为都市年轻白领女性,虽然受众范围小,但是此类小众人群拥有很强的消费能力,并愿意接受新事物,更加有利于产品的短期爆发式推广。

在定价策略上,元气森林的目标客户对价格的敏感性较低时,可以相对容易地进行高溢价定价。旗下的气泡水饮料的市场零售价为 5.5 元,虽然高出普通饮料的平均价格,但已将气泡水的价格降低到普通人愿意接受的区间,是一种积极地吸引消费主力人群的过程。

在渠道策略上,元气森林采用传统渠道与现代渠道结合的方式。传统渠道专注于更受年轻用户青睐的便利店,包括便利蜂、全家等在一二线城市中规模和数量占优的连锁店铺。同时,元气森林利用自身品牌优势,充分开拓线上渠道,积极参加"双十一""6·18"等电商平台促销活动,激发新的消费机会。

在促销策略上,元气森林充分利用社交网络,发挥新媒体强大的号召力与影响力,通过赞助热门网络综艺节目、小红书推广、直播带货等一系列互联网风潮,并辅以线上线下广告投放,在短时间内大大提升了品牌知名度。

案例来源:①沐沐子 . 3 年估值 40 亿,元气森林们何以霸屏这个夏季? 网易新媒体与品牌传播重点实验室,2020.
②张冲 . 互联网创新型饮品元气森林的营销策略分析 . 中国商论,2021(15):56-58.

思考与练习

1. 什么是营销管理 4Ps 理论?

2. 什么是营销管理 4Cs 理论？4Cs 理论与 4Ps 理论之间存在哪些区别和联系？

3. 跨国公司的产品策略与国内企业的产品策略有何联系和区别？

4. 国际产品—沟通策略组合方案有哪些内容，它们分别适合什么样的产品？

5. 跨国公司定价的目标和方法是什么？不同产品生命周期的市场定价策略是什么？

6. 跨国公司分销需要考虑哪些因素？

7. 国际市场的促销活动包括哪些？它们在运用中需要注意哪些问题？

第七章

跨国公司财务管理

跨国公司的成功与否,很大程度上取决于其庞大复杂的财务管理体系是否有效运行。跨国公司的财务活动为其他经营活动服务,同时又对其他经营活动起着很大的制约作用。因此在跨国经营中,跨国公司必须根据自身内外条件,建立和完善财务管理体系,防范财务风险。

学习要点

The success of transnational corporations is largely determined by the effective operation of a complicated financial management system. The financial activities of transnational corporations provide not only supports, but also constraints on other operational activities. Therefore, transnational corporations should establish and improve their financial management system based on their internal and external conditions, and get well-prepared for any potential financial risks.

第一节　财务管理体制

公司财务管理又称公司理财,是指公司到资本市场筹集低成本资金,然后将资金广泛用于购买实体资产或金融资产以支持公司经营,实现资产管理过程中赚取超成本利润的过程。简单来说,财务管理指公司的投资、融资和内部资金的管理过程。

跨国公司财务管理是指公司在跨国经营后,对跨越国境的投资、融资和内部资金,通过预测、计划、决策、控制和分析等手段实现资金管理的过程。跨国公司的成功与否,很大程度上取决于其庞大复杂的财务管理体系是否有效运行。跨国公司的财务活动为其他经营活动服务,同时又对其他经营活动起着很大的制约作用。因此在跨国经营中,跨国公司必须根据自身内外条件,建立和完善财务管理体系。

一、跨国公司财务管理的复杂性

跨国公司财务管理与一般公司财务管理并无明显的本质区别,其目的都是使公司的利润最大化。然而跨国公司所处环境的复杂性,决定了其自身财务管理活动具有一定的复杂性和特殊性。跨国公司财务管理工作的复杂性表现在多个方面,在公司规模与财务活动范围上有所体现,在财务活动组织、活动计划与活动控制上也有所体现。具体而言,跨国公司财务管理活动除了需要考虑各国不同的会计准则、货币制度、税收体制、资本管制条例,以及不同程度的政治、经济、文化差异外,还需要组织协调内部各子公司的资源配置和权力责任分配等。跨国公司的财务管理人员必须要对各种外部风险和内部风险因素进行细致的调查、分析、比较,在此基础上制定适合自身全球发展的财务管理战略,以实现财务管理的最优化。

(一)外部环境——面向多国财务环境,机遇与风险并存

在全球化背景下,全球资源整合更为便利。跨国公司可通过内部贸易和转移定价等方式,将资源在不同的区域间重新转移配置,并针对不同国家制定适应性的财务管理措施,利用多国财务环境降低财务成本,提高财务效率和公司利润。

与此同时,跨国公司受境外经营各国的政治环境、文化背景、经济发展水平以及法律法规等因素的差异影响,在资金筹集与管理、投资决策、外汇风险控制、税务管理、会计准则差异处理及会计报表分析等方面具有较高的难度和复杂度。跨境交易也经常因为国际市场形势的变化而面临多种外部风险因素,这些因素会对跨国公司的经营和盈利造成严重影响,甚至导致亏损。

常见的外部风险因素包括以下几种：

1. 政治风险。政治风险是指由于跨国公司所在区域的政治环境存在不确定性，从而对跨国公司经营和盈利产生负面影响或潜在损失的风险。这种政治不确定性包括政策改变、政权更迭、战争、派系冲突、种族冲突、宗教冲突、恐怖活动等。

2. 外汇风险。外汇风险又称外汇暴露（foreign exchange exposure），指跨国公司的债权和债务在以外币计价时，由于汇率变动引起价值变化而蒙受损失或丧失预期收益的可能性，一般由本币、外币和时间三个因素共同构成。

3. 利率风险。利率风险指由于外部市场利率的变化使跨国公司的实际收益与预期收益或实际成本与预期成本发生背离，使其实际收益低于预期收益，或实际成本高于预期成本，从而使跨国公司遭受损失的可能性。

4. 信用风险。信用风险又称违约风险，指跨国公司在国际交易中，由于交易对手不履行契约而给跨国公司造成经济损失的可能性。

（二）内部环境——内部交易活动频繁，权责分配难度大

频繁的内部交易活动在降低财务成本、提高公司利润的同时，也使得跨国公司内部财务管理决策权的协调配置和责任分配更加复杂。跨国公司及其下属各机构作为一个统一的利润整体，财务管理的目的是使其整体利润最大化。因此，跨国公司往往会从公司整体的利益出发统筹决策，制定出带有整体性和全局性的财务管理计划，并根据该计划向集团内各机构分配不同的权力与责任。必要时，为了实现公司整体利润的最大化需要牺牲部分下属机构或子公司个体利益。如果权责分配不当，将引起母公司与子公司之间、不同国家子公司之间的矛盾和冲突，导致资金运作风险、筹资风险、投资风险、技术风险、生产风险等内部风险问题，严重影响整个公司的有效运行。因此，跨国公司必须根据自身的战略目标和经营管理特点，选择合适的财务管理体制，实现权力与责任的明确分配。

二、财务管理体制的选择与比较

（一）跨国公司财务管理体制

跨国公司的财务管理体制，是跨国公司与母国和东道国之间的关系、跨国公司内部母公司与各子公司之间的关系在财务部门的具体体现。根据集权与分权的程度，跨国公司的财务管理体制可分为以下三种类型：集权型、分权型、混合型。

1. 集权型。在集权型模式下，跨国公司所有子公司财会人员由集团统一管理，按照统一要求从事子公司的会计核算，对子公司的资金筹集与运用以及利润分配等集中管理。各子公司自身财务上享有很少的自主权，主要执行和贯彻

母公司统一的财务政策,某种程度上子公司只相当于分公司。这种模式管理层次少,整体控制和协调较为方便,资源利用率高,有利于实现公司总体财务目标。

集权型模式要求母公司的决策机构全面掌握集团内各子公司和分公司的财务信息,避免因信息不对称导致的决策失误。因此集权型模式的基础是信息集中,需要利用网络系统构建良好的信息环境。当前信息技术的发展使集团内部的交流变得更加快捷和方便,母公司与子公司之间的信息不对称问题很大程度上得以解决,集权型财务管理体制有进一步强化的趋势。

2. 分权型。在分权型模式下,跨国公司对具有一定财务决策权的子公司实行任期目标责任制,母公司只对重大财务活动实施监控与指导,日常财务计划的制定与实施的权利完全下放到子公司。通过分权,母公司承担的财务工作和财务风险得以分散,使母公司管理者能专注于集团层面的战略管理。

分权型模式的最大优点是子公司的积极性强,灵活程度高,能根据市场的变化迅速做出反应,在复杂的环境下做出及时、准确的决策。其不足之处在于:各子公司在财务决策上缺乏统一调度,无法彻底贯彻母公司的战略意图,资源调动受限;子公司之间各自为政,缺乏相互配合,难以实现整体的利润最大化。

3. 混合型。在混合型模式下,由跨国公司的母公司统一制定财务管理制度、会计政策与会计准则,各子公司、分公司遵守执行,但可以根据自身特点加以补充。一般由母公司任命子公司财务负责人,他可自主决策子公司的日常财务活动。母公司主要负责集团的重大财务决策,并向子公司提供指导、咨询和信息服务。

混合型模式是集权型和分权型相结合的产物,它在一定程度上融合了二者的优点,同时也避免了单一模式下相对比较明显的财务管理弊端。该模式既能够保证母公司对子公司在重大财务决策上的监督与控制,也赋予子公司一定的自主权。

表7-1是三种财务管理体制的比较。

表7-1　　　　　跨国公司财务管理体制比较

	集权型	分权型	混合型 (集权下的分权)
优点	①管理层次少,便于发挥总部财务专家的作用 ②资金调度规模效应 ③整体控制协调方便,有利于实现总体财务目标	①调动子公司的积极性,提升经济效益 ②复杂的环境下做出及时、准确的决策	避免了单一模式下相对比较明显的财务管理弊端

续表

	集权型	分权型	混合型 （集权下的分权）
缺点	①损害各子公司经营管理的积极性 ②信息的延误和不对称,影响决策的正确性 ③损害子公司股东的利益	①子公司"次优决策"的发生 ②资源调动受限,使集团竞争力下降 ③较高的监督成本	

(二)跨国公司财务管理体制的选择

上述三种财务管理体制各有利弊,但并不存在一种对所有公司都适用的最佳体制。对于某一个跨国公司而言,应该根据自身的具体情况加以选择,并且根据不同的成长阶段、市场环境和公司的变化及时地加以调整。公司在选择财务管理体制时应该考虑的因素主要包括以下几点:

1. 股权结构。当跨国公司规模较小,股权集中,或者说国外子公司数量较少时,一般宜采用集权型财务管理体制,即重大的筹资决策、投资决策及相关的财务决策由母公司总部负责,日常的财务管理活动交给子公司管理,对国外子公司业绩的考核主要看其成长的速度,以求尽快扩大国外子公司的规模。随着时间推移,跨国公司国外子公司的数量增多,在世界范围内的分布面较广,股权结构也变得越来越分散,这时逐渐增加分权的力度,让子公司享有更多的财务决策权,规模大、发展成熟的大公司分权的可能性更大。

跨国公司对外直接投资有三种类型:独资企业、合资企业、合作企业,不同的投资形式决定了母公司和子公司之间的产权关系,从而也决定了财务管理体制。对于独资国外子公司,一般倾向于集权型财务管理,而对于合资、合作国外子公司,宜采用分权型财务管理。

2. 技术结构。技术密集型又称知识密集型,在生产结构中,技术知识所占比重大,科研费用高,劳动者文化技术水平高,产品附加价值高,增长速度快,跨国公司的子公司大多为独立的研发中心或独立的高科技研发基地,母公司也更倾向于给予子公司更大的自主权以促进创新,分权可能性更大。对于劳动密集型产业,资本有机构成比较低,权力集中于母公司可更好地节约成本,母公司更倾向于集权。

3. 市场结构。子公司的外部市场环境也是影响跨国公司财务管理体制的一个重要因素。假如国外子公司所在东道国的市场竞争环境宽松,说明行业处于早期阶段,发展方向和竞争格局随时都可能出现较大变化,通过集权,一来可以集中资金和力量快速占领市场,二来可以确保竞争格局出现较大变化时,母公司及时调整在当地的总战略方向。反之,如果市场竞争度高,表明经过一定时间的发展,行业已趋于成熟,竞争充分,市场格局短时间内不容易发生较大变化,在竞争度高的情况下,外部风险可控而市场机会相对较少,子公司财务政策更多的是根据当地情况进行相应调整,跨国公司更倾向于分权管理。

4. 公司文化。西方文化比较强调个人主义与扁平化管理,较多地倡导分权型管理体制,尤其是英美国家大多数公司管理强调子公司的积极性和股权结构分散,一般不直接对国外子公司的财务活动实行集权管理。东方文化比较强调集体主义与家长式管理,因此亚洲公司较多地倡导集权型管理体制,例如国际知名的日本电气公司对其子公司或关联公司采用集权型控制管理,母公司的职能管理人员进入子公司的董事会,对子公司进行直接控制,同时通过专业化分工,将子公司的经营活动纳入母公司的经营活动之中,像日本电气公司这样的例子在亚洲跨国公司中颇具普遍性。

总之,一个公司采用什么样的财务管理体制是许多因素综合作用的结果。要想找到本公司适用的财务管理体制,必须权衡利弊、综合分析,如图 7-1 所示。另外,一个公司的财务管理体制并不是一成不变的,当公司所处的发展阶段及外部环境发生变化时,财务管理体制必须做出相应的变化和调整。

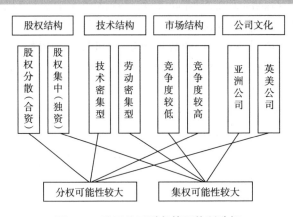

图 7-1　跨国公司财务管理体制选择

(三)跨国公司财务责任中心划分

在跨国公司财务管理活动中,财务管理中心主要承担组织的具体资本运作、税收筹划和调控子公司财务等职责;会计中心主要承担升级核算和收集处理信息、会计控制等活动;利润中心主要承担销售收入的实现与汇集;成本中心主要负责产品生产和劳务控制。

跨国公司的财务责任中心是指承担相应的财务管理职能的内部责任单位，是专业分工原则在财务领域的具体应用。跨国公司通过将内部财务职能更精细、更专业地分工，可达到提高财务效率、降低财务成本的目的。根据职能的不同，跨国公司财务责任中心可划分为成本中心、利润中心和投资中心。

1. 成本中心。主要负责对产品生产、研发、劳务等费用进行归集、分配和控制等。只要有成本费用发生的地方，都可以建立成本中心，如工厂、研发中心、销售代表处等。

2. 利润中心。主要承担销售收入的实现与汇集，一般位于税率低、资金流动限制少、外汇市场稳定、货币自由兑换的地区。

3. 投资中心。主要承担投资、融资和资本营运等职责，因为投资属于长期决策，刚性强，涉及的投资资金来源复杂，一般位于跨国公司总部，是最高层次的财务责任中心。

表 7-2 是跨国公司各类财务责任中心的比较。

表 7-2   跨国公司财务责任中心比较

	成本中心	利润中心	投资中心
责任范围	职能部门的成本	利润最大化	投资控股
影响力	成本控制	单价、市场份额	投资与并购
典型机构	工厂、研发中心、销售代表处	区域总部、事业部、分销中心	集团总公司、税收天堂控股公司
财务 KPI	单件成本、研发成本	产品利润、客户利润、地区利润	投资回报率、项目净现值

第二节 融资管理

融资管理是指公司向外部相关单位或个人以及从公司内部筹措用于生产经营所需资金的财务活动。资金是从事跨国投资活动的基础，也是公司生存和发展的前提。由于跨国公司的经营范围跨越国界，其融资渠道和融资方式具有跨国属性，相较一般公司的融资活动更为复杂。跨国公司融资管理的重点在于确定合适的融资渠道和融资方式组合，以最小的融资成本实现最佳资本结构。

一、融资渠道

融资渠道,即公司取得资金的来源,主要可分为内源融资和外源融资两种模式。内源融资(内部融资)是指公司通过经营活动产生的自有资金转化为投资的过程;外源融资(外部融资)是指将其他经济实体提供的资金转化为公司投资的过程。一般而言,当内源融资无法满足发展需求时,公司才会转向外源融资。跨国公司由于在世界范围内从事生产和经营活动,资金需求规模较大,仅靠内源融资难以满足其对外扩张的需求,因此其外部资金来源渠道往往多种多样。具体而言,跨国公司主要有四个方面融资渠道:①跨国公司内部融资;②来自公司母国的资金;③来自东道国的资金;④国际资金来源。

(一)跨国公司内部融资

跨国公司内部融资具体包括跨国公司母公司内部、母公司与子公司之间、子公司与子公司之间相互提供资金。内部融资对公司资本的形成具有原始性、自主性、低成本性和抗风险性的特点,是企业生存与发展不可或缺的重要组成部分。跨国公司内部融资主要有四种方式:①公司自我积累;②母公司对子公司增资扩股;③公司内部贷款;④其他转移支付手段。

1. 公司自我积累。跨国公司可通过提高利润留成比例的方式自我积累。公司利润水平越高,内部资金越充裕,可用于投资的资金也就越多,但用于投资的具体额度取决于多重因素。一般讲来,公司总希望保留一定的利润,即使在赢利水平提高的情况下也尽量使股息上升水平低于赢利提高幅度,以增加公司内部积累,用于扩大投资和稳定股息水平。该情形必然以当地股票市场发达为前提。如果股票市场不发达,公司保留盈余增大就不可能灵敏地刺激股票价格上涨,结果以获得资本利得(股票买卖价格差)为目的的股东会与以获得股息为目的的股东一样,希望减少利润留成,而多派发股息和红利。保留盈余再投资,可减少这部分利润作为股息发放时而承担的所得税,也减少了对外发行新股的发行费用,因而资金成本较低。

跨国公司还可通过加速折旧的方式完成资金积累。折旧提成是内部资金的重要来源之一。大部分国家允许公司采取加速折旧的会计处理方式,公司也就乐于按法定最高折旧率提取折旧费,一方面加大成本,减少所得税支出,另一方面尽早抽回物化在固定资产上的资本。

2. 母公司对子公司增资扩股。子公司设立之时需要母公司提供一定的注册资本和初始运营资本,在后续运营的过程中也可能需要母公司进一步提供资金:一种情况是子公司规模扩大,需要增资;另一种情况是扩大母公司在子公司的自由资本比重,以增加母公司的控制权和降低债务产权比率。母公司对子公司的后续投资,主要来源是将未分配的利润投资入股和折旧基金,可以在母国资本市场上发行债券,也可以到国际金融市场借款,或者由其他子公司调拨资金。

3. 公司内部贷款。内部贷款包括母公司与子公司之间的借贷,以及子公司之间的相互借贷。跨国公司的内部借贷往往涉及资金的跨境转移,如果母国和东道国对资金跨境转移不加限制,母公司可直接贷款给子公司。现实中,由于母国和东道国往往存在一定的资本管制措施,跨国公司不得不通过迂回的贷款方式,绕过外汇管制以实现内部借贷。迂回贷款方式主要包括平行贷款(parallel loan)和背对背贷款(back-to-back loan)两种。

(1)平行贷款。平行贷款又称互贷协议,20 世纪 70 年代首先在英国出现,指在不同国家的两个母公司分别在国内向对方公司在本国境内的子公司提供金额相当的本币贷款,并承诺在指定到期日,各自归还所借货币。

平行贷款涉及两个国家(假设分别为英国和美国)和四个公司实体:总部位于英国的母公司 A 及其位于美国的子公司 a,总部位于美国的母公司 B 及其位于英国的子公司 b。现假设 b 子公司需要英镑资金,a 子公司需要美元资金,可由两家母公司 A 与 B 之间达成一致,分别向对方的子公司提供英镑和美元贷款,到期后由子公司 a 和 b 分别向对方母公司还本付息,如图 7-2 所示。

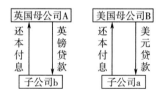

图 7-2　平行贷款流程

平行贷款既可以满足双方子公司的融资需要,又可以逃避外汇管制,因此深受欢迎。但平行贷款存在信用风险问题,这是因为平行贷款包含两个独立的贷款协议,它们分别具有法律效应,其权利义务不相联系,当一方出现违约时,另一方仍不能解除履约义务。我国现行外汇管理政策禁止在国内从事平行贷款业务。

(2)背对背贷款。背对背贷款是为了解决平行贷款中的信用风险而诞生的一种产品。它是指两个国家的母公司相互直接贷款,贷款币种不同但币值相等,贷款到期日相同,各自支付利息,到期各自偿还原借款货币。

如图 7-3 所示,在背对背贷款中,尽管有两笔贷款,却是由母公司 A 和母公司 B 直接签订一个贷款协议。当一方出现违约时,另一方有权解除履约义务,这大大降低了协议中的信用风险问题。

图 7-3　背对背贷款流程

4. 其他转移支付手段。跨国公司内部各关联公司之间还可通过支付管理费、授权费、咨询费等名目转移资金,以达到为子公司融资的目的。这些费用通常没有明确的外部市场作为参考,跨国公司可根据实际融资需求调整费用的支付标准,具有较大的灵活性。各国监管机构也认为跨国公司内部各关联公司支付此类名目的费用往往有掩盖实有利润、逃避税收和转移资金的嫌疑,因而对这类费用的支付实施较严格的限制和监控措施(跨国公司和转移支付的详细介绍见本书第五章——跨国公司内部贸易与转移价格)。

(二)跨国公司母国融资

跨国公司利用其与母国经济发展的密切联系,从母国银行、非银行金融机构、有关政府组织、企业甚至个人处获取资金。母国的资金来源主要有三种途径:①母国金融机构,如银行贷款、信托贷款、金融租赁等。这是跨国公司从外部获取资金最重要的途径之一。特别是一些跨国银行,由于同其母国的跨国公司存在密切联系,因此它们常以支持这些公司的业务活动作为它们的战略目标。②母国资本市场。通过在母国资本市场发行股票或者债券,这是一种传统的融资手段。③母国有关政府机构或经济组织。如从母国的政策性银行获得鼓励对外投资和对外贸易的专项资金等。这种融资渠道会随着贸易保护主义的扩张而逐渐增大。

(三)跨国公司东道国融资

对于需要在东道国进行大规模扩张的跨国公司而言,来自东道国的融资也是重要的资金补充来源。与母国融资渠道类似,跨国公司在东道国融通资金,可以通过金融机构贷款或在证券市场发行债券等途径,但由于各国的经济状况与环境条件不同,跨国公司利用东道国资金的渠道会因国别而异。在发达国家和地区,资本市场往往比较成熟,资本相对充裕,跨国公司通常会选择在资本市场进行融资。如美国和加拿大的证券市场比较完善,因而是当地跨国公司最主要的融资渠道;英国和德国的金融业历史悠久,发展成熟,因而银行成为提供资金的主要机构。在发展中国家或地区,由于经济相对落后,证券业起步较晚,资金渠道发展不健全,跨国公司通过资本和证券市场融通的资金十分有限,主要依赖银行提供资金,且银行提供的大多为中短期贷款。

(四)跨国公司国际资金来源

当来源于公司内部的资金以及来自母国和东道国的资金无法满足融资需求时,跨国公司可以通过国际资本市场融资或者向国际金融机构融资。

1. 国际资本市场。采用这种融资方式的对象主要是一些信用较高的大型跨国公司或国际财团。这些跨国公司以自身良好的信誉作为担保,在国际股票市场发行股票,或在国际债券市场发行中长期债券。此外,跨国公司还可以在国际租赁市场进行融资租赁。

2. 国际金融机构。国际金融机构是指由多个国家共同出资建立并共同管理的多边金融机构,旨在帮助会员国开发资源、发展经济和平衡国际收支。其发放贷款的对象主要包括各成员国的财政和金融当局,以及成员国特别是发展中国家的私人企业。国际金融机构贷款的特点是:①条件优惠。国际金融机构不以营利为目的,贷款利率一般较低,贷款期限也比较长。②审查严格。为保证资金被用于指定用途,国际金融机构的贷款手续繁多,从申请到获得贷款往往需要很长的时间。

根据国际金融机构的业务分布范围,可将其分为全球性国际金融机构和地区性国际金融机构。目前,面向企业提供贷款的全球性金融机构主要有世界银行(World Bank)及其下属国际金融公司(IFC)、国际开发协会(IDA)等。地区性金融机构主要包括亚洲基础设施投资银行(AIIB)、亚洲开发银行(ADB)、欧洲投资银行(EIB)、非洲开发银行(AfDB)以及泛美开发银行(IDB)等。

二、融资方式

融资方式,即跨国公司取得资金的具体形式。通过不同方式取得的资本,在使用期限上也存在较大差异。根据资本使用期限的差别,我们将融资方式分为长期融资和短期融资两种。

(一)长期融资

长期融资一般指可供公司长期(一般1年以上)使用的资本。长期资本主要用于跨国公司的海外市场扩张、新产品研发、生产规模扩大、设备更新与改造等。这类资本回收周期较长,获取难度较高,对跨国公司的生产经营活动存在重大影响。其具体形式包括:股权融资、债券融资、长期借款、出口信贷、国际融资租赁以及变卖公司资产等。

1. 股权融资,即通过在资本市场上发行股票筹资。股票是拥有公司股份(公司部分所有权)的书面凭证,是有价证券的一种基本形式。股票具体又分为普通股和优先股两种形式。

(1)普通股,是股票最普通的一种形式,其股本是构成股份公司资金的基础部分,股息随公司利润的变动而相应变化。

普通股融资的优点:①没有固定的到期日,属于永久资本,无须还本;②股息分配情况视公司的盈利状况决定,无固定股息率;③有助于优化跨国公司的资本结构(资产负债率),增强了公司国际信誉度,为公司进一步融资提供了强有力的支持;④较优先股、债券融资限制少。

普通股融资的缺点:①发行普通股容易影响公司控制权,对小公司不利;②发行新股会稀释每股权益,导致股价下跌;③国际普通股发行成本高昂;④股利在缴纳所得税后支付,相比债券融资无法减轻公司税负。

(2)优先股。相对于普通股而言,优先股是介于普通股融资和债券融资之间的一种融资方式。其股息率固定不变,股东可优先领取股息;在公司破产清算时,优先股股东相比普通股股东可优先分配公司剩余财产。但优先股股东在公司股东大会上通常不享有选举权和被选举权,对跨国公司的重大经营决策亦无投票权,只有在涉及优先股相关的问题上才有表决权。对跨国公司而言,通过发行优先股融资的优缺点与普通股类似,仅在股息分配、公司控制权方面存在一定差别。

2. 债券融资,即通过在债券市场上发行公司债券筹资。公司债券是公司按照法定程序约定在一定期限内按票面额还本付息的一种有价证券。跨国公司可通过发行国内债券和国际债券进行长期融资。

国际债券分为外国债券和欧洲债券。外国债券指借款者(一国政府、金融机构、公司等)在某一外国债券市场发行的、以该发行地国家的货币计价的债券。借款者在一国发行外国债券时,一般以该国最具特征的吉祥物或者最具代表性的形象命名,如在美国债券市场上发行的外国债券被称为扬基债券(yankee bonds),在中国债券市场上发行的外国债券被称为熊猫债券(panda bonds),在英国债券市场上发行的外国债券被称为猛犬债券(bulldog bond),在日本债券市场上发行的外国债券被称为武士债券(samurai bond)等。

欧洲债券指借款者(一国政府、金融机构、公司等)在外国(一国或几国)的债券市场上发行的、以第三国的货币计价的债券。其发行人、发行地以及计价货币分别属于三个不同的国家。如中国的跨国公司在英国债券市场上发行以美元为面值的债券即为欧洲债券。欧洲债券的发行地并非局限于地理概念上的欧洲范围,其计价货币可为美元、欧元、人民币、英镑、日元等。

债券融资的优点：①债券的利息允许在所得税前支付，公司可享受税收上的利益，因而融资成本较低；②偿还方式灵活，可提前偿还，也可通过发行新债延期偿还；③债券持有者无权参与公司的经营决策，公司的控制权不会被削弱。

债券融资的缺点：①到期日需还本付息，容易引发财务风险；②利率一般比同期贷款利率高；③债券融资将增加公司的财务杠杆，不利于公司日后进一步融资；④债券融资较股权融资、长期借款的限制条件多且更为严格，从而限制了公司对资金的使用。

表7-3为股权融资与债券融资的对比情况。

表7-3　　　　　　　　　　普通股、优先股和债券融资对比

融资形式	普通股	优先股	债券
属性	权益融资	权益/债务融资	债券融资
清偿顺序	次于债券和优先股	先于普通股，次于债券	优于优先股和普通股
投资者权利	公司法规定的股东权利	正常情况下无表决权	募集说明书约定的权利
融资期限	一般无期限	无期限或者期限较长	约定期限
收益支付	股息不固定，不还本	定期分配股息	定期还本付息
收益来源	税后利润	税后利润	息税前利润

3. 长期借款。长期借款是指公司从银行或其他金融机构借入的期限较长的信贷资金。跨国公司除了向母国和东道国的金融机构借款外，还可以在国际信贷市场上筹资。

跨国公司通常从以下几个渠道获取国际信贷资金：①银团贷款，即多家银行与非银行金融机构参加而组成的银行集团向同一借款人提供融资的贷款方式。银团贷款的服务对象为有巨额资金需求的大中型企业、企业集团和国家重点建设项目。这些融资方寻求的融资金额太大，任何单一银行都无法单独承受该融资方违约产生的风险，必须通过组团的方式分散风险。②世界银行会员国政府担保贷款，指由世界银行（主要是国际复兴开发银行和国际开发协会）提供给发展中国家由政府担保的公私机构的优惠贷款。

4. 出口信贷。出口信贷指出口国官方金融机构或商业银行，在国家提供的信贷担保和利息补贴等优惠条件的鼓励下，向本国的出口公司提供贷款，以解决本国出口公司资金周转的困难；或者向外国的进口公司及进口公司所在国的银行提供贷款，以满足其支付货款的需求。其中，向本国出口方发放贷款被称为卖方信贷，向外国进口方发放贷款被称为买方信贷（见图7-4）。政府通常在给予卖方信贷的同时还提供信贷保险,这一般都是通过进出口银行来实现的,进出口银行向本国出口商提供较低利率的融资以提高其外贸中的竞争力。此外,中长期买方信贷还包括"福费廷"(forfaiting)。

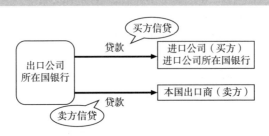

图7-4　买方信贷与卖方信贷

当前出口信贷的发展有以下几个明显趋势:

(1)从卖方信贷向买方信贷转变。

(2)吸引私人资本的促进作用日益加强。只有当私人资本不能提供所需资金时,进出口银行才会提供融资。进出口银行是私人资本的补充,并不与其竞争。

(3)贷出的款项必须有合理的还款保证,并且能对国家的经济与社会福利产生有利的影响。同时,东道国政府必须知晓而且不反对该项目。

(4)进出口银行在授权贷款和其他融资援助的同时,有义务考虑对本国经济或国际收支平衡带来的负面影响,并根据风险的大小收取担保费和保险费。

5. 国际融资租赁。国际融资租赁又称设备租赁,指按租约规定,由租赁公司(出租人)负责购置设备并保持对设备的所有权,跨国公司(承租人)分期向出租人支付一定的租赁费,从而取得一定期限内的租赁设备的使用权。跨国公司利用国际融资租赁方式扩大再生产,有利于资金周转,并可保证生产设备的先进性,减少设备自购带来的风险,降低公司经营成本,提高经营效益。近年来国际融资租赁发展迅速,已成为跨国公司扩大再生产的一种重要方式,并衍生出多种形式,在这里主要介绍直接融资租赁和出售回租两种形式。

(1)直接融资租赁,指租赁公司(出租人)用自有资金、银行贷款等方式,在国际或国内金融市场上筹集资金,向设备制造厂家购进跨国公司(承租人)所需设备,然后再租给跨国公司。跨国公司定期向租赁公司支付一定的租金,用以归还银行贷款。在此过程中,租赁公司实际出资仅为设备总价格的20%~40%,便获得了设备的所有权,使资金杠杆放大了3~5倍。其流程如图7-5所示。

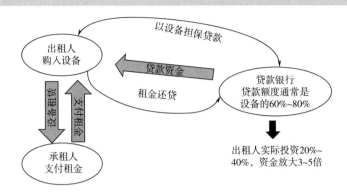

图 7-5　直接融资租赁流程示意

（2）出售回租，指设备的所有者先将设备按市场价格卖给出租人，然后又以租赁的方式租回原来设备的一种方式。在此过程中，承租人与供货人是一体的，租赁设备不是由租赁公司外购，而是承租人在租赁合同签约前已经购买并正在使用的设备。通过出售回租，跨国公司作为设备的原有人，可在一定时间内继续保持对设备使用权的前提下获得一笔资金。

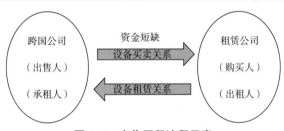

图 7-6　出售回租流程示意

6. 变卖资产。当跨国公司融资遇阻，通过其他外部融资渠道难以获得融资时，还可考虑通过将公司的某一部门或部分资产出售的方式筹集生产经营所需资金。通过变卖多余或低效资产，公司不仅可快速获取急需的资金，还可以优化公司结构、聚焦公司核心业务、提高专业化程度。但变卖的资产往往会折价出售。

（二）短期融资

短期融资一般指使用期限在 1 年以内的资金,主要用于满足跨国公司日常生产经营过程中资金流转的需求。短期融资的方式主要包括:短期借款、商业信贷、商业票据、递延所得税等。

1. 短期借款,指跨国公司向银行或者其他金融机构借入的、偿还期在 1 年以内的各种借款,包括经营周转借款、临时借款、结算借款、预购定金借款和专项储备借款、透支和票据贴现等。

2. 商业信贷,即公司的应付账款。当跨国公司通过赊购方式向其他商业机构购买商品或服务时,可暂缓货币支出,从而取得临时占用一部分资金的权利,这部分便构成了公司的应付账款。当公司的应付账款增加,临时占用的资金也就得到了增加。

3. 商业票据,一般指由大公司发行的无担保短期票据,通常折价出售给机构投资者和其他公司。商业票据无担保,因此其市场主要以信誉卓越的大型公司为主导,利率也高于同期银行存款利率。

4. 递延所得税。当公司会计认定的所得税费用与按照税务口径认定的应交税费金额不一致时,两者之间的差额即为递延所得税。这种暂时性的差异最常见的是会计上的折旧与税法上折旧的差异。当会计上认定的缴税金额大于税务口径认定的缴税金额时,递延所得税出现在负债方(递延所得税负债),即公司将推迟缴纳部分所得税。递延所得税负债可以看作公司的一种变相融资,因"递延"而产生的时间差异节约了当期的资金流出,反映"现在的资金比未来的资金更值钱"这一货币的时间价值。递延所得税负债和其他短期流动负债一样,都是企业的一种短期融资方式。

第三节　现金管理

跨国公司现金管理的对象是其现金流量。现金流量主要产生于两个方面:一是垫付产品或服务的生产与销售中的人工、材料、部件等项目支出,这些支出发生(流出)至销售款收回之间存在一个时滞,需占用流动资本;二是用来防范不确定性开销、日常支出或用于更好的资金利用机会。为了既满足公司对现金支出的需要,又不致形成资金闲置,公司需要将部分现金转存为能够随时变现的有息短期资产(准现金)。维持现金和准现金之间的最佳配比就是现金流量管理。

一、设立资金总库

所谓公司资金总库就是跨国公司根据内部交易频繁、内外交易量大、单位资金收支状况不一的特点,选择资金调度便利、限制较少的国家建立的资金汇聚分配中心。

(一)运行机制

资金总库的运行机制是:其所辖地域范围内的各子公司都在总库设立总库存款账户;这些子公司除保留在东道国从事日常生产经营所需的最低余额外,将所余的现金全部交存资金总库,子公司之间的交易款项由总库进行冲销结账;总库拥有优秀的财务专家和大量的信息情报,能根据各国利率、汇率的变化和各子公司的需要,对流动资金进行有效的统一调度和运用。以资金总库为中心、各子公司为节点、资金存付为纽带所构成的网络就是资金聚配(pooling)系统。

(二)设立优势

设立资金总库的优势在于:

第一,调剂各子公司之间的资金余缺。

第二,促成资金的有效供应和运用。当总库资金出现净余额时,就可将多余头寸用于短期投资,以提高资金效益;当总库出现赤字时,可请求公司总部融资或自行集中筹资,满足各子公司的资金需要。

第三,减少资金闲置,压缩存款总规模。

第四,作为以上三方面的逻辑结果,设立资金总库有利于降低公司内部资金成本,并且由总库安排现金存款的币种,减少公司的外汇风险。

(三)设立地点

设立资金总库的地点多是国际金融中心所在地或"避税港",如伦敦、纽约、苏黎世、布鲁塞尔、列支敦士登、卢森堡、巴哈马群岛、百慕大和巴拿马等地,因为这些地方政治经济稳定,有自由外汇市场,资本流动不受限制,金融体系发达,国际通信设施完备。

二、净额结算

净额结算(netting)又称多货币票据交换(multicurrency clearing),指跨国公司通过总体协调安排,把两家或多家子公司之间的债权债务或应收应付款项进行冲销,最后只对所剩的净头寸进行实际交割。

净额结算的优点:由于实际资金转移额和实际支付笔数的剧减,可大大降低资金周转费用(如银行手续费、外汇市场的买卖价差和资金转移过程中的机会成本),并减少流动资金需要量。

净额结算必须有一个集中控制点,它能收集和记录每一段时间内各参与子公司内部交易账户的详细信息,用多边净额结算矩阵确定各子公司的净收支头寸,其金额一律换算成统一货币单位,而为了简便和减少货币变化对转移金额的影响,换算汇率通常选取结算周的汇率。净额结算时间通常为每月一次。为了降低每次结转金额,避免修改计划现金流量,可适当增加结算次数。

需要指出的是,在启用净额结算系统之前,跨国公司需了解有关国家是否对净额结算有限制。有些国家禁止净额结算,有些要求从当地金融当局取得许可,或者是向金融当局报告净额结算的金额、交易币种、对方交易单位。

三、再开票中心

为了便于组织净额结算,以及把利润转移到低税地或免税地,许多跨国公司在避税港设立了再开票中心。该中心是跨国公司的一个财务子公司,通常不与所在国市场发生交易,只在各子公司之间进行商品贸易时扮演转账的角色。

设立再开票中心的优点:①将有关子公司的部分利润转移至低税国家,从而增加跨国公司总体税后利润;②为公司内净额结算提供便利;③再开票中心通过集中交易,可以迅速发现需要现金支持的子公司,并以提前或延迟的方法为该子公司融通资金。

四、短期投资组合管理

跨国公司总部一旦确定了各子公司当期和未来的现金需要,就需进一步确定其全球短期投资政策。跨国公司的短期投资政策互不相同,原因在于其短期投资管理哲学不同。跨国公司有以下三种可能选择。

(一)不投资

跨国公司各子公司将剩余资金全部汇交母公司,母公司用这些资金偿还自己的短期债务。母公司和各子公司持有现金结存仅仅是为了交易的目的,而不是为了投资和防范不确定性。

(二)集中投资

公司总部集中全部现金,海外子公司只保留最低额度的现金,剩余资金投资于国内证券。无外汇管制时,此政策可行,但如果国外证券收益高于国内风险程度和流动特征相当的证券的收益,执行此政策的机会成本相当高。

(三)灵活投资

这种管理哲学思想适合于追求全球利润最大化的跨国公司,它克服了以上两种思想的局限,证券市场的选择以投资收益率高低为标准,而不论市场是在母国还是在海外子公司的东道国。

第四节　外汇风险管理

外汇风险,也称汇率风险,指国际债券约定以外币支付时,因汇率变动给公司持有的以外币计价的资产、负债、收入和支出带来的不确定性。这种不确定性既可以给公司带来收益,也可使公司发生损失。理解外汇风险时,应该明确两个问题:首先,外汇风险的对象不是公司持有的全部外币资产和负债,而只是其中一部分,称为"受险部分""外汇敞口""风险头寸";其次,外汇风险的构成要素为外币、时间和汇率变动,三者缺一不可。根据外汇风险的作用对象和表现形式,可将外汇风险分为交易风险、经济风险、折算风险三类。

一、交易风险及防范策略

(一) 交易风险的计量

交易风险(transaction exposure)指汇率变动对公司已发生但尚未结算的外币债权、债务价值产生影响,从而导致公司未来收入或支出的现金价值发生改变的风险。

交易风险通常包括以下几个方面:①已结交易风险。即以信用为基础延期付款的已结外币应收应付账款,因交易发生至实际结算期间的汇率发生了变化而引起的风险。②以外币计价的借贷款项在到期时,由于汇率可能发生变化而带来的风险。③待履行的远期外汇合同的一方,在合同到期时由于外汇汇率的变化而可能发生的风险。

相对于一般涉外企业,跨国公司的交易具有数额巨大、外币种类多的特点。除母公司外,跨国公司在海外都设有子公司,母子公司相互之间存在大量经常性支出,当出现汇率变动时,对某种货币的交易风险在公司内部表现为双向性——某些子公司或母公司因汇率变动受益,其他子公司则出现汇兑损失。因此,需要从公司整体角度出发,综合考虑跨国公司各个子公司以及母公司的风险。交易风险的计算步骤如下:

1. 将母公司及各子公司的外币现金流合并,预计各种外币的净现金流头寸。

2. 确定各种外币预期汇率波动范围及百分比。

3. 计算在预期的汇率变动范围内,各外币头寸引起的本币价值变化。

4. 分析各种外币汇率的相关性。

5. 综合分析公司总体交易风险,确定是否套期保值。

举例来讲,中国某跨国公司共有 A、B、C 三个子公司,各子公司的外币情况如表 7-4 所示,各种外币预期的汇率变化如表 7-5 所示,根据历史上汇率统计的结果分析,美元和加元的汇率变化比较独立,但欧元和瑞士法郎的汇率变化存在较高的正相关关系。

表 7-4　　　　　　　　资金流入流出量

币种	美元		加元		欧元		瑞士法郎	
方向	流入	流出	流入	流出	流入	流出	流入	流出
A 公司	2 000	1 000	2 000	700	3 000	5 000	1 000	500
B 公司	3 000	1 000	1 500	0	1 000	3 000	2 000	300
C 公司	1 000	2 000	5 00	300	1 500	2 000	500	300

表 7-5　　　　　　　　各币种预期汇率波动范围

币　种	预期汇率波动范围
美元	6.52 ~ 6.64
加元	5.12 ~ 5.16
欧元	7.50 ~ 7.59
瑞士法郎	6.80 ~ 6.99

首先,将子公司的外币现金流合并,四种外币的净现金流头寸如表 7-6 所示。

表 7-6　　　　　　　　外币的净现金流头寸

币种	流入总量	流出总量	净流量
美元	6 000	4 000	2 000
加元	4 000	1 000	3 000
欧元	5 500	10 000	− 4 500
瑞士法郎	3 500	1 100	2 400

随后,根据预期汇率波动范围,计算各外币头寸引起的本币变动金额,如表

7-7 所示。

表 7-7　　　　　　　　　　汇率波动下本币变动金额

币种	净流量	汇率波动范围	人民币变化范围	变动金额
美元	2 000	6.52~6.64	13 040~13 280	240
加元	3 000	5.12~5.16	15 360~15 480	120
欧元	-4 500	7.50~7.59	33 750~34 155	450
瑞士法郎	2 400	6.80~6.99	16 320~16 776	456

最后,综合分析四种外币汇率的相关性,确定是否套期保值。其中,美元与加元的汇率变化比较独立,应分别套期保值。欧元与瑞士法郎的汇率变化相关性较高,欧元头寸为净流出,瑞士法郎头寸为净流入,二者变动金额相当,且变动方向相反,流入与流出相抵,因此无须套期保值。

(二)交易风险的防范策略

1. 选择有利的计价货币。跨国公司出口收汇应争取使用汇率处于升值趋势的强货币,进口付汇或进行外币借款时,应争取使用容易贬值的弱货币。

2. 在合同中订立货币保值条款。即在签订合同时增加相应的保值条款,如果汇率发生变动,在结算时根据汇率变动情况对结算价格进行相应的调整。例如:某公司对 A 国出口一批商品,合同规定货款用 A 国货币结算,用美元保值。如果 A 国货币兑美元的汇率上下浮动超过 3% 时,就按照 A 国货币对美元的汇率变化幅度相应调整货款价格;浮动不到 3% 时,价格不变。

3. 适当调整商品价格。加价保值法(针对出口商):当商品出口交易以弱货币计价时,出口商将汇率损失加入出口商品的价格中,以转嫁汇率风险。压价保值法(针对进口商):当商品进口交易以强货币计价时,进口商将汇率损失从进口商品价格中剔除,以转嫁汇率风险。

4. 提前或延期结汇。即通过由弱币到强币国家的加速支付或通过由强币到弱币国家的推迟支付,使公司减少在弱币国家的风险暴露时间。

5. 远期合约套期保值。远期合约是交易双方约定在未来的某一确定时间,以确定的价格买卖一定数量的某种金融资产的合约。跨国公司与银行或其他金融机构签订合同,规定买入卖出货币的名称、金额、远期汇率,交割日期等,可及早确定公司收支的数额,排除日后汇率变动风险。

6. 外汇期货交易套期保值。外汇期货指在期货交易场所内,双方通过公开竞价达成在将来规定的日期、地点、价格,买进或卖出规定数量外汇的合约交易。期货交易场所可以是交易所,也可以是清算中心。国际上期货交易设计的货币通常是硬货币。

7. 外汇期权交易套期保值。外汇期权交易是指双方按照协定的汇率,就将来是否购买/出售某种货币的选择权,预先签订一个合约。买入期权者在支付一定数额的期权费后,享有在将来特定的时间按照约定汇率买入或卖出约定数额货币的权利;期权卖出者收取期权费,并有义务在买方要求行权时满足其买入或卖出该种外汇资产的需求。期权买入者享有权利,无须缴纳保证金,不会被平仓;卖出者负有义务,需要缴纳保证金,可能被平仓。

期权按照执行时间可分为欧式期权与美式期权,区别在于:美式期权合同在到期日前的任何时候或在到期日都可以执行合同,欧式期权合同只能在到期日履行合同。因此,在其他条件相同的情况下,美式期权比欧式期权略贵。

表7-8是外汇交易中三种方式的对比分析。

表 7-8   **外汇远期、期货和期权对比**

	远期	期货	期权
合约形式	非标准化合约	标准化合约	标准化合约
交割方式	90%以上的合约是实际交割	实际交割数量少,绝大多数合约通过对冲抵消	看情况决定是否行权
交割日期	无固定的交割日期	合约日期固定	分欧式期权和美式期权
信用风险	双方之间直接交割,存在信用风险	通过清算机构清算,不存在信用风险	卖出者认股/备兑期权,存在信用风险
保证金	不用保证金	需要缴纳5%~10%保证金	需要缴纳保证金
交易场所	场外市场	场内市场,交易所	场内市场,交易所
流动性	不可流通转让	可流通转让	可流通转让

举例来讲,某中国公司预计3个月后有2 000万美元的应收账款。为避免外汇风险,该公司购买了3个月的美元卖出期权,行权价为1美元=6.675元人民币,期权费为每美元0.03元人民币。①如果3个月到期时,即期汇率为1美元=6.65元人民币,是否执行期权?②如果即期汇率为1美元=6.67元人民币,是否执行期权?③如果即期汇率为1美元=6.71元人民币,是否执行期权?

在以上三种即期汇率的情境下,行权与不行权的收入金额如表7-9所示。

因此,情境①和情境②应当行权,情境③不应当行权。

表 7-9　　　　　　　　不同即期汇率情境下收入金额

情境	三个月后即期汇率	单位期权费	单位行权价	单位收入	总收入
行权	6.65	0.03 元	6.675 元	6.645 元	13 290 万元
不行权		0.03 元		6.62 元	13 240 万元
行权	6.67	0.03 元	6.675 元	6.645 元	13 290 万元
不行权		0.03 元		6.64 元	13 280 万元
行权	6.71	0.03 元	6.675 元	6.645 元	13 290 万元
不行权		0.03 元		6.68 元	13 360 万元

8. 货币市场借款和投资,指用货币市场头寸抵补未来外币应收账款或应付账款头寸。当应收账款为外币时,借入外币,并兑换成本币进行投资,到期时,公司用收回的外币归还外汇借款。当公司存在外汇债务时,借入本币,并兑换成外币进行投资,到期时,用投资获得的外币支付外汇债务。

举例来讲,某跨国公司 3 个月后有 2 000 万美元的外币应收账款,现在即期市场汇率为 1 美元 = 6.61 元人民币。已知美元 3 个月借款利率为 1.5%,人民币 3 个月定期存款利率为 1.3%。如果采用货币市场套期保值,现在应借入多少美元? 相当于 3 个月后收到多少人民币?

该公司的风险头寸为外币应收账款,应从货币市场借入美元并兑换成人民币进行投资,在 3 个月后用收回的 2 000 万美元外汇归还货币市场的美元借款。若想完全规避交易风险,3 个月后在货币市场归还的美元借款应与 3 个月后收回的美元数目完全相等。因此,当前需要借入的美元本金为:

$$2000 \div (1+1.5\%) = 1\ 970.44(万美元)$$

当前从货币市场借入的 1 970.44 万美元将被兑换成人民币进行投资,3 个月后可产生的人民币收入为:

$$1970.44 \times 6.61 \times (1+1.3\%) = 13\ 193.93(万人民币)$$

另外一个案例,某跨国公司 3 个月后有 2 000 万美元的外汇支出,现在即期市场汇率为 1 美元 = 6.61 元人民币。已知人民币 3 个月借款利率为 1.5%,美元 3 个月定期存款利率为 1.3%。如果采用货币市场套期保值,现在应借入多少人民币? 相当于 3 个月后支出多少人民币?

该公司的风险头寸为外币应付账款,应从货币市场借入人民币并兑换成美元进行投资,并在 3 个月后用投资获得的美元收入支付 2 000 万美元的应付账款。若想完全规避交易风险,3 个月后投资获得的美元收入应与

3 个月后应付的美元账款数目完全相等。因此,当前需要兑换的美元本金为:

$$2\,000\div(1+1.3\%)=1\,974.33(万美元)$$

为兑换 1 974.33 万美元,当前需要从货币市场借入的人民币为:

$$1\,974.33\times6.61=13\,050.32(万人民币)$$

3 个月后,人民币借款到期,需要支出的人民币为:

$$13\,050.32\times(1+1.5\%)=13\,246.08(万人民币)$$

二、经济风险及防范策略

(一)经济风险的计量

经济风险(economic exposure)指汇率变动对跨国公司的收入、成本、费用等产生影响,从而导致公司未来业绩发生改变的风险。与交易风险不同,经济风险的影响是全局性的、长期的,它不仅影响公司本身的生产成本和销售价格,还将对整个市场长期的供给与需求带来冲击。例如,本国的货币贬值可能使得当前公司以外币计价的货物出口价格下降,从而刺激出口;也可能使得未来公司以本币计价的进口原材料成本上升,从而减少供给。因此,经济风险的测量存在较大的主观性和不确定性,一般难以精确测量。管理者应从公司整体的角度出发,对财务、生产、销售、市场等业务进行动态规划和分析,以预测经济风险对公司经营的长期影响。

(二)经济风险的防范策略

管理者可通过对受汇率影响严重的公司业务流程进行经营重构,平衡业务流程中各项目汇率变化的敏感性,从而降低公司整体的经济风险。公司经营重构方式取决于风险的形式。如果公司未来的收入比未来的成本/费用对汇率的变动更具敏感性,可通过减少国外销售以降低汇率变动对公司收入的影响;或通过增加公司的外国物料进口和外币借入,以提高成本/费用对汇率的敏感性,进行风险对冲。如果公司未来的成本/费用比未来的收入对汇率的变动更具敏感性,可通过减少国外物料进口和减少外币借入,以降低汇率变动对公司成本/费用的影响;或通过增加公司的国外销售,以提高收入对汇率的敏感性,进行风险对冲。如表 7-10 所示。

表 7-10　　　　　　　　应对汇率波动的防范策略

经营类型	汇率对收入影响更大	汇率对成本/费用影响更大
外币销售	减少国外销售	增加国外销售

续表

经营类型	汇率对收入影响更大	汇率对成本/费用影响更大
国外物料进口	增加外国物料进口	减少国外物料进口
外币债务	增加外币的借入	减少外币的借入

三、折算风险及防范策略

(一)折算风险的计量

折算风险(translation exposure)又称会计风险,指跨国公司的母公司或总公司在编制合并报表时,某些以外币为记账单位的资金项目在折算成本币时会因采用的折算汇率变化而发生变化。这种由于折算导致的公司财务报表账面价值增加或减少的风险,就是折算风险。它是一种账面损益,只影响公司会计账簿的报告结果,并不是跨国公司的实际损益。其主要影响因素包括:①跨国公司的国外经营程度;②国外子公司所在地;③货币之间的相关性;④公司采用的会计方法。

尽管折算风险不是跨国公司的实际损益,但仍有可能对跨国公司的经营产生较大影响。例如,会计信息的失真会有损公司形象,造成公司融资困难,加大公司的经营成本,甚至有可能被税务机关追究法律责任。母公司根据失真的会计信息难以正确地指导和评估各国外子公司的经营状况,无法保证决策的科学性。因此,跨国公司有必要选择合适的会计处理准则,加强对折算风险的管理。当前采用的折算方法主要包括以下四种:现行汇率法、流动性和非流动性项目法、货币性与非货币性项目法、时态法。

1. 现行汇率法,指外币资产负债表和利润表所列的全部项目,均按现行汇率即资产负债表编制日的即期汇率折算。这种方法是将子公司视为一个独立的实体,而非母公司的一个运营机构。这种方法虽然最为简便易行,却不符合历史成本原则。例如,6个月前收到的外币收入,其价值可能与折算当日的价值大相径庭。此外,现行汇率法假设所有的外币资产都受汇率变动的影响,这显然与实际情况不符。

2. 流动性和非流动项目法,指根据流动性差异,将外币资产负债表中的项目分为流动性项目和非流动性项目两大类,其中流动资产和流动负债项目按现行汇率折算,非流动资产和非流动负债项目及实收资本等项目按交易发生日的历史汇率折算。利润表上折旧与摊销费用按相应资产取得时的历史汇率折算,其他收入和费用项目按报告期的平均汇率或编制日的即期汇率折算。该方法对流动资产和流动负债都采用现行汇率折算,有利于对子公司营运资金进行核算分析;但针对流动性项目与非流动性项目的分类存在一定的主观性,且对非流动性项目采用历史汇率折算掩盖了它们受汇率变动的影响。

3. 货币性与非货币性项目法,指根据项目属性,将外币资产负债表中的项目分为货币性项目和非货币性项目两大类,其中货币性资产和负债按现行汇率折算,非货币性资产和负债按交易发生日的历史汇率折算。货币性项目包括现金、应收账款、应付账款、长期负债等,非货币性项目包括存货、固定资产、短期投资和长期投资等。该方法体现了货币性项目承受更多汇率风险这一事实,但未能充分考虑项目流动性差异对汇率风险的影响。

4. 时态法,指外币资产负债表中所有以过去价值计量的项目,均按历史汇率折算,而报表中以现在价值计量的项目,均采用现行汇率折算。时态法和货币性与非货币性项目法绝大部分内容相同,不同之处主要在于存货、固定资产等非货币性资产的计价时间处理上。该方法能较为真实地反映母公司所享有子公司权益的价值,更好地达到合并会计报表编制的目的。但这一方法也存在缺陷:由于一个国外子公司的各种资产可能是在不同时间获得的,而汇率很少会长期保持稳定,把外国资产换算成跨国公司母国货币时,将会使用各种不同的汇率,可能导致跨国公司的资产负债表不平衡。

(二)折算风险的防范策略

1. 资产负债平衡法。此方法的核心是将资产负债表上有风险的资产和有风险的负债进行平衡,使受险资产与受险负债数额相等,风险可相互抵消。因此,当风险资产数额大于风险负债数额时,应减少风险资产或增加风险负债;反之,应增加风险资产或减少风险负债。

2. 其他套期保值方法。跨国公司还可以根据风险敞口大小,使用相应的远期、期货或期权合约规避折算风险。相比期货、期权等标准化的合约,交易数额不一定是风险敞口的数额,因此使用远期合约会更有针对性。此外,还可以使用货币市场借款和投资、提前或延期结汇、调整商品价格等方式规避折算风险。

案例专栏

华为的责任中心制

一、基本案情

经过 30 年的发展,华为已经成为一个体量庞大的公司,复合增长率达到了 50%,远超股神巴菲特的投资收益率。除了战略制定的正确,如何保证每次战略制定后的战略目标能够达成,这非常考验华为管理者战略执行的能力。

2011年,华为在IBM顾问的指导下对组织做了责任中心的设计,通过匹配公司的管理体系、组织架构和责任现状,明确了每个预算单元的责任中心类型和关键的财务指标,同时构建了责任中心的建设流程。

为什么需要责任制经营?如果一个公司只有几十号人,每个人老板都认识,是不需要责任制经营的。只要每个人把自己的事情都干好就行了,主要基于对人的管理就能达成公司目标。但是当公司规模扩大了、老板管不过来的时候,就面临着分权问题——把老板以前一个人管的事情分给几个副总,由几个部门来承接,而分权必然要求分责,因为责权是对等的。每个部门年初的时候都来找公司要资源,但是公司的资源是有限的,需要把经营责任和权力授予各个组织,这就是责任制经营。目前90%以上的研发制造类企业由于公司规模不断扩大,会出现原有的组织架构无法匹配公司规模的问题,需要进行组织调整。

1. 在集权的基础上分权

公司规模扩大后,必然需要分权,但是分权需要在集权的基础上分权。集权是为了保证力出一孔,更好地聚焦主航道,把公司有限的资源聚集一点,撕开口子,扩大战果。任正非总结华为的经验有三点,其中一点正是战略聚焦,持续不断地进行战略聚焦。这就需要一个对于资源的掌控和投入服从于公司的战略选择,而且这个战略选择是聚焦的。"聚焦"这个词对于中国公司来说,不管强调多少遍,都并不为过。

2. 协同机制

通过责任中心组合管理,落实经营责任到组织KPI,根据应负经营责任的不同,把公司销售、研发、供应链、财经、人力资源,划分为利润中心、成本中心和费用中心。在财务集中管理的前提下,通过责任中心的目标互锁,来解决"作战"部门之间协同,以及"作战"部门与平台支撑部门协同的问题。

华为通过架构整合,落实责任中心管理,加强了集团各公司间的资金调配能力,提高了资金使用效率。实施资金集中管理,增强了集团的资金实力,一旦市场有好的投资项目,可迅速进行项目投资,缩短了从项目建设到产品投放市场的时间,从而抢占市场先机,为公司创造利润。财务的专业化管理,提高了财务核算的质量及管理水平,并降低了税务风险。跨国公司可按地区设立财务中心,对辖区内公司的业务进行统一核算,对账务进行统一处理。专业的人做专业的事,不但提高了财务的工作质量,还降低了税务风险及税务管理成本。

3. 加强监督

许多公司都能看到集权的弊端,也看到了放权的好处和必要性,就开始下放经营权,但是监控往往没有跟上。华为的高明之处在于放权之前就加强了监督,通过对各责任中心进行全面预算管理,构建了约束机制,在分权的过程中完成了业务监督与风险控制,实现业务的全流程管控,帮助公司实现平衡发展。

二、案例点评

华为的责任中心建设是近年来华为整个管理思想演变的一个结果。过去华为是集权管理、没有分权,发展到后来公司越来越大的时候,决策流程变得特别长,项目的反应速度特别慢,必须把权力通过授权、行权和管控的方式授给"作战部队"。

华为根据责任中心定位设计每个组织应承担的经营指标,中心目的是明确责任、简化管理、激活组织。这种经营指标的分解既避免了内部转移定价带来的一些争吵,减少公司内部资源耗费,又把整个经营指标在组织内部进行分解,使得每个组织力气往一块使,围绕公司的整体经营目标而努力。从本质上看,责任制经营是公司治理架构的一个重要基石,支撑公司战略落地到执行的过程。打个比方,一个公司像一个大厦,每个组织就是大厦下面承重的一个地基,如何分配每个地基承受的重量、保持整个大厦的稳固,这就是责任中心的作用。

思考与练习

1. 什么是跨国公司的财务管理体制?其基本内容是什么?

2. 跨国公司财务管理活动的组织形式有哪些?选择不同的组织形式需要考虑什么因素?

3. 跨国公司的融资来源有哪些?制定融资决策需要考虑哪些问题?融资方式有哪些?

4. 跨国公司现金管理的目的是什么?现金管理包含哪些内容?

5. 在浮动汇率制度下,外汇汇率如何预测?在固定汇率制度下又如何预测?

6. 公司在跨国经营中可能会遇到哪些外汇风险?应如何应对不同类型的外汇风险?

第八章

跨国公司人力资源管理

人力资源的开发和利用,是跨国公司实施跨国经营战略、开展跨国经营活动的根本保证。与国内企业的人力资源管理相比,跨国公司的人力资源管理内容更广泛、复杂,难度也更大。跨国公司所涉及的国家在政治、经济、文化等各方面的差异,都会对跨国公司的人力资源管理产生影响。

学习要点

Human resource exploring and exploitation is the fundamental guarantee for the implementation of management activities and strategies of transnational corporations. Compared with that of domestic firms, human resource management in transnational corporations is more diversified, complicated, and difficult. And it will be influenced by the differences among the countries that transnational corporations involved, such as economic, political, cultural and other differences.

第一节　跨国公司人力资源管理概述

一、国际人力资源管理的战略角色

人力资源管理（human resource management，HRM），是指某一组织或公司实施的获取、分配和利用人力资源的活动。这些活动涉及公司的人力资源规划、人员招聘和选拔、员工培训与开发、绩效管理、薪酬管理、劳工关系管理等方面。作为公司战略的重要组成部分，人力资源管理通过影响公司人力资源的质量、特征、行为和发展，进而帮助企业实现成本领先、价值创造、服务客户等主要战略目标。

对跨国公司而言，母国和东道国在劳动力市场、文化、法律制度、经济体制等方面的深刻差异，使国际人力资源管理活动变得更加复杂。尽管有部分学者认为国际人力资源管理（IHRM）是国内人力资源管理理论和跨文化管理理论的简单结合，但更多的学者仍主张国际人力资源管理与国内人力资源管理在业务范围、业务内容、管理重点、评价标准、风险挑战等方面都存在较大差异，在理论和实践中应区别对待。本书将跨国公司的国际人力资源管理定义为：跨国公司选聘、培训、开发与评价母国市场和全球市场的人力资源，以保证跨国经营活动正常进行和实现组织目标的过程。

卓越的国际人力资源管理是跨国公司高生产率和竞争优势的持续来源。随着近年来国际市场竞争的不断加剧，跨国公司要想进一步提升绩效，赢得竞争，就必须形成一个有效的、具有国际适应性的人力资源管理体系，这样才能保持持久性竞争优势，并最终在全球范围内取得成功。然而，现有研究表明，国际人力资源管理体系的建设往往是跨国公司最容易忽视的工作之一，许多跨国公司在人力资源能力和效率方面都存在较大的提升空间。尤其是许多中国公司国际化进程的时日尚短，国际人力资源管理的研究和实践还处于起步阶段，针对中国公司跨国经营特点的人力资源管理体系尚未建成。

二、跨国公司经理人应具备的素质和能力

国际人力资源管理战略的规划和实施，是围绕跨国公司现有的人力资源，尤其是高素质的跨国公司职业经理人员进行的，这类人员是国际人力资源管理战略的核心，也是当前大多数跨国公司都较为稀缺的资源。跨国公司人力资源管理的战略能否取得成功，主要取决于经理人员是否得到了有效的利用。

一名优秀的跨国公司经理人应具备如下素质和能力：

（一）必要的跨国经营知识

跨国经营的层次由浅至深依次为：商品的国际化、国外生产经营阶段、跨国公司阶段，其中，狭义的跨国经营活动只包括后面两个层次，不包括进出口活动。跨国公司作为跨国经营的主要载体，其经理人员需要熟悉各阶段跨国经营的相关知识，包括但不限于：跨国进入模式、全球生产、全球运营管理、国际市场营销、研发国际化与技术转让、跨国人力资源管理、跨国企业的社会责任等。

（二）制定和实施跨国经营战略的能力

根据当地响应与全球整合程度的不同，可将跨国公司的经营战略分为：国际化战略、全球标准化战略、本土化战略和跨国战略，每种战略都是根据跨国公司外部环境和内部拥有的资源等要素综合确定的。随着内部和外部环境发生变化，跨国公司常常也会相应地调整自身的战略。因此，跨国公司经理人员需要快速、准确地收集和分析信息，在此基础上做出预测，并组织协调公司各部门制定、调整和执行相应战略。

（三）跨文化管理的能力

跨国公司的职业经理人常处于不同的文化环境中，需要有效地协同不同文化对组织行为的影响，并与来自不同国家和文化背景的人沟通。跨文化管理能力具体包括以下几个方面：

1. 文化理解力，即排除惯性思维和成见的干扰，通过换位思考，客观、公正、全面地认识和理解异质文化的能力。

2. 文化敏感性，即了解异质文化的相关特点及其对他国员工行为影响的能力。

3. 文化适应力，即适应他国不同文化环境和社会环境，并与各种不同文化背景的员工交往与共事的能力。

4. 跨文化沟通力，即通过语言性和非语言性的跨文化沟通的技巧，把跨文化冲突减小到最低，在组织中建立和谐融洽、共同进取氛围的能力。

（四）学习和转移知识的能力

跨国公司拥有在不同国家获取、转移和整合知识的全球性网络，当中既包括母公司向子公司转移生产技术、管理经验等知识，也包括母公司从子公司获取东道国市场的知识，还包括子公司之间共享产品改进和技术创新的相关知识。作为知识传播，尤其是隐性知识转移的主要执行者，跨国公司和经理人不仅需要学习产品技术和跨国管理经验，还需要协调沟通来对知识进行解释与破译，以达成理解与共识，最终促进知识在不同国家之间的成功转移。

第二节 国际人力资源管理模式

跨国公司的人力资源管理模式，常常被称为跨国公司的人事政策，是指跨国公司在长期实践中形成的、人力资源管理的范式或者模型，是对一定的人力资源管理目标、管理过程、管理内容与管理方法等要素的综合概括与高度提炼。不同学者对人力资源管理模式有不同的分类，其中，认可度较高的是珀尔马特（Perlmutter，1969）的分类方式。珀尔马特从管理导向出发，将跨国公司的人力资源管理模式分为四类：民族中心模式、多中心模式、区域中心模式、全球中心模式。本节在介绍上述四种人力资源管理模式基础上，还将结合跨国公司国际化的发展阶段，进一步提出综合模式。

一、民族中心模式

民族中心模式（ethnocentric approach），指简单地把母公司使用的人力资源惯例和政策转移到海外子公司，总部对各子公司保持严格的控制。其核心是跨国公司各子公司的重要管理职位的人员都由母公司派出的人员担任，当地员工基本没有决策权。其优点是：容易从母国找到合格的职业经理人进行沟通、协调和控制；有利于母公司与子公司之间知识的转移和保密，并维持公司独特文化等。缺点在于：东道国员工在晋升上存在"天花板效应"，容易挫伤东道国员工的工作积极性；由于文化差异，母国员工在东道国需要较长的适应期；两国员工的薪金公平问题比较突出等。

二、多中心模式

多中心模式（polycentric approach），指企业聘用东道国当地人员担任子公司的管理要职，而总部的要职由母国人员担任。子公司的人力资源经理拥有很大的自主权，可结合当地情况实行适合当地的人力资源管理模式。其优点是：可以消除子公司管理者与员工在语言、文化上的障碍；降低国外子公司在当地敏感政治环境下所受的影响；减少外派人员开支，并保证子公司管理人员的相对稳定等。缺点在于：母公司与子公司之间联系非常有限，知识和经验的转移较为困难；子公司人事决策时往往只着眼于本公司利益，容易增长地区本位主义而忽视全球战略。

三、区域中心模式

区域中心模式（regiocentric approach），指跨国公司的子公司在区域中心的管理下，以区域为分界(如东亚区域、东南亚区域、北美区域)，各区域内部的人力资源尽可能协调。各子公司的人力资源管理者主要由来自本区域的员工担任，不限国籍。区域中心模式下，区域内部的沟通与协调程度很高，但是总部与各个区域子公司的协调与沟通程度较低。该模式常常作为跨国公司从多中心模式走向全球中心模式的过渡形式。

四、全球中心模式

全球中心模式(geocentric approach)，指母公司与子公司共同组成一个全球性的人力资源网络,该网络服务于公司整体最优化的目标。其核心是在整个跨国公司人力网络中选用最适当的人选来担任最重要的职务,淡化其国籍或任职国家的考虑。其优点是:可以培养出高素质的国际化管理团队;通过提高竞争性和流动性,更有利于组织文化的提升和人才成长等。缺点在于:可能遇到东道国法律限制(如移民法),跨国公司难以引进外籍人才;国际化人才用人成本高昂,存在诸多问题,如家属问题、移民问题、薪酬标准问题等。

五、综合模式

上述几种管理模式各有利弊,单一模式往往不能完全解决跨国公司在不同发展阶段所面临的所有人力资源管理问题。对此,许多跨国公司倾向于采用一种综合性的管理模式,即对于不同的海外子公司,分别采取不同的人力资源管理模式。其决定因素包括:跨国公司的发展阶段、行业特征、东道国法规等。例如,在跨国公司发展的早期阶段,企业通过出口或许可证方式进入国际市场,此时会雇用很多东道国人员;在海外生产阶段,因对生产技术和知识管理的需求,采用民族中心模式;在生产过程标准化阶段,东道国职工通过培训可逐步担任子公司要职,应采用多中心模式;在产品创新和多样化阶段,国际商务活动范围进一步扩展,母公司与子公司之间信息沟通得到加强,跨国公司人力资源管理模式趋于成熟的全球中心模式。

第三节　外派员工管理

外派员工,指由母公司任命并派遣到东道国工作的母国公民或第三国公民,其中以在东道国工作的母国公民为主。无论跨国公司采取哪种人力资源管理模式,外派员工都是国际人力资源管理中经常遇到的问题。历史上,跨国公司外派员工管理成效并不乐观。一项20世纪90年代末的调查显示,跨国公司外派员工的失败率(没有完成外派任务,提前离开国外岗位或辞职)占外派员工总数的20%以上,这一比例在派往发展中国家的员工中甚至达到了70%。近年来,随着跨国公司对外派员工问题的逐渐重视,以及发展中国家与发达国家生活水平差距的缩小,外派员工的失败率已经降低至 6.3%,卡塔尔、马来西亚、越南等发展中国家进入最受员工欢迎的派遣目的地之列。

一、外派员工的选拔

跨国公司及其海外子公司的成功,与外派员工,尤其是外派经理人员的素质、个性、经验以及对东道国语言、文化的谙熟程度密切相关。因此,制定科学的选拔标准与流程,将员工派遣到合适的岗位上,对跨国经营的成败至关重要。许多跨国公司在选拔外派人员时,经常由其直系主管依据员工的个人工作能力来确定,把员工的国内表现与海外表现等同起来,这样的选拔方式并未充分考虑员工个人性格、家庭、情感等方面因素,常常导致外派失败。即便是拥有成熟外派员工选拔和培训系统的世界 500 强企业,也只有不到 20% 的公司在选拔外派人员过程中有心理调查的流程,只有 21% 的公司在选拔外派员工的同时对外派员工伴侣进行了相应的测试和培训。

通过改进选拔和培训程序,提前甄别不适合的候选者,可降低外派员工的失败率。例如,选拔内容除了个人工作能力外,还要考虑员工的跨文化能力、管理能力、个人其他特质、个人意愿以及家庭因素。选拔方法包括面谈、标准化测试、评估中心、简历、工作试用、推荐等,其中面谈是最广泛使用并被认为是最有效的评估方法。门登霍尔和奥德欧(Mendenhall & Oddou,1985)从心理学的角度出发,总结了影响外派员工成败的四项关键维度:自我导向、他人导向、直觉能力、文化挑战度。

(一)自我导向

自我导向(self-orientation)的属性加强了外派员工的自尊、自信和心理健康。现有研究表明,拥有以上属性的外派员工更容易调整他们在气候、饮食、运动方面的习惯,并且能够在工作之余保持一定的个人爱好,同时具备相应的技术能力,因此更有可能在驻外工作中取得成功。

(二)他人导向

他人导向(others-orientation)的属性提高了外派员工与东道国国民有效互动的能力。外派人员与东道国国民的互动越有效,外派工作就越有可能取得成功。他人导向的决定因素包括两个方面:建立关系和沟通意愿。建立关系是指与东道国国民建立长久友谊的能力。沟通意愿指外派人员使用东道国语言的意愿,努力使用东道国语言的姿态往往会得到东道国居民更多的合作回报。

（三）直觉能力

直觉能力（perceptual ability）又称移情能力，即能理解为什么其他国家的人会有那样的行为方式的能力。缺乏这种能力的外派员工往往把外国人当做本国人对待，并由此引发一系列矛盾和冲突。一名优秀的外派员工在理解派遣国居民的行为时应当不做评价和论断，而是在文化条件允许的情况下对自身管理风格进行适当的调整。

（四）文化挑战度

文化挑战度（culture toughness）指外派员工适应东道国文化的能力。一些国家的派遣任务要求比其他国家更具挑战性，因为他们的文化对外派员工来说更加陌生和难以适应。例如，许多美国员工认为英国是一个相对容易的派驻地点，因为两国文化有很多共同之处，但在东亚、东南亚、中东等非西方文化国家的工作就难多了，原因包括医疗和住房标准、气候差异、娱乐方式以及语言障碍等。此外，许多中东国家是男性主导的公司文化，对女性管理者来说更加具有挑战性。

二、外派员工的培训

选拔合适的外派人员仅仅是外派员工管理的第一步，选拔后还需要对员工进行培训，向员工传授成功驻外所需的技能，使其尽快适应东道国文化环境、与当地员工建立良好的关系，保证工作的顺利开展。然而，外派员工培训的目的不仅于此，作为个人职业规划发展的一部分，外派经历将有助于提升员工的国际经验和领导技能。因此，作为管理培训项目的一部分，一位经理可能会在数年内被派往多个国家进行锻炼，以培养他（她）的跨文化敏感度和管理经验。

从历史上看，大多数跨国公司更注重业务培训而不是员工的职业规划发展。近年来，随着跨国公司国际化程度的不断提高以及对复合型人才需求的不断加强，跨国公司对员工的培训体系朝着立体化、综合化、职业化的方向发展。培训不再被简单地当做提升员工知识和技能的一种手段，更被认为是跨国公司加强文化融合、传递组织信念、组建跨国知识网络、促进国际化战略达成的重要工具。

目前跨国公司对外派员工的培训体系和培训内容主要包括以下几个方面：

（一）文化培训

文化培训（culture training）的目的是为了加强对东道国文化的了解，并帮助外派员工移情该文化，从而提高与东道国居民沟通的效果。文化培训的内容涉及东道国的历史、政治、经济、文化、民族、宗教以及商务礼仪等方面,可通过邀请专家以授课方式系统介绍东道国文化的内涵与特征,指导学员阅读有关东道国文化的书籍和资料,或通过学术研究和文化讨论的形式,组织学员探讨东道国文化的精髓及其对管理人员思维过程、管理风格和决策方式的影响。如果条件允许,在正式派遣之前可安排员工前往东道国开展一次体验当地风土人情的差旅,以降低正式派遣后的文化冲击。考虑员工配偶及子女的文化适应问题,最好能够让外派员工的家庭成员参与到文化培训项目中来。

(二)语言培训

语言是文化的一个重要组成部分,语言交流与沟通是提高对不同文化适应能力的一个最有效途径。尽管英语作为世界通用语言非常普及,如果只依赖英语进行交流将严重削弱外派员工与东道国居民交流沟通的能力。主动使用东道国语言进行交流和沟通,即使不够熟练也能给当地员工留下良好的印象,并帮助外派员工与当地员工建立和睦的关系。语言培训(language training)不仅要求员工掌握东道国基础的语言知识,还要使他们熟悉东道国文化中特有的表达和交流方式,如手势、符号、礼节和禁忌等。

(三)实践培训

实践培训(practical training)旨在帮助外派员工及其家属更轻松地融入东道国的日常生活。员工家庭对当地日常生活熟悉得越早,成功适应的可能性就越大。适应当地生活除了衣食住行等方面的日常需求外,当地社交网络的支持也必不可少。例如,一个由外派员工及其家庭成员们组成的当地社区可以给新来的外派员工家庭提供生活和情感方面的支持,帮助其迅速适应当地生活。因此,在外派员工较多的地方,跨国公司通常会付出相当大的努力,以确保新来的外派人员家庭能够迅速融入该群体,如组织外派归国人员给公司即将外派的员工和他们的家庭传授海外生活的经验和实践、给外派员工的配偶提供工作机会等。

需要指出的是,为了让外派员工更好地胜任东道国的工作,培训工作并不止步于外派前,外派中也需要时常跟进相关培训。

三、外派员工绩效评估

传统的绩效评估被认为是对员工个体工作绩效的衡量。近年来,绩效评估系统日趋复杂,其职能也从简单的工作绩效衡量发展为包括目标设定、评估、激励、考核、晋升等职能在内的综合系统。外派员工是一个特殊群体,在工作中不仅要面对东道国截然不同的市场环境,还需要忍受地理距离、语言差异、文化差异、气候差异等因素带来的影响,其绩效产生的环境更为复杂,这增加了外派员工绩效评估的难度。

围绕绩效评估工作的流程,跨国公司的管理者可从以下三个方面提高外派员工绩效管理工作的有效性:

(一)绩效目标设定

管理者首先应对外派员工提出正式而明确的绩效目标,使员工了解组织对其外派工作的绩效期望,并引导其将个人职业发展与组织期望有机结合,采取符合组织期望的行动。其次,绩效目标设定应多元化,除了制定以数据为基础的"硬指标"(如销售额、投资回报率、市场占有率等)外,还需要结合员工的个体特质及员工外派工作的情境制定相应的"软指标",如忠诚度、工作态度、适应能力等。采用多元化的绩效目标,有助于提升评价体系的科学性和客观性。此外,外派员工的绩效目标应由其在母公司与东道国子公司的主管共同参与制定。

(二)绩效评价

外派员工绩效评价需要回答这样一个问题:由谁来负责评价? 如果由东道国的主管负责评价,东道国主管可能会因为文化差异而做出不恰当的评价结果。如果由母公司的主管负责评价,母公司主管可能会因为距离遥远引起的信息不对称和沟通不充分而难以对外派员工做出正确的评价。如果仅根据东道国客户的满意程度等指标进行评价,可能会因为外派员工所面临的工作环境的不稳定而导致评价失误。综合考虑来自多个渠道的评估者的意见,可避免评估者偏见对评估结果的干扰。

要正确地评价外派员工绩效,需要注意以下几个方面:①以东道国当地的评价意见为主,以公司总部的评价意见为辅;②客观估计外派员工工作环境的困难程度;③最好征求一下曾经在被评价对象所在国或地区工作过的员工的意见;④根据外派员工工作地点的情境和文化特征,对公司的考核标准进行适当的调整。

(三)绩效沟通

由于外派工作环境及工作内容的复杂性,管理者在实际目标制定和绩效评价的过程中,很难将所有影响外派员工绩效的因素都纳入考虑范围。在此情况下,外派员工与其上级就绩效评估过程中反映出的问题以及绩效评估机制本身存在的问题进行沟通,并寻求应对之策,以期实现下一阶段外派员工绩效的提高和跨国公司绩效评估系统的完善。绩效沟通提供了主管和外派员工就绩效期望进行讨论的渠道,可以帮助员工明确绩效期望、改进工作方法,并为员工的培训和发展计划提供依据。同时,绩效沟通作为员工向管理者和公司提供建议的渠道之一,可帮助公司优化评估系统,实现科学决策,提高组织效率。

四、外派员工薪酬管理

对员工进行薪酬管理的总目标是提高劳动效率、节约费用,具体目标要考虑企业战略目标、人力资源战略与具体政策的落实,留住有价值的员工,推动内部竞争并产生激励作用的手段,让公司目标和驻外人员目标保持一致,实现公平和方便的行政管理。

跨国公司及其子公司进行薪酬设计时,必须充分考虑组织自身的发展阶段。在组织的不同发展阶段,由于组织的战略、影响组织发展的关键因素的不同,相应的薪酬激励模式也可能随之变化(见表8-1)。比如,在组织初创期,受现金流制约,为降低成本,应以长期股权激励和能力工资为主,鼓励全员持股和股票期权;进入组织成长期,管理人员、核心技术人员、营销人员的作用凸现出来,主要采取管理层持股、技术入股、业绩股票等分层持股形式和绩效工资,长期激励比重偏大;到了成熟期,为了巩固市场和利润,应加强核心员工的股权激励,这时各方面发展比较规范和完善,主要采取岗位工资辅之能力工资,短期激励比重偏大;最后到了衰退期,应以短期现金激励为主,用高福利留住关键人员。

表 8-1 各种常见的薪酬模式对比

工资类型	付酬因素	特点	优点	缺点
岗位工资制	岗位的价值	对岗不对人,岗变薪变	同岗同酬	灵活性差,鼓励官本位思想
能力工资制	员工所拥有的知识、技能	因人而异,技能/能力提高,工资提高	鼓励员工发展广度深度技能,有利于培养人才	技能评定复杂,能力界定困难
绩效工资制	员工的劳动贡献	与绩效直接挂钩,工资随绩效浮动	激励效果明显,节约人工成本	助长员工短期行为,团队意识差
市场工资制	劳动力供求关系	根据市场、竞争对手确定工资	竞争性强,操作简单	缺乏内部公平
年功序列工资制	员工的年龄、工龄和经验	工龄与工资同步增长	稳定性好,员工忠诚度高	缺乏弹性,缺乏激励

外派员工的薪酬管理有一定的复杂性:一方面需要维护员工薪酬水平和薪酬政策在整个跨国公司集团范围内的一致性,另一方面需要体现员工在外派期间的工作绩效以及外派地区劳动力市场薪酬状况的差异性。外派员工的薪酬计算方法一般有两种,即现行费率法和资金平衡法。

(一)现行费率法

现行费率法又称属地化法,指外派员工的基本工资与工作所在国的工资结构挂钩,以当地市场费率(可参考权威机构调查数据)为基准确定员工薪酬的方法。这种方法使外派员工与当地员工享受平等待遇,简单易行,操作成本较低。不足之处在于:相同人员的薪酬在不同派遣地之间存在较大差异,使薪资水平低的地区无人应调;不利于母国员工与外派员工之间的薪酬平衡,以及员工在外派前后的薪酬平衡。该方法通常只适用于由低收入国家向高收入国家外派员工的情境。

(二)资金平衡法

资金平衡法又称平衡表法,指使驻外人员与母国同事薪酬保持一致的薪酬确定方法。该方法通过考虑东道国的生活成本,将母国员工的购买力转化成外派员工的购买力,使外派员工不因工作调动而承受收入损失或降低生活质量等影响,从而使其愿意接受外派任务。这也是跨国公司用来计算外派员工薪酬最常用的方法。

资金平衡法下的外派员工薪酬主要由以下几部分组成:

1. 基本工资。外派员工的基本工资通常与母国类似职位的基本工资相同。如果外派员工为第三国公民(即非母国公民),基本工资还需根据该员工国籍所在地的工资水平进行调整。通常,对来自发达国家员工提供的基本工资高于其他发展中国家员工。基本工资通常以母国货币或当地货币支付。

2. 驻外补贴。一揽子驻外补贴通常包括以下四种:艰苦环境补贴、住房费用补贴、生活费用补贴以及子女教育补贴。艰苦环境补贴通常用于外派地基础设施建设严重不足的情况;住房补贴用于确保员工在当地能负担与在本国同等质量的住房;生活费用补贴用于确保员工在国外与在国内享有同样的生活标准;子女教育津贴用于确保外派人员的子女能够按照母国的标准接受教育。

3. 外派补偿。该补偿用于弥补外派员工生活在一个陌生的国家,与本国亲朋好友隔绝,以及应对来自东道国语言、文化、习俗、气候等方面的差异给本人带来的冲击。许多跨国公司会按照基本工资的比例(10%~30%)支付外派补偿,具体比例视东道国与本国之间差异的大小而定。

4. 税收补贴。当母国与东道国未签订税收协定时,外派员工将面临同时向母国和东道国缴纳所得税的双重征税问题。其中,员工向东道国缴纳的税款应由跨国公司通过补贴的形式承担。如果母国与东道国签订了税收协定,外派员工通常会在东道国支付所得税,如果东道国所得税税率较母国更高,跨国公司通常会弥补差额。

外派员工的任务完成后,特殊薪酬会随之取消。很多外派员工归国后无法适应常规的薪酬,他们觉得在国外的经历使他们比出国前更有价值,尤其是与没有外派经历的同事相比。这种情况可能产生两种后果:难以和同事合作;员工流失。此类问题可通过以下途径解决:①树立员工的职业发展意识,将外派经历当成是职业经历;②综合分析各个员工的性格特征和能力,选择合适的员工进行外派;③正确评估外派员工工作能力的增长,并根据实际情况给予提升和加薪。

五、外派员工归国管理

跨国公司普遍更重视外派员工在外派前和外派中的管理,对外派任务结束后员工应该如何管理问题的重视程度偏低。事实上,轻视外派员工的归国管理,会带来较高的人才流失率,对公司而言是一项重大的损失。可以说,跨国公司外派员工归国管理制度的完善与否直接决定了外派员工归国后的工作表现,充分利用外派员工在国外的所学所得,既能给公司带来更高的回报率,也能够给外派员工带来成就感,减少外派人员的流失。因此,提前制定一个合理、透明的外派员工归国管理制度,给员工稳定且积极的预期,既可以提高员工的外派积极性,也能为跨国企业创造更大的价值。外派员工的归国管理制度包括:归国后岗位的确定,绩效及薪酬管理,归国后适应逆文化冲击的培训,以及其他支撑外派员工归国工作的政策等。

第四节　国际劳资关系管理

劳资关系(labor relations)又称产业关系,是指代表全体员工的工会与雇主或雇主联盟(资方)之间的集体关系,主要内容涉及工会的组织方式、集体谈判以及劳资冲突管理等方面。工会是劳动者的联合组织,是劳动者为维护自身利益与资方抗衡的代表。人力资源管理的重要目标之一是实现跨国公司与当地工会之间的和谐共处以及冲突最小化,跨国公司必须处理好与工会的关系。

西方工业化国家是工人运动及工会的发源地,有着悠久的工人运动历史。在第二次世界大战后近半个世纪的时间里,各国工会组织和工人运动蓬勃发展,直接促进了工人劳动条件改善、生活水平提高,以及劳资关系调节机制的制度化、规范化。进入20世纪90年代后,以资本为主导的经济全球化加速发展,加上跨国公司生产方式的变革以及各国政府态度的变化,使得原有劳资力量平衡被打破,工会的权利和地位不断被削弱,作为资方的跨国公司力量不断增强。根据国际劳工组织(ILO)的统计,进入 21 世纪以来,西方主要发达国家的工会密度及工会会员数量同 20 世纪 70 年代相比均下降了 10% 以上。

一、世界各国工会情况

(一)美国工会

美国工会是按行业组织的、完全独立于公司和政府的职工代表组织。在与雇主进行议价时,工会具有法律上的独立地位,谈判双方所达成的协议对参与谈判的工会成员和公司均具有约束力,并凌驾于任何个人雇佣合同之上。历史上,美国工会在提升产业工人工资、改善工作环境上发挥过积极作用,但近年来其一味强调保护自身利益、与公司进行非理性对抗,逐步阻碍了公司的发展和全球化的步伐。

美国钢铁工人联合会(United Steelworkers Union)是北美最大的工会。该工会起家于钢铁业,后来逐渐与其他工会组织合并,产业范围涉及钢铁、造纸、林业、橡胶、制造业、能源以及相关的工业与服务业,拥有来自美国和加拿大的近 120 万名会员。尽管钢铁工人联合会在美国经济中的地位自 20 世纪 60 年代开始就不断下降,行业规模和就业数量也持续萎缩,但是,在美国政治中,钢铁工人联合会拥有十分重要的地位和强大的影响力。在其强力游说下,美国政府在过去几十年中屡次动用贸易保护的政策工具,以维护美国钢铁工业的利益。如 2009 年 4 月,美国钢铁工人联合会向美国国际贸易委员会提出申请,对中国产乘用车轮胎发起特保调查。随后,美国国际贸易委员会以中国轮胎扰乱美国市场为由,建议美国在现行进口关税的基础上,对中国输美乘用车与轻型卡车轮胎连续三年分别加征 55%、45% 和 35% 的从价特别关税。2010 年 10 月,美国贸易代表办公室宣布,应美国钢铁工人联合会申请,按照《美国贸易法》第 301 条款,对中国政府所制定的一系列新能源政策和措施展开调查。这些举措严重损害了中美贸易关系,也不利于世界钢铁贸易的良性发展。

(二)日本工会

日本工会一般由企业组织成立,充当劳资双方的调解人,有的甚至成为资方的附庸,无法为广大职工代言。日本企业独有的“终身雇佣制”“年功序列工资制”等特征也降低了工会存在的必要性。

(三)欧洲工会

受历史传统、政治体制、社会文化等方面的影响,欧洲的工会制度大致可分为三种模式。以丹麦、瑞典等国家为代表的北欧工会，其特点为：工会主动采取集体谈判、劳资对话等非暴力途径，具有范围广、介入深、效率高的特点。以德国、比利时、荷兰等国为代表的欧陆模式工会，其特点为：工会被赋予的权利有限，彼此间存在竞争，与企业斗争的手段较为温和。以意大利、西班牙等国为代表的南欧模式工会，其特点为：工会在行业、意识形态领域多元化，难以形成共识，力量分散，街头罢工、游行示威的方式较为常见。

二、我国工会情况

中国工会是中国共产党领导下的职工自愿结合的工人阶级群众组织，是会员和职工利益的代表。不同于西方国家的多元化工会体制，我国工会实行的是一元化体制，即上级工会领导下级工会，下级工会直接对上级工会负责。全国建立统一的中华全国总工会，各地方工会、企业工会和产业工会都必须经过上一级工会的批准方能成立，具有较强的行政色彩。在工会职能方面，我国工会当前主要承担关心员工生活和向员工提供福利服务的职责，很少与单位发生冲突，集体谈判、劳动关系三方协商等西方国家工会常用的维权手段在我国尚不多见。

为确保各单位工会的日常运作，中国工会享有国家政策的支持，即单位拨缴工会经费（职工工资的2%）并以法律保证的特别待遇。无论是否所有员工都加入工会，企业仍要按全部员工工资的2%缴纳经费，这对于一些奉行"成本领先"战略的跨国公司来说是一笔不小的开支。作为全球最大的零售商，沃尔玛成立之初便一直奉行"反对员工加入工会"的准则。沃尔玛最初进入中国时，曾以强硬的态度抵制员工在企业内部建立工会组织，甚至为了抗拒建会而放弃进驻上海，后在全国总工会的介入下态度最终转变。在中国多年来的运营也使沃尔玛最终意识到，中国式的工会更看重公司发展、劳资和谐，无意与公司对立，与经常组织罢工、同老板讨价还价的美国式工会不可同日而语。

三、跨国公司工会的困境

工会通常通过与跨国公司集体谈判的形式为其成员争取更高的工资、更好的工作条件及更稳定的工作保障，其议价能力大多源于以罢工或其他的形式威胁资方、阻碍生产进行，这种方式只有在员工及其生产工作无法被替代的情况下才会有效。

当前跨国公司工会活动面临的困境主要来源于以下几个方面。

（一）跨国公司投资范围广，选择余地大

经济全球化减少了资本在各国自由流动的壁垒，许多国家纷纷出台相应的

优惠政策以吸引外资,甚至为吸引投资而刻意限制本国工会活动。这使得跨国公司投资选址余地大,备选方案多,在与工会的谈判中处于有利地位。

(二)工作技术复杂度低,可替代性强

跨国公司为维持自身垄断优势,往往倾向于将技术复杂度高的工作保留在母公司,把可替代性强的低技能的工作外包或放在东道国子公司。近年来制造业的数字化转型以及人工智能的应用更加剧了这一趋势,低技能员工的处境更加困难。

(三)跨国公司通过各种手段转移子公司利润

母公司可通过转移定价的手段将东道国子公司的利润转移,造成子公司账面亏损的假象,以应付子公司工会的相关诉求。在税收低、税收制度不健全的地区,这类现象尤其严重。

(四)跨国公司收买、分化工会

一方面,跨国公司往往利用员工的不同利益诉求,通过收买的手段在工会中培植自己的亲信。另一方面,跨国公司通过管理者和工人之间的单独对话,强调竞争机制而不是工会的平均思想,或者越过工会直接与工人达成协议,以达到分化工会组织的目的。

(五)跨国公司在东道国实行政治渗透

如在东道国政府培养政治代理人,通过当地政府压制工会力量,或使其疏于对工人权益的保护。

(六)工会自身问题

如工会成员及其领导者对本公司的生产经营情况、产业环境和社会环境状况不够了解,经常提出不切实际的要求;工会成员对经济合作与发展组织(OECD)和国际劳工组织(ILO)关于劳工保护和生产安全的相关规定不够熟悉,未能有效利用国际公约相关标准的规定维护自身权益;工会缺乏国际谈判的经验和技巧,在集体谈判中往往处于不利地位等。

四、劳资冲突管理

劳资冲突不仅会影响跨国公司与东道国员工的和谐关系,严重的还有可能造成较高的人才流失率,甚至威胁公司在东道国的整体形象,为公司的跨国经营带来巨大的阻碍。积极同当地工会组织打交道、充分认识和正确处理东道国

劳资冲突、构建和谐的劳资关系,不仅事关公司整体目标的实现,更是公司积极履行社会责任、保障人权、规范自身发展的重要内容。

跨国公司可从以下几个方面预防和解决劳资冲突。

(一)调研当地用工环境

企业在东道国发生劳资冲突,常常是因为没有充分认识到东道国与母国之间经营环境的差异,比如文化差异、工会地位差异、劳动法差异等。因而在进入一个市场之前,跨国公司需要对东道国用工环境进行深入的调查,广泛分析母国与东道国在劳动法体系、工会地位、政府态度、工人习惯、雇佣传统等方面的差异,合理估算用工成本,避免后期冲突。

(二)本地化管理

鉴于不同国家之间劳动法、工会地位及集体谈判的性质存在较大差异,跨国公司在处理劳资关系时应注意将权力下放至其海外子公司,最简单和常用的方法,就是在条件成熟以后,尽可能地将东道国的人才本地化。这样既能体现出对东道国员工的信任,又能避免因文化差异造成的劳资冲突。

(三)争取当地政府支持

除组织公司员工与跨国公司进行集体谈判外,工会还经常通过游说当地政府的方式向跨国公司施压。东道国政府一方面需要吸引外资发展经济,因此不希望工会力量过于强大,另一方面希望改善本国员工的工作处境,避免因劳资冲突而引发种种社会压力。跨国公司可巧妙利用东道国政府这一需求上的冲突,积极与东道国政府保持联系,借助多种渠道向东道国政府宣传公司在促进当地就业、保护员工权利、履行社会责任方面的贡献,赢得东道国政府的支持。

(四)借助第三方力量

面对罢工、抗议等劳资纠纷,跨国公司除与员工进行集体谈判外,还可引入第三方介入,如寻找中立的第三方介入谈判,避免劳资双方矛盾升级。跨国公司也可通过邀请当地媒体或非政府组织进入公司内部进行调查报道,还原事实真相,树立负责任的企业形象。跨国公司应尽量避免采取仲裁、诉讼等影响较大的冲突解决办法。

Uber 与工会

一、基本案情

2021 年 5 月 27 日，Uber 与英国最大的工会之一 GMB 达成了一项里程碑式的协议，标志着这家硅谷公司在世界各地首次承认网约车司机组成的工会。英国 GMB 工会将能够代表英国的数万名 Uber 司机，赋予他们集体谈判的权利。GMB 是英国大型传统工会之一，它表示，几年前就开始接触 Uber，但一直收效甚微。直到 2021 年 2 月英国最高法院做出裁决，双方谈判才有所进展。此前，Uber 在英国最高法院败诉。最高法院裁定，Uber 在英国的司机是其员工（worker），有权获得最低工资、假期工资和养老金。

"你可能认为 Uber 和 GMB 似乎不是明显的盟友，但一直以来我们一致认为，必须以司机为重，" Uber 北欧和东欧地区总经理杰米·海伍德（Jamie Heywood）说，"我们正在开辟新的天地"。GMB 的全国官员米克·里克斯（Mick Rix）也表示，"这项协议给全球劳工运动带来信心，让他们坐下来复制我们正在做的事情，并努力改进它（Uber）"。

然而，Uber 不会参与关于收入的集体谈判，包括实施最低工资。海伍德表示，Uber 将"在某些领域进行磋商，在其他领域进行集体谈判"，但拒绝提供更多细节。一些活动人士批评 Uber 忽视了最高法院的一项裁决，即司机只要登录其应用程序（包括待业期间）就应获得报酬。如今，Uber 只确保其英国司机被分配客户时，才能获得法定最低工资。

像 Uber 这样的零工经济公司多年来一直反对工会组织，它们认为传统的雇佣结构与灵活的工作和客户需求的波动不相符。2020 年，在 Uber 及其同行的大力宣传下，美国加州选民通过了第 22 号提案，使零工经济公司免受一项新就业法的约束，并巩固了司机作为独立承包商的地位。

然而，在欧洲，由于来自各级政府的压力越来越大，Uber 的地位开始发生变化。在意大利，Uber 为送餐员达成集体谈判协议。在德国，Uber 司机通过车队管理公司雇佣。在英国，GMB 代表不同行业超过 62 万名员工，该工会组织过去一直批评 Uber，指责该公司"狄更斯式的行为和态度"。

GMB 决定与 Uber 达成协议，让该工会与 App Drivers and Courier Union（ADCU）等规模较小、较年轻的工会采取的更具对抗性的做法形成鲜明对比。在对最高法院裁决的诠释方面，ADCU 与 Uber 陷入了法律纠纷。

里克斯表示，针对工人合法地位和工作时间定义的争议，最好通过立法来解决。他认为,双方达成的协议将允许 GMB 通过谈判获得更高的薪酬,改善健康和安全措施。

ADCU 工会的詹姆斯·法勒(James Farrar)和亚辛·阿斯拉姆(Yaseen Aslam)表示,GMB 与 Uber 的协议是"朝着正确方向迈出的一步"。但他们补充称,ADCU"不准备与 Uber 签订认可协议",因为该公司"将继续违反基本的就业法","我们对 Uber 的动机感到担忧",他们说。

二、案例点评

近年来,随着新产业、新业态、新模式在世界各地蓬勃兴起,公司的组织形式和劳动者就业方式发生了深刻变化,依托互联网平台就业的网约车司机、货车司机、快递员、外卖配送员等"零工经济"劳动者大幅增加。零工经济具有分布广泛、就业灵活、流动性强等特点,但劳动者的权益保障一直是个大问题。不同于一般的公司雇员,零工经济的劳动者与平台的关系没有一个明确的法律规定,平台为了降低人力劳动成本,大都不承认平台与零工经济劳动者之间存在正常的合法劳动雇佣关系。

作为全球第一例零工经济劳动者争取权益的成功案例,英国 Uber 司机案为未来相关法律的逐步完善迈出了第一步。但值得注意的是,虽然 Uber 司机在英国转为正式"员工"(worker),可是在法律地位上,"员工"不完全等同于"雇员"(employee)。按照英国劳动法,相比雇员,员工依然无法享受产假和陪产假、解雇后的遣散费等福利。这意味着,零工经济从业者受到的社会保障依然低于公司雇员,在未来很长一段时间内,零工经济和雇佣关系的挑战将持续存在。

在我国,针对零工经济劳动者的权益保障工作也在不断推进。国务院于 2021 年印发了《关于维护好新就业形态劳动者劳动保障权益的指导意见》,从加快建会入会、切实维护合法权益、推动健全劳动保障法律制度、及时提供优质服务、提升网上服务水平等七个方面为新就业形态劳动者提供权益保障。北京、上海、广东等地的工会也相继出台指导性文件,因地制宜地推进新就业形态劳动者的权益保障工作。

思考与练习

1. 跨国公司国际人力资源管理的特点是什么?
2. 国际人力资源的管理模式有哪几种?它们各自的优缺点是什么?
3. 一名合格的跨国公司经理人员应当具备哪些素质和能力?
4. 跨国公司在派遣海外管理人员的策略上有哪几种?各自利弊是什么?
5. 跨国公司对外派员工培训的内容包括什么?

6. 跨国公司向外派员工支付的工薪通常由哪几部分组成?

7. 我国工会与西方国家工会主要的区别有哪些?

8. 跨国公司应当如何处理好与东道国当地工会之间的关系?

第九章

跨国公司税务筹划

跨国公司税收筹划有如下几个特征：第一，税收筹划的主体是跨国纳税人，并因此涉及多个国家的税制及税收法律文件；第二，税收筹划的目的是降低甚至免除有关的税收负担；第三，税收筹划所采用的手段必须具有合法性。本章主要介绍国家税制结构的差别、国际重复征税及其产生、国际重复征税消除的主要方法、跨国公司国际避税与监管机构反避税的措施。这些国际税收知识是从事涉外税收业务的基础。

学习要点

The tax planning activities of transnational corporations have the following features：first，the subject of tax planning is multinational taxpayers，and therefore involves the tax system of several countries；Second，the purpose of transnational tax planning is to reduce or even exempt the relevant tax burden for transnational corporations；Thirdly，the means adopted by transnational tax planning must be legal. This chapter mainly introduces the difference of national tax system structure，international double taxation and its origins，the methods to eliminate international double taxation，international tax avoidance of multinational corporations and the anti-tax avoidance measures of regulators. These international tax knowledges are the foundation of transnational taxplanning.

第一节　国际税务制度环境

一、各国税制结构的差别

国家税制结构,亦称税制体系,指在国家的全部税收收入中各类税种的收入构成,是国家根据当前的社会经济条件和税收政策目标制定,由税类、税种和税制要素等组成的,相互配合、相互补充的税收系统。由于各国政治体系、经济水平不同,税制结构也不尽相同,主要可从以下类别进行区分。

(一)按税负能否转嫁分类

按照税负能否转嫁,可分为直接税和间接税。直接税指税负不能转嫁,由纳税人直接负担的税收,如各类所得税、资本利得税、不动产税、财产税等。发达国家以直接税为主,同时辅以增值税和消费税等间接税,以实现税收的整体目标。间接税指纳税人能将税负转嫁给他人负担的税收,如增值税、消费税、销售税、营业税、印花税等。发展中国家以间接税为主,同时结合所得税等直接税,弥补单一间接税的缺陷。需要注意的是,税种的划分并非绝对一致,此处所说的只是该税在一定条件下税负能否转嫁的可能性,在实践中,其最终是否转嫁还需要结合它所处的具体经济环境判断[①]。

(二)按课税标准分类

按照课税标准,可分为从量税和从价税。从量税指以课税对象的数量、重量和体积等为标准确定税基,采用固定税额计征的税种,如资源税、消费税、车船税、盐税等。从量税的税额随课税对象实物量的变化而变化,计算简便,但是由于税收和财政收入相对固定,不受价格影响,对于现代较为复杂的市场经济条件而言,有一定的不合理性,因此目前只有少数税种适用从量税。从价税指以课税对象的价格为标准确定税基,按一定税率计征的税种,如所得税、产品税、增值税、营业税、房产税、关税等。从价税的税额随课税对象价格的变化而变化,税收收入弹性大,通货膨胀时期税额将随之上涨,保证税收稳定,达到自动调节的目的,因而从价税可以较为合理地参与国民收入的再分配,更加适应商品经济的要求,目前大部分税种都采用该计税方法。

(三)按课税数量分类

按课税数量,可分为单一税制结构和复合税制结构。单一税制指只设置一

---

① 孙健夫. 财政学. 河北人民出版社,2003:144.

种税种的税收制度,历史上曾有单一消费税论、单一所得税论、单一土地税论和单一财产税论四种单一税制论①。单一税制手续简单、征收方便,但有悖于税收公平合理、普遍纳税的原则,仅就某一课税对象征税,税负分配难以均衡。同时,单一税制无法满足国家行使职能的资金需要,不利于国民经济的发展,因此单一税制只存在于理论阶段,并没有国家实际实施。复合税制指设置两种及两种以上税种的税收制度,是各税种在不同环节、不同层次分布,相互协调、相互配合所形成的有机税制体系。其征税面广,税源多样,有利于发挥各税种的调节功能,为政府取得稳定的财政收入,因此各国普遍采用复合税制。根据各国国情不同,复合税制主要分为以所得税为主体的税制结构、以商品劳务税为主体的税制结构、所得税和商品劳务税为双主体的税制结构这三种具体类型。

在开放的经济条件下,纳税人的经济活动扩大到境外、各国税制结构存在差异或相互冲突,这些因素都为纳税人跨国税收筹划提供了客观条件,同时也产生了国际税收问题。

二、税收管辖权的基本类型

税收管辖权是一国依据其主权对所辖范围内的人和物及行为征税的权力②,表现为一国政府有权决定对什么征税、征什么税以及征多少税。税收管辖权具有独立性和排他性,即国家可以独立自主、不受外界干涉行使征税权力,当然权力的行使也不可能不受任何约束,作为国际社会的一员,每个国家都要受到国际法的制约。

税收管辖权是国家管辖权在税收领域的具体表现,因而也应遵循国家管辖权以国籍管辖为原则的属人管辖和以领土管辖为原则的属地管辖这两个基本原则,对应到税收领域即所谓的属人性质税收管辖权和属地性质税收管辖权。

(一)属人性质税收管辖权

属人性质税收管辖权按照纳税人某种身份行使征税权力,与该国主权具有人身关系的纳税人均应依该国法律就其全球所得缴纳税款。根据纳税人与该国主权的人身隶属关系不同,可以分为"居民税收管辖权"和"公民税收管辖权"。

1. 居民税收管辖权。居民税收管辖权是指一国政府对本国纳税居民所得享有的征税权,该权力的行使以纳税人与征税国间存在税收居所的事实为前提。"居民"具体可分为"自然人居民"和"法人居民",由于该划分涉及最终的

---

① 胡代光,高鸿业.西方经济学大辞典.经济科学出版社,2000:542.
② 有关税收管辖权的概念,参见廖益新.国际税法学.高等教育出版社,2008:25.

财政收入,各国根据其国情有不同的规定。

(1)自然人居民身份。根据各国法律看,自然人居民身份的判定主要有以下几个标准:

● 住所标准。住所通常指自然人日常生活居住的场所,一般具有永久性、固定性的特征。采用住所标准的国家主要有中国、日本、法国等,例如法国规定,住所为在法国国内存在利害关系的中心地点和 5 年以上的经常居所,在法国拥有居所的个人都是法国税法意义上的居民。然而,随着人们迁居或者移居国外的概率提高,单一住所标准并不能准确代表自然人的主要活动,因此各国通常辅以其他标准。

● 居所标准。居所通常与住所进行区分,指自然人在某国经常性、连续性居住较长时间但没有永久居住意愿的场所,一般具有非长久性、无固定性的特征。采用居所标准的国家主要有英国、澳大利亚、加拿大等。随着国际经济活动日益频繁,居所标准与住所标准相比更能准确地反映出自然人与其经常活动的所在国之间的经济社会联系,但是在实践中,居所标准的认定往往缺乏客观标准,存在一定的争议,所以各国往往结合居住时间共同判定。

● 居住时间标准。居住时间标准即以自然人在一国境内实际居留是否达到或者超过一定期限,作为划分其居民或者非居民的标准,不应该考虑其在该国境内是否拥有居所或者财产等因素。各国对于居住时间标准有不同的规定,大多数国家采取 6 个月或 183 天的标准,如英国、德国、澳大利亚等国,也有国家采用 1 年(365 天)的标准,如中国、韩国、日本等国。对于居住时间的具体认定,各国做法也不尽相同,比如有的国家认为自然人必须在本国境内的连续居住时间超过本国标准,才可认定为自然人居民身份;有的国家认为自然人在本国境内的累计居住时间超过本国标准,即可认定为本国的自然人居民。

各国在判定自然人居民身份时,往往会选取以上一项或者几项标准综合考量。

(2)法人居民身份。各国对于法人居民身份的认定标准主要分为登记注册地标准、实际管理和控制中心所在地标准、总机构所在地标准和控股权标准,分别介绍如下:

● 登记注册地标准。登记注册地标准是以法人登记注册地作为确定其居民身份的标准。在该标准下,一般依据该国法律在该国登记注册的公司(企业),无论其实际管理和控制中心所在地或总机构是否设在该国,无论实际控股人是否为该国人,均可认定其为本国的法人居民。美国、墨西哥、芬兰、瑞典等国均采用此标准。例如美国法律规定,只要是在美国登记注册的公司,无论其管理机构是否设在美国,也无论其股权属于谁,都是美国的"法人居民",应就其全部所得向美国缴纳所得税。

● 实际管理和控制中心所在地标准。实际管理和控制中心所在地标准是以法人在经营管理中做出重要决策的地点认定其居民法人身份的标准。采用该标准的国家往往强调在确定居民法人身份时,要综合考虑各个因素,例如股东大会或董事会召开地、拥有公司经营决策权的股东或高级管理人员的居住地、账簿记录和保存地、银行账号开设地等。采用该标准的有英国、加拿大、爱尔兰等国,例如英国法律规定法人的实际管理和控制中心为董事会所在地或董事开会所在地①。

● 总机构所在地标准。法人总机构所在地标准是按法人的总机构所在地确定其居民身份的标准,法人的总机构设在哪国,便为该国的居民公司。中国、法国、日本等国采用这一标准,如法国税法规定,凡总公司设在法国国内的为本国法人居民,总公司不在法国国内的为外国法人居民。

● 控股权标准。控股权标准是以公司拥有控制表决权股东的居民身份来认定公司法人居民身份的标准,即有控制表决权的股东为该国居民,则该公司为该国法人居民。但是当有控制表决权的股东为多国居民,或者该公司为上市公司时,该标准将难以决定公司的居所,因此这种标准只有少数国家采用,如澳大利亚等国。

各国在认定法人居民身份时,多数采用两种或两种以上标准,仅个别国家采取其中一种,如美国仅采取法人登记注册地标准、爱尔兰仅采用实际管理和控制中心所在地标准。

2. 公民税收管辖权。公民税收管辖权是指国籍国对具有本国国籍的公民来源于世界范围内的全部收入以及存在于世界范围内的财产所行使的课税权力。这一标准并不考虑公民与一国之间是否存在实际经济社会联系,即无论公民与一国之间是否具有实际经济或财产利益关系,该公民均应该对其全球所得承担无限纳税义务。美国等国采用该标准。

(二) 属地性质税收管辖权

属地性质税收管辖权又称"地域税收管辖权""来源地税收管辖权",指对任何国家的居民或公民来源于本国领土范围内的收入以及存在于本国领土范围内的财产所行使的课税权力,纳税人应就来源地所得承担有限纳税义务。行使该权力的核心是判定收入来源地,即判定纳税人所获取的收入是否来源于本国境内以及财产是否存在于本国境内。对收入来源地的判定,通常因收入或财产项目的不同而有不同的标准,主要可分为劳务所得、营业所得、投资所得以及财产所得。

---

① David R. Davies. Principles of International Double Taxation Relief. Sweet Maxwell,1985:16.

1. 劳务所得。劳务所得指纳税人从事劳务服务所获得的报酬。当劳务的提供主体为企业时,在税法上应当将企业的劳务所得划入企业的营业所得范围内。当劳务的提供主体为个人时,可分为"独立的劳务所得"和"非独立的劳务所得"两种类型:前者指以个人名义从事专业性劳务或者其他独立性活动所取得的报酬,如以个人名义从事医生、设计、律师、会计等获得的收入,后者指个人受雇于他人从事工作而取得的收入,如工资、奖金和劳动津贴等。一般来说,各国确认个人劳务所得来源地的标准主要有劳务履行地、劳务所得支付地和劳务报酬支付人居住地这三种,多数国家采用劳务履行地标准。

2. 营业所得。营业所得又称经营所得,是指从事各种营利性活动所取得的利润。判断营业所得的核心在于该笔所得的发生与该企业的主营业务之间是否有必然的联系,在实践中一般采取常设机构标准进行判断。常设机构指一个企业进行全部或部分营业的固定场所,在当地进行营业活动,有固定的营业场所,如管理场所、分支机构、办事处、工厂、车间、作业场所等,便构成常设机构。如果一国的非居民自然人或者法人通过常设机构实现其营业所得,该国可以就其营业所得进行征税,反之,如果没有在一国设置常设机构或者其营业所得没有通过常设机构获得,那么该国无权对该非居民的营业所得征税。此外,一些国家采取代理人标准判断是否设置有常设机构,即如果某个非居民通过有依附关系(非独立地位)的居民代理人在一国开展商业活动,代理人有权以非居民的名义签订合同,那么该非居民通常被认为在该国设有常设机构。除常设机构标准外,某些英美法系国家也以合同的订立地或货物的交付地来认定营业所得的来源地,例如英国以合同订立地作为非居民营业所得的来源地。

3. 投资所得。投资所得是纳税人从事各种间接投资活动所取得的利益,例如股息、红利、利息、租金和特许权使用费等。投资所得均具有权利性质:股息和红利一般指因持有公司股份而对公司利润主张分享的权利;利息指债权人就其债券所获得的收入;租金是转让有形资产使用权所获得的报酬;特许权使用费是提供专利、商标、著作等使用权而获得的收入。各国对投资所得的确认标准一般有投资权利发生地原则和投资权利使用地原则,前者是以权利提供人居住地作为投资所得来源地,后者是以权利使用人或债务人居住地作为投资所得来源地。我国通常采取投资权利使用地原则作为判定投资所得来源的标准。

4. 财产所得。财产所得指纳税人拥有、使用、转让财产而获得的收益,主要为不动产所得和财产转让所得①。不动产所得主要是使用、出租不动产所获取的收益,一般由不动产所在国对其进行征税。财产转让所得包括不动产转让所

---

① 张晓君. 西方政法大学国际法学系列 国际经济法学. 厦门大学出版社,2012.

得和动产转让所得,对于不动产转让所取得的收入一般认为来源于不动产所在国,由该国进行征税,但是在动产转让所得来源地的认定上,各国标准并不统一,总体上以财产转让者居住国、财产实际销售国或成交国作为所得来源地的判断标准①。

一般地说,资本技术输入较多的发展中国家,多侧重于维护地域管辖权;资本技术输出较多的发达国家,多侧重于维护居民(公民)管辖权。

第二节　国际双重征税及豁免

一、国际双重征税

国际双重征税是国际上有关国家对跨国纳税人的同一课税对象(通常是应税所得)课以同样或类似的税收。由于不同国家管辖权不同,跨国公司取得收入后,先向东道国纳税,利润汇回后,还要向本国纳税,这往往造成双重征税。国际双重征税通常可区分为"法律上的双重征税"和"经济上的双重征税":法律上的双重征税是指两个或两个以上国家在同一时期对同一纳税人的同一征税对象课征相同或类似的税收;经济上的双重征税是指两个或两个以上国家在同一时期对不同纳税人的同一征税对象课征相同或类似的税收②。本书所讨论的国际双重征税均为法律上的双重征税。

(一)法律上的双重征税

造成法律上双重征税的主要原因是税收管辖权的重叠,具体有以下三种形式:

1. 居民(公民)管辖权同地域管辖权的重叠。居民(公民)管辖权同地域管辖权的重叠是最常见的双重征税形式。居住国有权对其居民自然人或法人的全球所得征税,而所得来源国有权对其非居民在本国的所得征税,这样一来,当纳税人进行跨国商业活动时,其居住国和所得来源国均有权对其征税,纳税人无可避免地需要负担双重税负。

2. 居民(公民)管辖权与居民(公民)管辖权的重叠。这种情形通常由于各国属人性质的税收管辖权标准不同或采用多重标准,两个国家按照本国税法均主张同一纳税人为本国居民,需对其全球所得征税。比如 A 国对法人居民身份采取登记注册地标准,B 国对法人居民身份采取总机构所在地标准,若某公司

---

① 刘剑文 . 国际税法学 . 北京大学出版社,2004;95.
② 冯梅,朱畅,李昌玉等 . 国际经济法 . 华中科技大学出版社,2012.

在 A 国登记注册,但是在 B 国设置总机构,那么它需要承担 A 国和 B 国的双重税负。

3. 地域管辖权与地域管辖权的重叠。这种情形通常由于各国对于所得来源地的认定标准不同,两个国家按照本国税法均主张同一所得来源于本国,需对该笔所得征税。比如 A 国因这笔劳务所得的支付者在本国而对其征税,B 国因这笔劳务所得的取得者在本国而对其征税,从而造成同一地域管辖权行使范围的冲突和重叠,导致国际重复征税。

(二)经济上的双重征税

经济上的双重征税和法律上的双重征税主要区别在于纳税主体是否相同,前者是不同国家对不同纳税人的同一所得的重复征税,后者是不同国家对同一纳税人的同一所得的重复征税。经济上的重复征税通常发生在具有经济联系的母公司与子公司之间、股东与公司之间等。

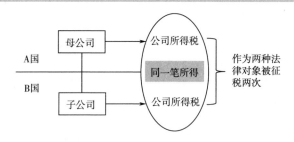

图 9-1 经济上的双重征税

(三)预提所得税

预提所得税指一国政府对本国居民或在本国经营的公司向非居民企业(国外投资者、跨国公司母公司等)支付的股息、利息、租金、无形资产特许权使用费等投资性收益征收的税收,实行由支付单位按支付金额代扣代缴所得税的制度。大部分发达国家预提所得税税率在 10%~30%。中国企业所得税税法规定,对外国企业在中国境内未设立机构、场所的,或者虽设立机构、场所但取得的所得与其所设机构、场所没有实际联系的,减按 10% 的税率征收企业所得税(预提所得税)。

在中国,境外投资方在以下情况可享受较低的预提所得税税率:①境外投资方是与中国签订双边税收协定国家的税收居民;②满足税收协定所列的低预提所得税条件;③境外投资方是此类收入的受益所有人;④直接拥有该中国居民公司的资本/股权比例;⑤境外投资方以分配的利润进行再投资。

举例来讲,中国某中日合资企业将一笔股息支付给其日本的母公司,该笔股息在中国已缴纳税款如下:①企业所得税25%,汇出的股息为税后利润;②预提所得税,股息汇出应交纳预提所得税10%。该笔股息在汇到日本时,作为日本母公司收入,还需向日本政府缴纳企业所得税。

(四)国际双重征税的影响

随着国际经济的快速发展,国际双重征税问题也愈发凸显。经济决定税收,同时税收也反作用于经济。目前,国际双重征税对于国际经济的发展产生了各方面的消极影响。

首先,作为纳税人,依法缴纳税款无可厚非,但是由于不同国家的双重征税甚至多重征税问题,加重了跨国纳税人的税收负担,影响了投资者对外投资的积极性,违背了税收公平原则。

其次,跨国经济活动是生产力发展的必然要求,是社会发展的必然结果,推动国际经济发展有利于生产要素在全球范围内加速流动,提高资源的使用效率,促进国际性专业化分工,但是国际双重征税加重了跨国所得税收负担,阻碍国际经济合作与发展。

最后,国际双重征税是不同国家对同一纳税人的同一所得重复征税的结果,当一国对该所得多征税时,就很可能导致另一个国家少征税,这影响了有关国家之间的财权利益关系。

鉴于上述消极影响,各国均应积极采取措施减轻、避免或者消除国际双重征税。

二、避免、减轻双重征税的措施

(一)单边措施

单边措施是指一国政府单方面在税法中规定,对已在国外纳税的境外所得自动避免或消除双重征税的措施,主要分为免税法(豁免法)、扣除法(列支法)、抵免法、税收饶让、低税法和缓交法。

1. 免税法。免税法指居住国政府对其居民来源于非居住国的所得额,在一定条件下放弃行使居民管辖权,免于征税。这种方法从根本上消除了双重征税,对跨国公司最为有利,但对国家的财政收入不利,且容易导致发达国家的技术和资金外流。免税法可分为全额免税和累进免税。

全额免税只对纳税人国内收入征税,完全不考虑其境外收入,其计算公式为:

$$居住国应征所得税额=居住国国内所得×适用税率$$

累进免税对其境外收入不单独征税,但按照其境内外收入总额来选择其境内收入适用的边际税率,其计算公式为:

$$居住国应征所得税额=居住国国内所得×国内外总所得适用税率$$

举例来讲,A 国甲公司在某一纳税年度内,国内外总所得 100 万元,其中来自国内的所得 70 万元,来自国外分公司的所得 30 万元。居住国 A 国实行超额累进税率:年所得 60 万元以下部分,税率为 30%;61 万~80 万元部分,税率为 35%;81 万~100 万元部分,税率为 40%。国外分公司所在国实行 30% 比例税率。如果 A 国采用累进免税法,对甲公司在国外分公司的所得放弃行使居民税收管辖权,只对其国内所得征税,但要将免于征税的国外所得与国内所得汇总考虑,以确定其国内所得适用的税率。

甲公司在 A 国应纳所得税额为:

$$[60×30\%+(80-60)×35\%+(100-80)×40\%]×70/100=23.1(万元)$$

甲公司的国外分公司纳税额为:

$$30×30\%=9(万元)$$

甲公司纳税总额为:

$$23.1+9=32.1(万元)$$

2. 扣除法。扣除法指居住国政府对其居民的国内外所得汇总征税时,允许其国外所得已纳外国所得税款作为费用,从应税所得额中予以扣除,就扣除后的余额计算应纳税额。此方法将收入来源国缴纳的所得税当成一般的费用支出,在计税所得中扣除。其计算公式为:

$$居住国应征所得税额=(母公司国内外总所得-国外已纳所得税)×居住国适用税率$$

【例9-1】假定某纳税年度,A 国居民来自 A 国所得为 10 万元,来自 B 国所得为 5 万元,A、B 两国所得税率分别为 30% 和 40%。计算该居民纳税总额。

解析:未实行扣除法条件下:

$$B 国已征所得税额:5×40\%=2(万元)$$

$$A 国应征所得税额:15×30\%=4.5(万元)$$

$$该居民总应纳税额:2+4.5=6.5(万元)$$

实行扣除法条件下:

$$B 国已征所得税额:5×40\%=2(万元)$$

$$A 国应征所得税额:[10+5-(5×40\%)]×30\%=3.9(万元)$$

$$该居民共纳税:2+3.9=5.9(万元)$$

需要注意的是,居住国实行扣除法,不能完全免除由于税收管辖权重叠交叉造成的国际双重征税,其给予跨国纳税人扣除的一部分税款,只能对国际双重征税起一定缓解作用。究其原因,在于居住国没有完全承认收入来源国行使地域税收管辖权的优先地位,而只是承认了一部分,以致对跨国纳税人的重复征税问题没有从根本上解决。

3. 抵免法。抵免法指行使居民税收管辖权的国家,对居民国内外的全部所得征税时,允许纳税人将其在国外已缴纳的所得税额从应向本国缴纳的税额中抵扣。该方法维护了居住国的正当权利,较好地处理了国际税收关系,消除了双重征税的问题,因此被多数国家采用。其基本计算公式为:

居住国应征所得税额=居民国内外总所得×居住国税率-允许抵免的已缴来源国税额

抵免法又可分为直接抵免和间接抵免两种具体形式,如表 9-1 所示。

表 9-1　　　　　　　　　　　　抵免法总结

基本 计算公式	居住国应征所得税额=居民国内外总所得×居住国税率- 允许抵免的已缴来源国税额	
两种 具体形式	直接抵免,指居住国的纳税人用其直接缴纳的外国税款冲抵在本国应缴纳的税款。一般适用于总公司与海外分公司之间的税收抵免	全额抵免
		限额抵免
	间接抵免,指对跨国纳税人在非居住国非直接缴纳的税款,允许部分冲抵其居住国纳税义务。适用于跨国母子公司之间的税收抵免	一层间接抵免
		多层间接抵免

(1)直接抵免。直接抵免指居住国的纳税人用其直接缴纳的外国税款冲抵在本国应缴纳的税款,所要消除的是居住国和收入来源国对同一跨国纳税人行使居民和地域管辖权征税所产生的国际重复征税问题,具体分为全额抵免和限额抵免两种方式。

●全额抵免,是指居住国政府对跨国纳税人征税时,允许纳税人将其在收入来源国已经缴纳的所得税,全部在应向本国缴纳的税款中给予抵免。计算公式为:

居住国应征所得税额=居民国国内外总所得×居住国税率-已缴来源国所得税额

=居住国所得×居住国税率+(来源国所得×居住国税率-

已缴来源国所得税额)

●限额抵免,允许抵免额度由"抵免限额"和"纳税人实缴税额"两个指标的比较取其低者来确定。其中,"抵免限额"的计算公式为:

抵免限额=来源国的所得×居住国税率

举例来讲,假定甲国一居民公司在某纳税年度全部所得 100 万元。其中,来自本国所得 80 万元,来自乙国(来源国)分公司所得 20 万元。甲国税率为30%、乙国税率为 40%,则该公司应向甲国缴纳的总所得应纳税额:100×30%=

30(万元)，分公司实缴乙国税额：20×40%＝8(万元)。

全额抵免时，总公司抵免后应向甲国缴纳税额：

$$30-8=22(万元)$$

限额抵免时，乙国税收抵免限额：20×30%＝6(万元)，税收抵免限额少于向乙国实缴税额8万元，总公司抵免后应向甲国缴纳税额：

$$30-6=24(万元)$$

(2)间接抵免。间接抵免指对跨国纳税人在非居住国非直接缴纳的税款，允许部分冲抵其居住国纳税义务，适用于跨国母子公司之间的税收抵免。股息承担的外国所得税并不是母公司直接缴纳的，所以只能以"视同母公司间接缴纳"而给予抵免处理，这就是间接抵免的含义。其具体分为一层间接抵免和多层间接抵免法两种类型。

● 一层间接抵免，指母公司从国外子公司取得的股息收入的相应利润(还原出来的那部分国外子公司所得)，就是母公司来自国外子公司的所得，因而可以并入母公司总所得进行征税。

● 多层间接抵免，指居住国对母公司来自其外国子公司，以及其子公司下属的多层外国附属公司的股息所应承担的外国所得税的税收抵免。一般来说，多层间接抵免最多不超过三层，超过上述境外三层控股架构的子公司在境外缴纳的所得税税款不得抵免。

举例来讲，A国母公司在B国设立一子公司，子公司所得为2 000万元，B国公司所得税率为30%，A国所得税率为35%，子公司缴纳B国所得税600万元(2 000×30%)，并从其税后利润1 400万元中分给A国母公司股息200万元。

如果计算A国母公司应纳所得税额，步骤如下：

母公司来自子公司的所得为：

$$200÷(1-30\%)=285.714\ 3(万元)$$

母公司应承担的子公司所得税为：

$$285.714\ 3-200=85.714\ 3(万元)$$

间接抵免限额：

$$285.714\ 3×35\%=100(万元)$$

可抵免税额：由于母公司已承担国外税额85.714 3万元，不足抵免限额，故可按国外已纳税额全部抵免。

母公司应缴A国所得税：

$$100-85.714\ 3=14.285\ 7(万元)$$

4. 税收饶让。税收饶让亦称"虚拟抵免"，指居住国政府应收入来源国政府的要求，将其居民的境外所得因享受来源国给予的税收优惠而未实际缴纳的税款，视同已纳税款而在居住国应纳税款中给予抵免。

【例9-2】美国某跨国公司A有来自中国的收入。中国对A征收了25万元税款,A 在美国应缴税 35 万元,问 A 在税收抵免和税收饶让的情况下分别需要在美国实际缴纳多少税款(假设美国允许抵免 25 万元税款,中国的税收优惠为 20 万元)?

解析:税收抵免的情况下,因为允许抵免已向中国缴纳的税款 25 万元,实缴税款为 35-25=10(万元)。

税收饶让的情况下,因税收优惠,中国对 A 免征应纳税款 20 万元,A 在美国应缴税 35 万元,因税收饶让,美国允许 A 扣减中国给予免除的税款 20 万元,实缴税款为 35-20=15(万元)。

5. 低税法。低税法指母国对跨国公司的境内外全部收入单独实行较低的税率,从而在一定程度上减轻国际重复征税。在国际实务中,低税率的差异较大,该方法虽然一定程度上避免了双重征税,但不彻底。

6. 缓交法。缓交法指国外子公司或分公司从国外取得的利润所得在未汇回本国之前,不在本国纳税。该方法容易导致利润长期滞留海外,所以在实践中不常用。

(二)双边或多边措施

解决国际双重征税的双边或多边措施指两个国家或两个以上国家通过签署国际税收协定,对成员国的税收管辖权进行限制,来减轻或消除成员国居民在各成员国内的重复征税问题。由于各国经济结构和税制不尽相同,目前双边措施较多边措施来说更为普遍采用。

国际税收协定指两个或两个以上的主权国家,为了协调相互间的税收分配关系和解决重复征税问题,经对等协商和谈判所签署的一种书面协议或条约。主要内容涉及税收协定适用的范围(包括对人的使用范围,税种、领域和时间的适用范围),税收管辖权的划分(以避免对纳税人重复征税、确定消除重复征税的方法),互相交换税收情报,防止国际偷漏税和国际避税等。从法律地位看,国际税收协定在中国等大多数国家优先于缔约国国内税法,但在美国等国不具有优先地位。

第三节　跨国公司国际避税

跨国公司税务筹划的主要目标就是在国际范围统筹安排公司各项经济业务活动,利用优惠政策,合理规避税收,使得公司总体的税收负担最小化,从而达到利润最大化。正因如此,国际避税成为跨国公司在全球经营中的普遍现象,跨国公司也成为在富豪个人之上最大的国际避税主体。经合组织(OECD)的税基侵蚀和利润转移(BEPS,base erosion and profit shifting)项目在 2015 年估计,跨国公司的避税数额每年为1 000亿~2 400亿美元,这个金额大约占了全球公司税收入的4%~10%。世界闻名的各大跨国企业几乎都通过国际税收筹划进行国际避税,涵盖科技、零售、汽车、时尚、快餐、家具等各个领域,例如苹果、亚马逊、麦当劳、宜家、星巴克、菲亚特克莱斯勒、zara等。鉴于跨国公司国际税务筹划的普遍程度,以及建立最佳税收公司结构的重要意义,了解跨国企业国际避税知识变得至关重要。

一、国际避税的形成

(一)国际避税与国际逃税

跨国公司的国际避税指的是跨国公司利用各国税法制度的差异,国际税收协定、税法制度本身存在的漏洞和真空,采取变更经营地点或转移收益等种种不违反税法规定的方法,进行财务管理和税务筹划,以规避或尽量减轻国际纳税义务,其基本目标是跨国公司价值最大化。这种方式要求跨国公司谨慎选择资本结构,最大限度地降低整个集团的税收负担,尤其强调跨国公司对子公司利润的重新分配,以便利用不同地区之间的税收政策差异。

跨国公司的国际逃税或者国际偷漏税,是指跨国公司不遵守征税国的有关法律,利用国际税收管理的困难和国际税收合作中存在的漏洞,有意识地采取种种隐蔽或欺诈的手段,以逃避根据有关国家的税法及双边的或多边的国际税收协定本应承担的纳税义务。

跨国公司国际避税和国际逃税最实质性的区别就在于法律后果,即是否违反征税国的法律法规,如果违反就被认定为逃税,将受到法律制裁,不违反则认定为避税,合法地达到了节税目的。从利用条件来看,国际避税一般利用法律法规的漏洞,国际逃税则直接违反明文规定。从表现形式来看,国际避税通常全流程公开透明,国际逃税一般涉及文件伪造和隐瞒欺诈。

事实上,国际避税和国际逃税是两个近似的概念,其目标和结果都是让跨国企业减少实际的税收负担,并让政府实际得到的公司税收减少。由于近年来各国的反国际避税法规政策日益完善,跨国公司通常使用的许多避税手段都逐渐从合法转向非法。在此基础上,国际避税手段日趋复杂和隐蔽,涉及许多有争议的模糊法律问题,同时跨国税收的信息交流协商进一步增加了国际避税的认定成本。因此,国际避税和国际逃税的区分存在一定模糊性,就一些具体避税方式而言,有从避税向逃税转化的动态趋势。

(二)国际避税产生的原因

国际避税的产生原因主要可以分为跨国公司的主观意愿和客观环境的助

力两部分。从主观意愿的角度来看,公司为了追求利润最大化,会自然而然地在全球寻找价值投资洼地,避税手段将减少投资成本、增加投资价值,促使公司需要税收筹划。对于跨国公司而言,其面对更加复杂广阔的全球投资环境和激烈竞争,根据不同地区税收差异摊薄成本转移利润的需求将更加迫切。从客观环境的角度来看,目前的国际税务环境一方面助长了跨国公司国际避税的意愿,另一方面为它们避税提供了有利条件。

目前各主要国家的企业税率都处在较高的水平,加之全球经济的持续疲软和新冠肺炎疫情等突发情况的打击,跨国公司的税负压力较大,具备进行税收筹划来避税的迫切需求。同时,不同地区在税收环境上的诸多差异为跨国公司国际避税提供了最直接的便利条件,因为差异的存在就意味着投机的空间:①对纳税义务的规定不一致。不同的国家对于征税权力的规定不同,不同的税收管辖权范围导致被征税的对象不一致,例如属人原则和属地原则在各国税收法律上的不同适用,将导致部分跨国公司成为不同国家共同的管辖纳税对象,或者成为不同国家都无法管辖的纳税对象。②课税程度和方式不同。即使课税对象相同,不同国家对于税收实际缴纳的规定也有很多差别,例如征收直接税或间接税的差别,更不用说实践中繁多的具体计算标准将直接影响纳税的高低。③税率高低的不同。有的国家较多采用累进税率,另一些国家较多采用单一税率,不同国家的所得税及营业税税率可能有惊人的差额。④税基范围的不同。一般而言,税基包括所得、财产和商品三种,各国的缴税范围不尽相同,甚至一些地区无须缴纳税收。⑤免除国际双重征税的方法不同,这包括各种形式的抵扣等税收优惠政策的实施差异。⑥对国际避税的态度及所采取的反避税措施不同。尤其对于相互之间没有税收协议的国家而言,这种相互极少进行税务沟通的状态,极易引起不同避税措施是否违反法律的国际争端。⑦税法的执法程度不一样,征税是否严苛最终取决于税法的实际执行水准。⑧其他投资和人身方面的法律,由于影响投资商务环境,事实上也会创造国际避税的条件。

二、国际避税的主要方法

(一)利用转移价格避税

目前跨国公司最常见的国际避税手段就是转移价格,或者说转移收入。这一操作的主要手段就是在跨国公司内部,在母公司与子公司、子公司与子公司之间购销产品、提供服务、转让技术、资金借贷、设备租赁时确定有利的内部价格,将利润较多的部分截留在能够享受更多税收优惠的子公司,从而降低跨国公司集团整体负税,获取更多利润。其核心思想在于,通过复杂的关联交易使得应税收入减少,并保留在税率更低的子公司,也就是向税务部门证明,整个跨国公司集团内部适用税率最低的那部分业务对利润贡献最大。斯古乐（Scholes，2005）指出，这种方法不仅包括跨越地理区域的收入转移，还涉及将收入的类型和期间进行复杂的转化改变。

该方法被认为十分基础但有效，拥有跨不同税收管辖区的分支机构将显著减少跨国公司的应税利润[①]。在全球跨国企业纷繁复杂的避税方法中几乎都包含这一基本操作，只要能够证明或者说明公司内部的转移价格制定是合理公平的，并且在适用相应的税收优惠政策方面没有问题，税务部门就无法将该避税手段认定为逃税。从2015年开始，欧盟要求对利用该手段避税的苹果、星巴克和菲亚特克莱斯勒等公司课以额外罚金，然而经过旷日持久的法院审理，在2020年欧盟输掉了与苹果和星巴克的相关诉讼，仅仅成功收取了菲亚特克莱斯勒的罚金，可见这种避税方法仍然普遍且有效。有数据指出，这种方法让谷歌和苹果的实际有效税率分别低至3%和1%[②]。

（二）利用国际避税地避税

国际避税地也叫做国际避税港，更通俗的说法就是避税天堂，指的是对所得与资产免税，或按较低的税率征税，或实行较大幅度税收优惠政策的国家或地区。不仅仅作为富豪个人避税的首选，利用国际避税地同样也是跨国公司这类大型企业国际避税的重要方法。不同地区的税收环境差异为跨国公司避税创造了良好条件，国际避税地毫无疑问对跨国公司来说是税收环境最好的洼地。

跨国公司通过将有关财产、收益以及经营行为转移到国际避税地，就可以规避非避税地对这些财产、收益或行为的税收管辖权，有效降低税收负担。跨国公司可以选择将法人单位整体迁移到国际避税地，这种方法可以从根本上彻底地降低税收负担，但对于绝大多数跨国公司而言缺乏现实可行性。因此，在实际操作中，跨国公司往往通过在国外设置有关联的分支机构或子公司，利用税收管辖权的范围漏洞，将纳税义务转移到国际避税地。如果这类地区不复存在，转移定价、公司重置等大量国际避税手段的操作空间将受到极大限制。

1. 常见的国际避税地。国际避税地大致分成完全不征税的地区、低税率的地区、仅实行地域管辖权的地区和拥有大量税收协议的地区四类。完全不征税的地区就是通常意义上所指的避税天堂，例如开曼群岛、百慕大群岛、巴哈马、摩纳哥和瑙鲁，这些国家和地区不征收所得税、财产税、资本利得税等税种，凭

---

① Mintz, J. and Smart, M. Income shifting, investment, and tax competition：theory and evidence from provincial taxation in Canada. Journal of Public Economics，2004，Vol. 88 No. 6, pp. 1149-1168.

② Dharmapala, D. What do we know about base erosion and profit shifting? A review of the empirical literature. Fiscal Studies，2014，Vol. 35 No. 4, pp. 421-448.

借自己国小民少的特殊性,专门吸引国际资本避税,形成了特殊的避税经济。以开曼群岛为例,诸多中外跨国企业都注册在那里,全球有名金融机构都在开曼群岛有分支机构,进行注册上市等财务金融活动手续很简单,费用极低,且非常便利。对直接税征收较低税率的一些地区也被认为是国际避税地,如卢森堡和列支敦士登,这些国家和地区有时会与特定公司签订特殊的税收优惠协定,吸引跨国公司,形成双赢。还有一些仅实行地域管辖权、豁免外国所得税款的地区,对于境内的外国经营活动所得几乎免税,如中国香港地区和巴拿马。另外,像荷兰等与大量国家签订税收协议的国家有时也被视为国际避税地。

2. 国际避税地的特点。国际避税地的形成并不是偶然的,这些避税地在主客观条件上都有一些共通特点:

(1)避税地一定是一个政治社会稳定的地区,这样才能拥有吸纳资金的安全环境。

(2)避税地一定是能够实施低税率乃至无税率的地区,否则就不具备避税的基本功能特点。

(3)避税天堂必须是一个能够严格保密信息的地方。不只当地金融机构如此,政府部门最好也如此,能够提供银行信息保密,拒绝与其他国家的税务机关交换信息,保护投资者免受外部税务机关的攻击。2015—2016年爆发的卢森堡和巴拿马泄密案件就显示该类避税地政府隐瞒了大量避税信息。

(4)避税地本身有灵活的货币兑换机制,最好还有自己的稳定货币,便于大量资金流动转移。

(5)该地应当注重离岸金融发展,拥有实质性的交易活动比例较少但总体经济占比极高的金融业。玛瑞(Maraa,2015)就指出,低税率不足以使一个国家成为避税天堂,还需要金融服务业占其GDP比例很大。

(6)该避税地最好位于重要的交通贸易节点上,这样便于人员往来和资金流动。

(7)如果该避税地能够拥有一些国际税收优惠条约,将会有锦上添花的效果。

最终我们可以发现,符合这些条件的国家或地区基本上是靠近重要经济中心的袖珍经济体,甚至专门以避税金融为经济支柱。

需要指出的是,一个容易与国际避税地混淆的概念是自由港,或者说自由贸易港、自由贸易区、自由关税区,这类地点指向的是不设海关管辖,在免征进口税、出口税、转口税的情况下,从事转口、进口、仓储、加工、组装、包装、出口等经济活动的港口或地区。这类地区是广泛存在的,如中国各类自由贸易试验区、保税区等。可以发现,自由港主要以免征关税为特征,避税港则主要以免所得税为特征。因此,自由港可能同时被认为是避税港,例如中国香港地区,而在很多情况下,一般的自由港并不是避税港,例如海南自由贸易港、上海自由贸易实验区。

(三)选择有利的海外组织形式

对于跨国公司而言,在进入不同国家市场时如何选择组织形式,是一件关系税收筹划的大事,需要精心选择,使跨国公司整体集团达到税收最小化。最关键的问题在于如何处理该新公司和母公司的关系,究竟该设置为分公司(分支机构)还是子公司,如何才是最优的避税规划。

一般而言,设立分公司是大部分跨国公司在较高税率地区设置分支机构的选择。因为分公司作为母公司分支机构,不属于独立法人,每年的经营所得必须汇总回总公司一起纳税,合并申报,事实上等于仍然在国内经营,享受国内税率。并且,一般东道国都会免除外国分公司的注册税、印花税和各项计提税等杂项税费,同时允许把分公司初创期的损失和费用拿去冲抵母公司损益,减少税基。分公司还免去了在东道国进行年度审计、填报记录等许多麻烦。与此同时,分公司在东道国并不能享受东道国的各项税收优惠政策,所以适合设立在较高税率地区。

设立子公司是跨国公司在低税率地区设立新公司的首选。因为子公司本身属于独立法人,法律上被认作是东道国本国的公司,可以享受东道国自己的低税负待遇,独立向东道国纳税,而不是向母公司汇总纳税。还有一点明显的好处在于,子公司正是使用转移定价方法避税的载体,适合将处于高税率区的母公司的利润转移至低税率地区子公司,同时利润何时汇出、如何分配等安排都相对于分公司更加灵活,没有每年必须汇总的强制要求。当然,相对的代价就是设立分公司的优点子公司均不能享受,因此需要面对东道国的各项登记和审查规定,在东道国完成日常经营和审查,同时还会成为东道国税务部门审查是否有国际逃税行为的重点对象。

为此,实务中延伸出一些更灵活的避税做法,例如利用公司重组的形式,母公司可以在营业初期预计该新公司产生亏损时,先以分公司的形式设立,开展有关业务;当分公司扭亏为盈后,再尝试将其转变为子公司形式。斯登海姆(Stonham,1997)就指出了这样一个税收筹划案例,在 1996 年获得税务机关批准后,一家英国母公司采用分拆策略将美国分公司转变为子公司,从而获得美国股息免税的优惠。

(四)避免成为常设机构

绝大多数国家都会利用常设机构的概念,作为对非居住个人或非居住地公司在本国收入征税的依据。因此,对于跨国公司而言,如果能够想办法让其在东道国的分支机构避免成为当地认定的常设机构,就可以规避在当地的纳税义务。

一般而言,世界各国对于常设机构的认定判断,要么遵循经合组织(OECD)起草的税收协定范本,要么遵守联合国(UN)起草的税收协定范本。这两个范本除了部分期限时间规定有所区别外,其他认定条款基本一致。常设机构必须是企业进行全部或部分营业的固定场所,特别强调管理场所、分支机构、办事处、工厂、作业场所、所有开采自然资源的场所都是包括在内的。经合组织(OECD)的协定范本还特别规定,常设机构不包括专门为本企业进行准备性或辅助性活动的目的所设的固定营业场所,包括专为储存、陈列或交付本企业货物或者商品的场所等。同时,一般对于非居民在一国内利用代理人从事活动也有专门规定,只要该代理人(不论是否具有独立地位)有代表该非居民经常签订合同、接受订单的权利,就可以由此认定该非居民在该国设有常设机构;但是如果非居民仅仅通过经纪人、一般佣金代理人或者其他有独立地位的代理人营业,按常规进行本身业务,则不认定该非居民在该国设有常设机构。目前中国与其他国家的国际税收相关往来一般都以经合组织(OECD)的协定范本为准。

由于技术水平的提高和生产周期的缩短,相当一部分跨国公司已经能够在各国政府规定的免税期限内(一般为6~12个月)实现其经营活动,并获得相当可观的收入,然后撤离,避免期满成为需要纳税的常设机构。在数字经济情形下,利用各国对常设机构的不同标准在跨境电子商务界已经成为常态。在美国等技术出口国家,服务器并不被认定为常设机构,因此一些跨境电商将服务器设置在这种国家,并通过该服务器进行日常的线上服务和资金来往,由于公司的实体设置在本国,这部分全程在外国进行的交易得以逃避本国和外国的征税(见图9-2)。不过近年来经合组织(OECD)已经注意到这一点,并在税基侵蚀和利润转移项目中提出了针对跨境电商的"虚拟常设机构"认定方案建议,并提议修改准备性或辅助性活动的例外清单。

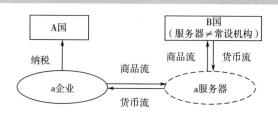

图9-2　跨境电商服务器选址与避税

（五）弱化股份投资

弱化股份投资即资本弱化,也可以叫做资本隐藏、股份隐藏或者收益抽取,这种避税方式靠的是跨国公司在外国子公司的资本结构中降低持有股权资本的比重,转而提高提供债权资本的比重。

该国际避税方式的存在与国际通用的会计处理息息相关,其原理和财务中的"税盾效应"类似。按照会计准则,股权投资的股息利润一般在税后分配,并且不能用来抵扣公司应纳税所得额,同时股息在子公司东道国被征税,汇回母公司又会被本国收所得税,双重收税风险更大;债权投资都是在税前优先得到清偿的,并且可以用来抵扣应纳税所得额,一般来说汇回母公司的债务利息在东道国最多只需缴纳低于所得税率的预提税,相比股权投资收益,明显被征收了更少的赋税。但是,这类避税方式会影响子公司在金融市场上的竞争力,债权和股权资本失调意味着更高的杠杆率,可能影响运营稳定和其他投资者信心。

表9-2提供了一个简单的例子来说明弱化股份投资的避税成果。假设母公司 A 所在地税率为20%,子公司 B 所在地税率为30%。在股息率与债息率相等且不存在税收抵免的情况下,如果母公司使用股权投资,将会比使用债权投资多支付 24 单位赋税。

表 9-2   **弱化股份投资与避税**

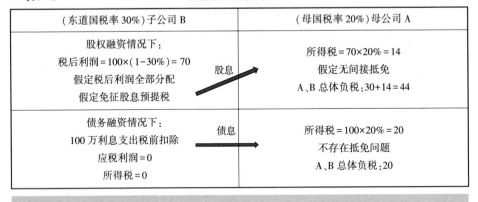

（东道国税率30%）子公司 B		（母国税率20%）母公司 A
股权融资情况下: 税后利润 = 100×(1−30%) = 70 假定税后利润全部分配 假定免征股息预提税	股息	所得税 = 70×20% = 14 假定无间接抵免 A、B 总体负税:30+14 = 44
债务融资情况下: 100 万利息支出税前扣除 应税利润 = 0 所得税 = 0	债息	所得税 = 100×20% = 20 不存在抵免问题 A、B 总体负税:20

（六）利用双边税收协定避税

利用双边税收协定也是跨国公司常用的避税手段,一般指的是一个第三国公司通过导管公司作为桥梁,利用其他两个国家之间签订的国际税收协定,获取其本不应得到的税收优惠政策。

这种避税方法要求第三国跨国公司在缔约国的一方设立一个完全由其控

制的子公司作为"导管"。该子公司作为缔约国的居民公司可以享受缔约国税收协定中的税收优惠待遇,并且通过跨国公司集团整体的关系,通过转移价格等方式把该收益传递给在第三国的母公司,从而使跨国公司母公司间接享受缔约国税收协定的好处。这种方法甚至还可以用在超过三个国家的关系中,例如A国公司通过建立 B 国公司和 C 国公司来取得和控制 D 国公司的股息收入,利用了 B 和 C 之间、C 和 D 之间的税收协定,这种情况下 B 国和 C 国公司可以称为脚踏石导管公司,相关税收结构可以筹划得更复杂隐蔽。

图 9-3 的例子说明了美国母公司是如何利用乙国子公司 B 从而获取甲国和乙国之间税收协定优惠的,本例中母公司的赋税率可以直接从 30% 降低到 10%+(1-10%)×5% = 14. 5%。

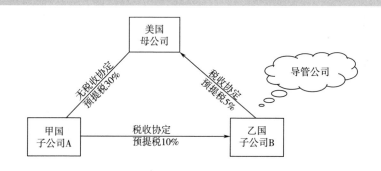

图 9-3　利用双边税收协定避税示意

第四节　国际反避税的监管措施

在全球经济下行、新冠疫情突发、国际贸易进入寒冬的形势下,许多国家的财政压力持续增加,有关谷歌、苹果、星巴克和宜家等跨国企业从事重大国际避税活动的报道引起了政府和公众的一致愤慨。然而大量跨国公司为自己辩护,强调它们完全遵守税法,避税活动是合理利用现有漏洞。

这些国际避税漏洞引起了国际社会注意,各国政府已经决定采取大量反避税监管措施来弥补各种形式的避税漏洞。在 G20 领导人 2012 年 6 月的倡议影响下,2013 年 7 月,经合组织(OECD)制定了税基侵蚀和利润转移行动计划,提出了包括解决数字经济带来的税收挑战在内的 15 项行动计划,该行动计划在2015 年获得了 G20 集团的认可,中国于 2017 年正式签署加入了 BEPS 行动条约。2021 年 10 月 8 日,OECD 发布公告称,占全球经济总量90%的 136 个国家和司法管辖区达成了一项里程碑式的税改协议,该协议将全球最低企业税率设定在至少15%,以确保对跨国公司更公平地征税,减少跨国企业避税机会。除了15%的最低企业税率之外,本次国际税收改革将改变对科技巨头的征税方式,使更多的税收按企业的业务所在地来收取,而非按企业的总部或分支机构所在地来收取,此举将有效遏制科技巨头通过选择低税收地区作为总部的方式来避税的行为。至此,一个国际统一的新型反避税方案已经基本形成。据OECD估算,如果全球最低公司税率设定在15%,每年会为全球带来约1 500亿美元的额外税收收入。

一、完善转移定价的税制立法

作为国际避税最基本最普遍的方法,转移定价是最急需规范限制的避税方法,现实中相当多的反避税案例也是以跨国公司的转移定价是否合法为重点展开的。确定这种避税方法是否违法,事实上就是确定利润和费用在跨国公司集团内部各组成部分的分配是否合理正常公正,有没有涉及明显虚假定价交易的问题。

一般而言,各国在确定转移定价是否为逃税的问题上,适用公平交易或者独立核算的原则。也就是说,如果把跨国公司各组成部分当作市场上独立竞争交易的不同个体,那么它们相互之间的资金往来/贸易流通,包括商品交易、资产转让、提供劳务和贷款等在内的经济行为,无论是否有第三方作为中介掩护,都必须完全符合正常的市场竞争和定价规则,可以用是否符合成本加利润定价等法则来验证判定。只要被认定不符合公平交易,转移定价就会被认定为逃税。中国目前就坚持这一原则,并通过海关估价来判定。

同时,各国在加强转移定价调查的同时,也开始注重相关管理服务,希望唤起跨国公司避免陷入税务调查的主动合规意识。美国在1991年首创的预约定价制度(APA,advance pricing agreement)得到经合组织(OECD)的推动,并在许多国家大力推广。这一制度允许纳税公司事先将其和境外关联企业之间内部交易与财务收支往来所涉及的转让定价方法向涉及的国家税务机关申请报告,并提前获得审核批准,将转让定价的事后调整变成了事先确认,降低了管理难度。数据显示,日本和澳大利亚近年来双边预约定价数量呈现上升趋势,同时还减弱了对于转让定价调查调整力度。中国目前已经启用了单边预约定价服务,即纳税公司与中国本国的税务主管机关预先协商制定关联企业交易的价格并签订协议的服务,努力引导小规模企业申请,提升预约定价实效性,并且正在研究转让定价、磋商与预约定价的转换合并机制,配合BEPS行动计划研究金融和数字经济领域的转移定价问题①。

二、受控外国公司法规应对国际避税地

受控外国公司(CFC)指的是由本国居民直接或间接控制的外国公司。阻止利用国际避税地逃税的重点就在于审查并规范本国 CFC 的运营,建立 CFC 税制(也被称为反避税港税制)。

最简单的方法就是直接禁止本国居民拥有注册在避税天堂的 CFC(也被称为基地公司),但这种激进方法的可操作性明显不足。较为温和的做法是,对于境外位于国际避税地的 CFC 未分配税后所得,按照账面的实现期征税,即对该类公司不给予延期纳税的待遇,这一法规由美国于 1962 年首创。还有的做法是对 CFC 与本国之间的投资、利润、资金流动进行一定限制,比如规定利润必须定期汇回本国,或者限制相关外汇的流动等。总之,母国可通过施加一系列的限制,尽量削弱国际避税地本身具有的税收优惠属性。

我国目前在所得税法律中,已经明确限制居民利用避税地 CFC 实现延期纳税,要求凡是没有合理理由减少或不分配的利润都要即期汇回纳税,不享受延期征税待遇。同时,凡不是被认为出于真正商业意图,仅满足法律所要求的组织形式而不从事实质性经营活动的公司,均不予认定公司身份。

三、限制避税性移居

与限制富豪个人避税的方式类似,限制跨国公司为了避税而做出的注册办公地点周期性迁移也是一种有效的必要措施。

虽然不可能做到完全禁止跨国公司的迁移,但是对于跨国公司的国际迁移进行一些简单限制就能极大减少相关操作。一般对跨国公司的迁移进行三方面的限制:①不允许跨国公司随意迁移,即使部分营业内容迁移也必须由本国相关部门批准。②要求跨国公司必须按照迁移的营业内容的价值,乃至未来一段期间的预期价值,缴纳比例很大的迁移税,甚至直接视为公司进行清算。③规定即使跨国公司没有迁移,凡是外国公司参与的、涉及跨国公司资产转移的利润,都必须额外纳税。

在限制避税性移居方面,美国法律最为严格。2017 年起实施的美国国内收入法(IRC,internal revenue code)第 877 节特别规定:因避税目的而放弃美国国籍者,从其放弃美国国籍起的 10 年内,美国依然视其为美国的税收公民,对其来源于美国的所得按对美国公民的征税规则征税。在跨国公司相关的法人迁

---

① 国家税务总局广州市税务局课题组,曾昭孔,何莹,刘姝成,梁莉,古卓鹏. 适应新形势建立反避税"三位一体"新格局的思考. 国际税收,2020(05):75-79.

移方面,美国国内收入法(IRC)规定:本国居民公司必须清理后才能并入非本国居民公司,并且需要在183天内提供非避税的证据。

四、限制利用改变公司组织形式避税

限制改变公司组织形式避税的重点在于限制公司重组的发生。也就是说,避免跨国公司在初期设立分支时采用分公司、在盈利后改为子公司,以此换取抵扣亏损额度,减少跨国公司集团整体的纳税额。

在掌握了这种避税方式的实现要点后,很容易用法律限制破解,只需消除公司转换组织形式前可以获得的抵扣即可。例如,美国国内税法要求,如果国外分公司改为子公司,分公司过去的亏损所冲减的总公司利润必须重新计算,并补缴这部分冲减额度的赋税。更加激进的做法是直接限制本国跨国公司将外国分公司改组为子公司的权利,英国税法明确规定,未经财政部允许,本国居民公司不能向非本国居民公司转让业务,事实上等同于本国跨国母公司在外国的分公司不能转型为子公司。

五、限制资本弱化

资本弱化或者说弱化股权投资避税的要点,在于使用债权投资替代股权投资,从而在子公司产生类似"税盾"的效应,减少跨国公司集团整体的赋税。因此,限制资本弱化避税的法规,重点在于限制跨国公司债权和股权的投资比例,这个比例也被称为安全港比例。

安全港规则,即在税收上对跨国公司设立外国子公司债务资本和权益资本的比例进行限制。如果公司债务资本和权益资本的比率在税法规定的固定比率之内,债息支出允许在税前扣除;如果比率超过税法规定的固定比率,超过固定比率部分的债息支出不允许在税前扣除(美国、日本等),或将超过固定比率部分的债息视同股息征收所得税(德国、韩国、南非、西班牙)。不同国家设置的安全港比例各不相同,例如日本、加拿大、澳大利亚、西班牙和韩国等采用3∶1的标准,美国和法国采用1.5∶1的标准,中国和葡萄牙等采用2∶1的标准。

六、加强防范国际避税的行政管理

反国际避税的最终成果不仅仅取决于根据理论提出规制,更是由实践中反避税规定的实际执行效果决定。简而言之,必须要加强反国际避税的行政管理工作,保证反避税工作实践的开展方式丰富多样、切实可行。

大量的实践证明,仅仅依靠税务部门调查并处罚的反避税行政管理并不是最健康的模式,和"堵不如疏"的治水道理一样,税务部门一味地单方面管理不利于纳税人参与税务工作,可能忽视了纳税人的一些需求和想法。为此,我国税务部门提出了构建更加完备的"管理、服务、调查"反避税防控体系的主张,在管理和调查的基础上,更强调服务的意识,主张纳税人本身参与税务工作,更清晰地表示自己的诉求(廖体忠,2018)。

反避税体系中增强服务意识的重点在于强化纳税申报制度,以及在有关立法中把举证责任转移给纳税人。许多国家在税收监管实践中更加主动地强调纳税人自己的作用,宣传主动申报纳税、提前申请审核等对于避免陷入涉税纷争的好处,这对于税务部门和纳税人本身都是双赢的行为,既降低了税务部门工作负担,又在纳税人中产生了良好的反响。例如,仅在2017年一年,中国税务部门就成功规范跨境纳税人、引导企业自行补税达到504.44亿元。

另一方面,反避税工作也不能忘记加强管理和调查的基本功,各国纷纷加强税务调查和税务审计能力,并且积极地开展反避税的国际税务合作。例如,中国通过利用各种新型信息化手段和联网系统,在2017年成功部署建立了以全球一户式分析框架为基础的跨国公司利润水平监控系统,提升了税务调查和审计能力,从而更全面地掌握了重点企业的关联交易风险。在国际合作方面,中国积极响应经合组织(OECD)的BEPS行动计划,与国际货币基金组织(IMF)和联合国(UN)国际税务专家委员会等主要国际反避税机构建立了紧密的合作,并与超过120个国家和地区签署了双边税收协定,为进一步规范国际税收营造了良好氛围。

七、国际税收协定滥用的防范

国际税收协定本身的目的在于解决缔约国之间的重复征税,以及相互间税务信息共享和反避税合作等问题,同时还涉及公平税收以及优惠政策的问题。跨国公司滥用国际税收协定的问题,本质上就是不该享有适用协定资格的纳税人,通过某种手段得到了享受协定待遇的资格,所以在这一问题上,反避税的重点就是对国际税收协定适用资格的限制管理。目前各国主要从三点着手进行规制:

第一,制定防止税收协定滥用的国内法规或者单边措施。美国和瑞士的税法专门规定了认定税收协定滥用的情形,其他国家一般通过对具体事例涉及的具体滥用行为判定适用的法规。

第二,通过国际合作治理国际税收协定滥用。其中最常见的情况是两国在签订双边税收协定时就在里面加入专门的反滥用条款,明确判断导管公司的标准。另一方面,一些国家尽量避免与国际避税地签订税收协定,以此完全杜绝国际税收协定被滥用的可能性。

第三,严格对协定受益人资格的审查程序。对于协定适用主体的更严格审查,有助于降低导管公司存在的可能性,促进纳税主体的自我审查和进步。

欧盟诉麦当劳逃税败诉

一、基本案情

2018年9月19日，由于无法证明卢森堡给麦当劳提供非法税收优惠，欧盟法院最终裁定麦当劳逃税行为认定证据不足，欧盟要求麦当劳补交税金的诉求被驳回。据媒体统计，如果麦当劳没有搭建避税架构，2009—2013年应就出租欧洲特许经营权产生的利润，向欧盟缴纳高达10亿欧元的企业所得税。

麦当劳的避税结构为"美国—卢森堡—瑞士—美国"架构。麦当劳将欧洲特许经营权，从美国特拉华总部名下转移至卢森堡公司。卢森堡公司有两家分支机构，一家在瑞士，一家在美国。其中，美国分支机构只负责持有欧洲特权经营权，并承担相关损益。瑞士分支机构挑起了运营大梁，负责管理欧洲特许经营权业务，收到的特许权使用费在扣除公司运营费用后转交美国分公司。卢森堡公司本身是个只有13人的壳公司，负责日常开会和行政服务，但合并瑞士和美国分公司的财务报表后，它的经营利润接近40亿欧元。

卢森堡公司作为卢森堡的纳税居民，本应就其近40亿欧元的利润向卢森堡缴纳企业所得税。但由于这些利润均来自瑞士和美国分支机构，受益于卢森堡分别与两国签订的双重税收协议，分公司的利润仅仅单边征税。按照《卢森堡—瑞士双重税收协议》，瑞士分公司作为在瑞士的"常设机构"，产生的利润仅在瑞士征税，免征卢森堡企业所得税。同样，按照《卢森堡—美国双重税收协议》，美国分公司作为在美国的"常设机构"，产生的利润仅在美国征税，免征卢森堡企业所得税。但在美国税法下，卢森堡公司通过美国分支机构获得的利润，不属于美国征税范围，因为瑞士分支机构承担了业务管理活动，卢森堡公司和美国分支机构在美国境内均没有开展商贸活动。至此，麦当劳应就欧洲特许权使用费缴纳近10亿欧元的企业所得税被成功避免。

2015年，欧盟认为麦当劳利润的双重不征税并不合理，怀疑卢森堡可能误用国家法律和《卢森堡—美国双重税收协议》，为麦当劳提供非法税收优惠，从而违反欧盟国家援助规则（国家援助导致不公平竞争）。但是，深入调查3年后，欧盟法院裁定，卢森堡没有给麦当劳特殊待遇，是卢森堡和美国税法不匹配，导致了美国分支机构的利润在两国双重不征税。麦当劳利用双重税收协定中的常设机构钻了空子，按照《卢森堡—美国双重税收协议》，"常设机构"是指一国企业在另一缔约国的固定经营场所，"分支机构"属于这个范畴。卢森堡公司在美国的常设机构"应该"在美国纳税，但却没强制要求美国税务当局必须向其征税。麦当劳卢森堡公司在美国的分支机构,刚好属于《卢森堡—美国双重税收协议》所述的"常设机构"范畴,协议认为它应该在美国纳税,免征卢森堡企业所得税。为了堵住这一漏洞,2018 年 6 月,卢森堡提出了税法修正草案,重新定义"常设机构",并计划要求在缔约国纳税的公司提供当地纳税证明。与此同时,麦当劳计划将卢森堡公司的功能转移至一家新的英国公司。

二、案例点评

　　无论是苹果、谷歌等科技公司,还是麦当劳、宜家这样的线下连锁巨头,跨国公司都可以根据自身情况以及不同国家间的税务规则漏洞进行税收筹划,以实现其减少甚至逃避纳税义务的目的。本章介绍的税收筹划案例,关键之处在于跨国公司通过无形资产的转让定价(如苹果公司的专利版权费、麦当劳的特许权使用费),将利润在受控公司之间进行转移,并充分利用国际税收协定规避税收管辖。当前数字经济的飞速发展进一步提高了无形资产的重要性和流动性,同时也加大了税基侵蚀与利润转移的空间。数字经济中跨国公司无形资产转让定价避税的挑战,将是未来很长一段时间税务机关需要面临的难题。

　　目前我国针对无形资产转让定价的反避税工作取得了一定的进展,但在总体上仍处于起步阶段。对此,我国税务执法机构应充分借鉴美国和其他发达国家在此方面的丰富成果和经验,并在此基础上结合我国的实际情况,进一步优化我国税制结构,以维护国家和社会的利益。

思考与练习

1. 各国税制结构的差异受哪些因素的影响?

2. 税收管辖权存在哪几种基本类型?

3. 国际双重征税是如何产生的? 对各国经济会产生什么影响?

4. 各国政府应该如何避免国际双重征税?

5. 什么是税收饶让抵免? 它和国际双重征税免除有什么联系和区别?

6. 国际避税地的形成需要什么条件?

7. 跨国公司国际避税的方法有哪些?

8. 国际反避税的监管措施有哪些?

第十章

中国与国际投资

　　回顾历史,跨国公司在华投资对中国经济的改革和发展有很大影响;分析当下,"引进来"和"走出去"正同步发生并紧密结合;展望未来,中国跨国公司必将在国际舞台发挥更大作用。本章从不同角度阐述了跨国公司的在华投资、中国企业的海外投资以及中国跨国公司的成长。通过学习本章,应理解相关概念,并结合中国的改革开放进程对跨国公司有一个更加具体、深入的把握。

学习要点

　　In the past, TNCs in China have greatly influenced China's economic reform and development. At present, attracting investments into China and China's firms going out are in process with close integration. In the future, China's TNCs will play a more important role in the global market. This chapter analyzes TNCs into China, overseas investments of Chinese firms, and the grow-up of Chinese TNCs. Students should grasp related concepts and furthermore have specific and deep understanding of TNCs related to China's Opening and Reform.

第一节　中国利用外商直接投资

一、跨国公司在华直接投资的历程

经过改革开放 40 多年的发展,中国经济保持了高速、持续的增长,我国吸引跨国公司的直接投资取得了举世瞩目的成就。跨国公司在我国直接投资的历程大致可分为五个阶段。

(一)起步阶段(1978—1986 年)

改革开放初期,由于我国对有关利用外资的立法不完善,各种基础设施比较落后,跨国公司基本上持试探的态度,因此利用跨国公司的直接投资较少。跨国公司较少的直接投资主要集中在第三产业。在这些投资者中,掌握先进技术、占有巨大市场份额和拥有雄厚资金的房地产开发企业居多。

(二)发展阶段(1987—1991 年)

20 世纪 80 年代中期以后,我国对利用外资的立法逐步完善、投资环境不断改善,促进了跨国公司在华直接投资的发展,其投资的行业由前一阶段的第三产业为主转向以第二产业为主,其来源也呈现出多样化趋势,欧共体国家、美国、日本等地的跨国公司开始较多地在我国进行直接投资,多以工业为主,而且高技术含量、高附加值的项目较多。

(三)快速发展阶段(1992—1995 年)

在这一阶段,外资增长迅速,大型跨国公司开始大量在华直接投资,并在某些行业对我国国有企业形成强烈的市场冲击,甚至出现了一定程度的垄断,随之也出现了一些新的投资方式,如 BOT 方式等。跨国公司更加看重企业的控制权,在建立新企业时独资经营倾向越来越强烈,已开业企业则普遍存在着增资扩股现象。除此之外,房地产再度成为跨国公司投资的"热点"行业。

(四)调整与提高阶段(1996—2000 年)

按照中国加入世界贸易组织的要求,我国对利用外资法律法规和政策进行了适当的调整。2000 年 10 月先后修改了《中外合资经营企业法》《中外合作经营企业法》《外资企业法》等,既完善了法规体系,又提高了透明度,国内外环境发生了较大变化。我国利用跨国公司直接投资步入了一个新的阶段:从过去重视利用跨国公司直接投资的数量变为重视跨国公司直接投资的质量,跨国公司直接投资的资金到位率有所提高,利用跨国公司直接投资的平均规模有所扩大,进入高新技术、基础设施等行业的跨国公司有较大幅度的上升。

(五)成熟稳定阶段(2001 年至今)

中国加入世界贸易组织后,跨国公司进一步扩大在华投资,提高中国在其全球战略中的地位,将中国纳入其全球生产和销售网络,推动中国成为全球制造业中心。而且,跨国公司加快在华技术转让步伐,开始自觉转让技术,不仅建立了生产企业、研发中心、控制中心(投资控股公司、地区总部),还逐步设立更多的采购中心、销售中心和设计中心。

二、跨国公司在华投资的现状及特点

稳健的政治、经济和社会环境,持续开放的市场,显著优化的投资环境,使中国继续成为外商投资的热土。在世界经济形势和全球跨境投资持续走低的背景下,中国实际使用外资持续稳定地增长。

(一)投资规模持续增长

受疫情影响,中国新增外商投资企业数量有所下降,但实际利用外资规模依然稳步增长。根据商务部统计,2016—2020 年,新增企业数量分别为: 27 908 家、35 662 家、60 560 家、40 910 家和 38 578 家,实际利用外资规模分别为: 1 337 亿美元、1 363 亿美元、1 383 亿美元、1 412 亿美元和 1 493 亿美元。"十三五"时期,中国新设外商投资企业 203 618 家,较"十二五"时期增长 61.8%,年均增长 7.7%;实际使用外资金额 6 989 亿美元,较"十二五"时期增长 10.4%,年均增长 2%。

(二)产业结构持续优化

外商对中国高技术产业投资热情高涨,高技术制造业使用外资的规模、质量齐升,高技术服务业企业增速领跑服务业,高技术产业继续成为促进外资增长、优化外资结构的亮点。整体来看,2020 年第一产业实际使用外资金额占比为 0.3%,第二产业占比为 24.5%,第三产业占比为 75.2%。具体来讲,2020 年高新技术产业新设外商投资企业 10 924 家,实际使用外资金额 427.6 亿美元,其中:高技术制造业 857 家、103 亿美元,高技术服务业 10 067 家、324.6 亿美元。

(三)区域布局更趋均衡

中国坚持全面深化改革,进一步放宽市场准入,优化区域开放布局,鼓励外资投向中西部地区和东北老工业基地,提升国家级经济技术开发区开放水平和引资能力,强化自贸试验区在扩大开放和吸收外资方面的先行先试作用,外商投资实现了东、中、西部齐头并进,国内区域布局更加均衡。2020 年,东、中、西部地区新设外商投资企业数量占比分别为 88.2%、5.5% 和 6.3%,实际使用外资金额占比分别为 85.4%、5.9% 和 5.4%。

(四)投资来源地日益多元

早期中国吸引外商投资企业主要来自中国的港澳台地区和周边邻国。随着投资环境的不断优化,法制化、国际化程度的逐步提高,中国吸引外商投资来源地日益丰富,从大洋彼岸的欧美到地球南端的非洲,越来越多的跨国公司选择来华投资设企。据商务部统计,2020 年亚洲地区仍是外商投资主要来源地,亚洲十国/地区(中国香港、新加坡、韩国、日本、中国澳门等)在华新设企业数占比 72.1%,实际投资金额占比 83%。

(五)加大研究开发项目投资

跨国公司为加强在华企业竞争力,近年来纷纷加大研究开发项目的投资。与此同时,中国政府为吸引研究开发资源、提升外资质量,积极鼓励跨国公司投资研究开发。2000 年原外经贸部出台《关于外商投资设立研发中心的通知》,规范了外商投资设立研发中心的形式、范围、条件、设立程序,并且列出鼓励跨国公司投资研发中心的优惠政策。

2003 年以来,跨国公司设立的研发中心大幅度增加。微软、摩托罗拉、通用汽车、JVC、朗讯、三星、北电网络、IBM、英特尔、杜邦、宝洁、爱立信、诺基亚、松下、三菱、AT&T、西门子等众多跨国公司都在我国建立了研发机构。

(六)来华地区总部的数目在不断增加

跨国公司纷纷在华建立地区总部,就近管理并协调在华业务,以整合内部资源、提高运营效率。北京和上海已经成为很多跨国公司设立总部的重要地点。2000 年 1 月,阿尔卡特成为第一家把亚太地区总部设在上海的跨国公司,由此开始,来我国建立地区总部的跨国公司不断增加。随着各种优惠政策相继出台,来华的地区总部数量未来还会继续增加。

(七)从竞争走向"竞合"

由于跨国公司纷纷加大对华投资力度,跨国公司之间、跨国公司与本土企业之间,开始在我国国内展开了一场名副其实的国际竞争。大多数跨国公司也意识到,在展开激烈竞争的同时,有必要与其他跨国公司以及有竞争力的本土企业之间缔结跨国战略联盟,实行强强联合、优势互补。

三、跨国公司在华投资战略

(一)区位选择战略——看好东部、抢滩西部

目前,跨国公司在华直接投资主要集中于东南沿海地区,尤其集中在以香港为龙头的珠江三角洲及闽南地区、以上海为中心的长江三角洲地区。东南沿海地区基础设施相对成熟,市场机制相对完善,加入世界贸易组织后对外开放程度进一步扩大,深受跨国公司的青睐。尤其是以上海为中心的长江三角洲地区,产业基础雄厚,辐射效应大,科技、教育发展水平高,社会信用、市场秩序、行政效率等投资软环境相对较好,跨国公司在华投资中心逐渐由"珠三角"转向"长三角"。近年来,随着我国区域发展战略的转移,以京津地区为中心的环渤海经济圈、东北老工业基地等重化工业和大型国有企业集聚的地区,成为新一轮外商投资热门地区。

在"西部大开发"战略的推动下,中西部地区加强基础设施、生态环境建设,大力发展科技教育,投资环境有较大改善。由于中西部地区(尤其是西部地区)有些投资领域的外资准入条件比东部地区更为宽松,政策也更为优惠,今后中西部地区吸收跨国公司投资将出现较大幅度的增长。

(二)进入战略——独资与并购同行

当跨国公司最初进入中国时,需要通过合资方式借助中国当地资源了解中国市场。随着中国外资政策的开放和跨国公司在华投资经验的累积,选择独资形式的投资势头正在迅速发展。从 1998 年起,外商独资经营企业所占比例首次超过了中外合资经营企业,成为我国主要的外资利用方式。近几年的新合资浪潮也大多以外方绝对控股为前提,而且不少跨国公司在中国临近加入 WTO 时,通过对合资企业的增资扩股,完成了对行业主导企业的独资化改造,确立其在产业内的垄断地位。独资化或独资化改造不仅使跨国公司保守其技术秘密,充分发挥内部化优势,规避中外企业在制度、文化、经营理念等诸多方面差异导致的摩擦和矛盾,而且使其在华投资更好地融入其全球战略,更好地体现母公司意图。

加入世界贸易组织后,跨国公司投资战略从新建投资逐步转向并购。我国经济的持续快速发展使市场容量不断扩大,且加入 WTO 后外资进入领域进一步拓宽,中国已成为世界上最大的潜在市场,跨国公司纷纷抢滩中国市场,并购成为跨国公司迅速占领市场、占据市场份额、赢得竞争主动权的快捷途径。

（三）技术战略——同步化、内部化与研发扩散本土化

随着技术密集型工业引资升温,中国市场正成为跨国公司竞相追逐的技术密集型投资目标,跨国公司在其技术战略上迅速做出调整,技术投入同步化、技术转移内部化、研发扩散本土化趋势极为明显。

1. 技术投入同步化。以前,跨国公司为了延长其产品生命周期、获取更多的利润,往往将在发达国家即将淘汰的产品转入中国市场。但是,近几年尤其是中国加入 WTO 以来,这种情况有了明显的变化,新产品、新技术都采用全球统一投放的策略,以加强其在华的竞争力。

2. 技术转移内部化。跨国公司的技术转移主要通过母子公司的技术联系与内部技术转让来完成,特别是核心技术,具有明显内部转移的特点。跨国公司对核心技术严格实行内部转移战略,对关键技术人员支付高薪并强化员工责任培训,以防止技术扩散。

3. 研发扩散本土化。研发机构是跨国公司保持和扩大技术优势的核心环节。跨国公司为了控制日益增加的研发成本、密切与消费者的联系、完善投资产业链,加速了研发本土化的步伐。同时通信与信息技术的进步允许将研究与开发分解成许多自成体系的研究活动环节,这些活动可以在不同地理位置上进行,然后再合成。一旦需要,现代化通信技术甚至可以支持进行跨国研发的一体化流水作业。这一系列因素大大促进了跨国公司研发扩散战略实施的进程。

（四）投资经营战略

跨国公司为了达到争夺和占领未来中国市场这一目标,在经营战略上做出重大设计,包括资源配置、资本运用、竞争策略及业务整合等各项决策。

1. 本地化资源配置战略。本地化已经成为跨国公司主动选择的经营战略,因为作为全球化经营的跨国公司,利用所调动的全球资源,在中国业务的各个阶段加强当地的功能性能力,确立中国式的经营系统十分重要。本地化资源配置战略是跨国公司全球范围内寻求竞争优势的结果。

本地化资源配置战略主要表现为:

(1)人力资源本地化,是指跨国公司按照公司的整体战略,有意识地选择优秀的当地经理人,并通过各种途径让他们了解世界最新的科技发展及前沿的管理理论,逐步把他们引入在华子公司的各类岗位,一旦中国的经理人员能够胜任各自的岗位,原先由总公司指派的外籍管理者就能迅速撤离。这种策略不仅大大降低了成本,而且有效规避了跨国公司与当地的冲突,加快了跨国公司在华的适应性及对市场变化的反应速度。

(2)研发本地化。大型跨国公司除了在中国设立自己的研究中心外,还与

中国高校广泛开展合作,借助高校雄厚的技术力量和人脉关系研究和推广技术成果。

(3)地区总部中国化。从20世纪末,尤其是我国加入世界贸易组织以后,跨国公司纷纷将亚洲总部迁入中国。总部本地化是跨国公司实施长期投资战略、管理本地化战略的重要表现。

(4)融资本地化战略。跨国公司试图通过中国股市直接上市的方式,实行融资本地化战略。尽管由于种种原因,这一战略目前尚未有实质性的进展,但随着国内证券市场的不断成熟和开放,外资公司上市只是时间问题。

(5)零部件采购的本土化。在当今国际竞争十分激烈的情况下,各跨国公司都把经营的重点放在核心竞争力的培养上,而把一些次要产品外包给其他企业来做,这样既减轻了负担,又提高了公司本身的灵活性以及对世界市场的反应能力。在此背景下,跨国公司相应增加了在华采购零部件、配件等中间投入品的比重。据统计,日本跨国公司在华采购的比率为47%,美国跨国公司为57%,德国大众汽车为87%。零部件采购的本土化使跨国公司在华企业充分挖掘了中国的区位优势。

(6)品牌管理的本土化。在多年的国际竞争中,许多跨国公司早已认识到品牌具有独一无二的特性,真正持久的竞争优势往往来自强势品牌,品牌管理具有重大的战略意义。但跨国公司也意识到不能简单地把那些在某国市场已被证明行之有效的品牌管理模式一成不变地移植到中国,还需要推行品牌管理本土化战略。例如,可口可乐公司在华品牌本土化战略包括两个方面:专为中国市场开发品牌、发展当地品牌饮料。公司斥巨资研究开发了符合中国人口味的"天与地"果汁系列饮料、茶饮料、矿物质水以及"醒目"系列碳酸饮料,并将这些品牌无偿地转让给中国合作者天津津美有限公司,迈出了在中国市场品牌推广的第一步,不但在心理上赢得了中国消费者的认可,而且在降低成本的基础上增加了产品的"厚度",在获得较大利润的同时使合作伙伴受益匪浅。

2. 归核化战略。目前发达国家的跨国公司已从多元化经营战略向归核化战略转变,归核化已成为各跨国公司的主导型战略。这一新战略的要旨就是把公司的业务归拢到最具竞争优势的行业上来,把经营重点放在核心行业价值链优势最大的环节上来,强调核心能力的培育、维护和发展。实施归核化战略的主要措施有:①将非核心业务出售或撤销相关部门和机构,将人员和资产进行重组;②为加强核心业务而收购相关企业,在收购企业时将与核心业务无关者剥离出来出售;③为强化经营力度,将一个公司分拆为两个或多个公司;④实行战略性外包,即将非核心业务分包给其他公司去做。例如,美国在线公司与世界电讯公司进行资产互换,以致力于互联网这个核心业务。摩托罗拉美国总部做出决定将半导体从摩托罗拉公司中剥离出来,以便更好地进行其核心业务的发展。现在,跨国公司的在华业务更多地体现在围绕核心业务进行深耕细作。

3. 整体化战略。为稳定和扩大在华市场,跨国公司相继在华成立地区总部,实现投资管理体制一体化,着眼于在华市场的整体战略投资。在继续投资于制造业使中国成为"世界工厂"的同时,跨国公司更加注重对制造业上下游项目的投资,即纵向一体化投资。在制造业的上游(基本原材料和零部件项目),跨国公司正加大投资力度,为了降低原材料和零部件的成本,积极在华推进零部件生产的本土化。由于跨国公司在全球有很好的分工,生产性跨国公司有很多为之服务的服务性企业,它们之间已经形成了一种良好的战略联盟关系,生产性跨国公司非常希望能够在中国继续得到这些服务性公司的配合,即实现横向一体化。加入世界贸易组织后,随着中国逐步对服务业放开限制,跨国公司开始进入银行、保险、证券等金融领域,批发、零售、物流等流通领域,法律、会计、管理、公关等专业咨询领域。跨国公司进入我国服务业将有助于降低跨国公司在华企业的运营成本,进而实现横向一体化。跨国公司通过投资管理体制一体化使在华投资实现"研发—生产—服务"的一体化战略,从而最大限度地使资金、人员和技术等生产要素合理流动、优化组合,产生整体效益。

四、中国利用外商直接投资的作用

近年来,中国坚持扩大开放,吸收外资屡创历史新高,吸收外资对中国经济和社会发展的积极作用继续凸显,成为经济高质量发展、技术进步、扩大就业、国际收支平衡和深化改革等方面的重要推动力。外商投资企业贡献了全国近两成的税收、近半的外贸进出口、十分之一的城镇就业,持续助力法治化、透明化和国际化的投资环境建设。

(一)促进了经济高质量增长

外商投资对经济高质量增长继续发挥积极作用,成为中国经济增长,固定资产投资、税收和利润增长,技术进步的关键力量。外商投资是研发投入和创新成果的主要来源,2020 年,全国固定资产投资 527 270 亿元,同比增长 2.7%,其中港澳台商投资企业增长 4.2%,外商投资企业增长 10.6%;全国税收收入为154 310.1 亿元,其中外商投资企业缴纳税收总额 26 679.3 亿元(不含关税、船舶吨税),占全国税收收入的 17.3%;全国规模以上工业企业实现营业收入1 061 433.6亿元,实现利润总额 64 516.1 亿元,其中外商投资规模以上工业企业实现营业收入 241 779.4 亿元(占比 22.8%),实现利润总额 18 234.1 亿元(占比 28.3%)。

(二)有助于国际收支平衡

外商投资有助于国际收支平衡,一方面保证了资本项下资金流入规模,另一方面外商投资企业外贸进出口差额是经常账户顺差的主要来源。2020年,外商投资企业对外贸顺差的贡献度为12.5%,对外贸进出口的贡献度为38.7%。2000年以来,外商投资企业累计对外贸顺差的贡献度、对外贸进出口的贡献度和对外贸出口的贡献度均接近五成。

(三)有利于扩大劳动就业

外商投资企业是中国吸纳就业的重要力量,对扩大就业和提升劳动力技能均具有积极意义。2017年,26.7万家外商投资企业吸纳城镇就业人员合计2 581万人,占当年全国比重的6.1%;平均每家外商投资企业吸收就业人数96.6人,是全国户均吸纳就业人数的4.1倍。与全国平均水平相比,外商投资企业具有更强的就业吸附能力。

(四)促进了社会主义市场经济体制的建立和完善

利用外资对我国经济体制的转轨过程有明显的促进作用。外商投资企业的发展促进了中国经济结构的多元化过程和传统所有制结构的改变,推动了企业产权的流动和重组,对形成以国有经济为主导、多种所有制经济成分共同发展的格局起到了积极作用。外商投资企业以市场为导向,完全按照市场机制来经营,采用国际上通行的企业组织形式和先进的内部管理机制,这对于中国传统企业制度的改革和现代企业制度的建立提供了借鉴。外商投资带进了市场机制和竞争机制以及与此相应的观念,有利于打破垄断,推动国内各种要素市场的发育和形成,推动中国宏观经济管理体制的改革和政府职能的转变,对于建立和完善社会主义市场经济体制起到了积极的促进作用。

(五)缩小了中国与发达国家经济发展的差距

发展中国家要想缩小与发达国家经济发展的差距,首先要缩小技术差距和知识差距。缩小这些差距的主要途径有三个:一是引进外国直接投资;二是扩大国际贸易;三是获得技术转让和技术许可证。改革开放40多年来,中国与发达国家的差距有了明显的缩小,外商直接投资在其中起到了重要的作用。

五、中国利用外商投资的基本政策

(一)法律体系

中国鼓励外国投资者依法在中国境内投资,并依法保护外国投资者和外商投资企业的合法权益。中国的利用外资一直坚持在法治轨道上行进,改革开放初期,中国先后制定了《中华人民共和国中外合资经营企业法》《中华人民共和国外资企业法》《中华人民共和国中外合作经营企业法》,统称"外资三法",奠定了国家吸引外资的法律基础。此后,为适应利用外资的发展需要,中国不断建立健全外商投资法律制度,对稳定外国投资者信心、改善投资环境起到了十分重要的作用。

2019年,十三届全国人大二次会议表决通过《中华人民共和国外商投资法》(以下简称《外商投资法》),取代"外资三法"成为中国外商投资领域新的基础性法律。该法确立了中国新型外商投资法律制度的基本框架,明确对外商投资实行"准入前国民待遇加负面清单"的管理制度,进一步强化投资促进和投资保护。

"准入前国民待遇",是指在投资准入阶段给予外国投资者及其投资不低于本国投资者及其投资的待遇。

"负面清单",是指国家规定在特定领域对外商投资实施的准入特别管理措施。外商投资准入负面清单规定禁止投资的领域,外国投资者不得投资。外商投资准入负面清单规定限制投资的领域,外国投资者进行投资应当符合负面清单规定的条件。外商投资准入负面清单以外的领域,按照内外资一致的原则实施管理。

投资促进方面,国家针对外商投资方向实施鼓励和引导政策,发改委、商务部于2020年12月发布了《鼓励外商投资产业目录》(2020年版)。另外,对外资企业和内资企业一视同仁,平等参与竞争,包括支持企业发展的各项政策、监管措施、政府采购以及标准制定和适用等方面。

投资保护方面,《外商投资法》及其实施条例明确做出了征收和补偿的相关规定,指出:国家对外国投资者的投资不实行征收。《外商投资法》还明确规定基于自愿原则和商业规则开展技术合作,强调技术合作自由,不得强制或者变相强制外国投资者、外商投资企业转让技术。此外,我国建立了外商投资企业投诉工作机制,及时处理外商投资企业或者其投资者反映的问题,协调完善相关政策措施。

(二) 企业形式

在中国的外商投资企业主要采取两种形式:公司和合伙企业。2020年1月1日以后设立的外商投资企业的组织形式、组织机构及其活动准则,分别适用《中华人民共和国公司法》《中华人民共和国合伙企业法》等法律的规定,不再将外商投资企业区分为中外合资企业、中外合作企业以及外商独资企业。

1. 公司。外国投资者可在中国境内设立有限责任公司和股份有限公司。有限责任公司是指由50个以下的股东出资设立,每个股东以其所认缴的出资额为限对公司承担有限责任,公司以其全部资产对公司债务承担有限责任的经济组织。股份有限公司是指公司的全部注册资本由等额股份构成,通过发行股票(或股权证)筹集资本,每个股东以其认购的股份为限对公司承担责任,公司以其全部资产对公司债务承担有限责任的经济组织。有限责任公司和股份有限公司均需根据《中华人民共和国公司登记管理条例》的规定登记注册。

2. 合伙企业。外国投资者可在中国境内设立普通合伙企业和有限合伙企业。普通合伙企业由普通合伙人组成,合伙人对合伙企业债务承担无限连带责任。有限合伙企业由普通合伙人和有限合伙人组成,普通合伙人对合伙企业债务承担无限连带责任,有限合伙人以其认缴的出资额为限对合伙企业债务承担责任。

3. 外国企业常驻代表机构。外国企业在中国设立的外国企业常驻代表机构(以下简称"代表处")应遵守中国的法律法规(《外国企业常驻代表机构登记管理条例》等)。代表处是在中国境内设立的从事与外国企业业务有关的非营利性活动的办事机构,不具有法人资格,且代表处不得从事营利性活动,仅可从事与外国企业产品或者服务有关的市场调查、展示、宣传活动,以及与外国企业产品销售、服务提供、境内采购、境内投资有关的联络活动。

第二节　中国企业对外直接投资

一、改革开放以来中国企业对外直接投资的发展历程

1978 年以来,中国企业对外直接投资的发展经历了兴起与渐进发展、缓慢发展和快速发展三个阶段。

(一)兴起与渐进发展阶段(1979—1992 年)

中国的对外直接投资始于 1979 年。1979 年 8 月 13 日,国务院提出了 15 项经济改革措施,其中第 13 项明确提出:要出国办企业。1979 年 11 月,中日全资的"京和股份有限公司"设立,它是中国在国外开办的第一家国外合资企业。1980 年 3 月,中国船舶工业总公司、中国租船公司与香港环球航运集团等共同投资 5 000 万美元,合资成立了"国际联合船舶投资有限公司"。1984 年批准的海外投资企业有 42 家。1985 年原对外经贸部根据国务院指示精神,制定了在国外开办非贸易企业的审批管理办法,新规定指出"只要是经济实体,有资金来源,具有一定的技术水平和业务专长,有合作对象,均可申请到国外开设合资经营企业。"1985—1991 年批准的海外投资企业数量分别为 77 家、92 家、124 家、169 家、119 家、157 家和 207 家,1992 年达到 355 家。这个阶段,中国参与海外

投资的企业数量大幅度增加,投资的领域进一步拓宽,如三九集团、小天鹅电器公司、TCL、海尔、华为等,先后走出国门参与跨国经营。

(二)缓慢发展阶段(1993—2001 年)

1991 年,原国家计委向国务院递交了《关于加强海外投资项目管理意见》,指出"中国尚不具备大规模到海外投资的条件",企业的海外投资应该"侧重于利用国外的技术、资源和市场以补充国内不足",从国家层面控制我国境外投资的规模与数量。1993 年,国家决定实行经济结构调整,紧缩银根,让过热的经济软着陆,国家主管部门对新的海外投资实行严格控制的审批政策,并对各部门和各地方已开办的海外企业进行重新登记,海外投资的发展速度开始放慢。这个阶段,各年批准的境外投资企业数量都没有超过 1992 年的数量。1993—2001 年,各年批准的海外投资企业数量分别为 294 家、106 家、119 家、103 家、158 家、266 家、220 家、243 家和 232 家。

(三)快速发展阶段(2002 年至今)

2002 年,党的十六大指出,坚持"引进来"和"走出去"相结合,全面提高对外开放水平。2002 年 10 月原外经贸部先后颁布《境外投资联合年检暂行办法》和《境外投资综合绩效评价办法(试行)》,2003 年 1 月 1 日《中小企业促进法》生效,2004 年 10 月发改委和中国进出口银行下发《关于对国家鼓励的境外投资重点项目给予信贷支持政策的通知》(发改外资〔2004〕2345 号),2004 年 11 月商务部下发《国别投资经营障碍报告制度》的通知。尤其是 2006 年 10 月国务院常务会议原则通过了《关于鼓励和规范我国企业对外投资合作的意见》,这是自中央提出"走出去"战略以来第一个全面系统规范和鼓励对外投资的纲领性指导文件,为我国企业海外发展创造了良好的政策环境。这些政策措施出台,促进了企业到境外投资。2002 年,批准海外投资企业仅为 350 家;截至 2020 年底,中国 2.8 万家境内投资者在全球 189 个国家(地区)设立对外直接投资企业4.5 万家,全球 80% 以上国家(地区)都有中国的投资,年末境外企业资产总额7.9 万亿美元。

二、中国企业对外直接投资的特点

根据《2020 年度中国对外直接投资统计公报》,中国企业对外直接投资呈现以下特点:

第一,从投资规模看,海外投资发展速度较快,规模和国际地位大幅提升。2020 年中国对外直接投资逆势增长,流量达 1 537.1 亿美元,首次跃居世界第一,占全球份额的 20.2%。2020 年末,中国对外直接投资存量 25 806.6 亿美元,较上年末增加 3 817.8 亿美元,是 2002 年末存量的 86.3 倍,占全球外国直接投资流出存量的份额由 2002 年的 0.4%提升至 6.6%,排名由第 25 位攀升至第 3 位,仅次于美国(8.1 万亿美元)、荷兰(3.8 万亿美元)。但从存量规模上看,中国与美国差距依然较大,仅相当于美国的 31.7%。

第二,从地区分布看,海外投资企业分布的国家和地区广泛,但分布不均衡,主要集中在亚洲,其次是拉丁美洲。2020 年末,中国在亚洲的投资存量为16 448.9 亿美元,占 63.7%,其中中国香港占亚洲存量的 87.5%。拉丁美洲6 298.1亿美元,占 24.4%,主要分布在开曼群岛、英属维尔京群岛等。2020 年末,中国对外直接投资存量分布在全球的 189 个国家(地区),占全球国家(地区)总数的 81.1%。

第三,从行业分布看,投资行业相对集中,主要分布在租赁和商务服务业、批发和零售业、信息传输/软件和信息技术服务业、制造业、金融业和采矿业这六大行业,存量合计 21 986.8 亿美元,占中国对外直接投资存量的 85.2%。如果按三次产业划分,中国对外直接投资存量的近八成集中在第三产业,即服务业。

第四,从投资主体看,国有企业占比下降,投资主体向多元化方向发展。2020 年末,在对外非金融类直接投资 23 106 亿美元存量中,国有企业占46.3%,这一比重在 2006 年是 81%;与之相对的是,非国有企业占比从 2006 年的 19%上升到 2020 年的 53.7%。

第五,海外投资企业对国内母(总)公司的依赖较重,自我开拓和横向联系能力不强。就目前的状况而言,中国多数海外投资企业各方面均由国内直接控制,是国内母公司的补充,在海外进行较孤立和分割式的经营,没有形成属于企业自己的营销网络和信息网络。有一些海外投资企业只与母公司进行双向联系,海外企业之间以及海外企业与当地企业之间的横向联系较少。多数海外企业还不知道如何利用转移价格,把整个世界市场作为经营与赚钱的舞台,在世界范围内进行资源优化配置和产品生产与销售。

第六,海外投资的推动促进工作由战术型转向战略型。近年来,一些经济发展较快、海外投资起步较早的沿海省市在对以往海外投资经验进行认真总结的基础上,结合自己的比较优势,对海外投资国别和领域进行认真的比较选择,有步骤、有重点地推动和组织当地有实力的企业到海外进行投资。在推动工作中,使项目相对集中、相互配套,使产品成系列、上规模,从而实现了投资促进工作由战术型向战略型的转变。

三、中国企业对外直接投资的最新政策

近年来,国家层面继续优化对企业海外投资的监管和引导,除了不断完善

统计制度等基础性工作,还逐步建立起一套完善的备案(核准)制度,并通过行业指引规范和引导境外投资方向。

(一) 对外投资备案(核准)

2017 年 12 月,国家发改委发布《企业境外投资管理办法》,2018 年 1 月,商务部等部委共同发布了《对外投资备案(核准)报告暂行办法》,基本确立了对外投资备案(核准)的管理模式。至此,商务部牵头建立了"管理分级分类、信息统一归口、违规联合惩戒"的对外投资管理模式,明确对外投资备案(核准)按照"鼓励发展+负面清单"进行管理,并规定了对外投资备案(核准)实行最终目的地管理、"凡备案(核准)必报告"、加强海外投资事中事后监管、借助信息化手段开展对外投资管理等一系列工作原则或管理方式。

(二) 投资方向指引

2017 年 8 月,国务院办公厅转发发改委、商务部、中国人民银行、外交部《关于进一步引导和规范境外投资方向指导意见》,通过鼓励、限制和禁止三种分类引导海外投资。

鼓励开展的境外投资包括:①重点推进有利于"一带一路"建设和周边基础设施互联互通的基础设施境外投资;②稳步开展带动优势产能、优质装备和技术标准输出的境外投资;③加强与境外高新技术和先进制造业企业的投资合作;④在审慎评估经济效益的基础上稳妥参与境外能源资源勘探和开发;⑤着力扩大农业对外合作;⑥有序推进服务领域境外投资。

限制开展的境外投资包括:①在与我国未建交、发生战乱或者我国缔结的双边、多边条约或协议规定需要限制的敏感国家和地区开展境外投资;②房地产、酒店、影城、娱乐业、体育俱乐部等境外投资;③在境外设立无具体实业项目的股权投资基金或投资平台;④使用不符合投资目的国技术标准要求的落后生产设备开展境外投资;⑤不符合投资目的国环保、能耗、安全标准的境外投资。

禁止开展的境外投资包括,①涉及未经国家批准的军事工业核心技术和产品输出的境外投资;②运用我国禁止出口的技术、工艺、产品的境外投资;③赌博业、色情业等境外投资;④我国缔结或参加的国际条约规定禁止的境外投资;⑤其他危害或可能危害国家利益和国家安全的境外投资。

另外,伴随着新业态或新形势,国家各部委还会就某些行业或领域进行工作指引。2021 年 7 月,商务部等部委发布《数字经济对外投资合作工作指引》《对外投资合作绿色发展工作指引》等相关指导性文件。

第三节　中国跨国公司的成长

一、发展中国跨国公司的必要性

(一)发展跨国公司是提升我国综合实力和国际影响力的重要手段

伴随着经济全球化的发展,一国拥有跨国公司数量的多少及其竞争力的强弱,已成为衡量一国综合经济实力和竞争力的重要标志。从国家战略高度来看,我国要实现从经济大国到经济强国的转变,就要考虑生产力的全球布局,就要从全球范围考虑资源和安全问题,就必须发展出一批具备强大国际竞争力的跨国公司。国际经验证明,发展跨国公司是提升一国综合实力和国际影响力的重要和有效手段。美国是当今世界上的头号经济强国,美国影响和左右世界有十大因素,即经济实力、科技与教育实力、跨国公司数量和实力、货币影响力、国际规则制定能力、文化影响力、政治影响力、盟国数量与忠诚度、太空实力和军事实力。在这 10 个因素中就有跨国公司的数量和实力,可见跨国公司对一国国际地位和影响力的重要性。

(二)增强产业竞争力需要跨国公司这样的产业领袖

产业领袖指的是某个产业中技术先进和竞争力较强的大企业或跨国公司。从产业竞争力角度来看,一个国家某一产业的强弱往往体现在是否具备数家具有国际竞争力的跨国企业。随着中国开放型经济的深入发展,国内市场已经国际化,国际竞争也已国内化,中国的许多产业日益暴露在激烈的国际竞争面前。如果没有可以代表整个产业的、具备同外来跨国公司抗衡的本国产业领袖,国内的市场会受到巨大的冲击,国内产业的发展也会遇到困难。从引领某个产业走向国际市场来看,也需要一批跨国公司这样的产业领袖。

(三)优化"走出去"的主体需要一批跨国公司

企业是"走出去"的主体,跨国公司是主体中的代表。发展和培育中国的跨国公司是实施"走出去"战略的集中体现,是优化"走出去"战略主体的需要。从某种程度上说,"走出去"战略成败的关键就在于能否培育出一批中国自己的、在国际上具有竞争力的跨国公司。跨国公司不是自封的,是在激烈的国际竞争中锻炼出来的,因此企业要实现真正的强大,就要敢于"与狼共舞",没有国际竞争力就不可能发展成跨国公司。企业必须走上国际舞台,主动接受国际市场的竞争和考验,这样才能向跨国公司的方向发展。

二、中国跨国公司发展面临的机遇

(一)国内一些产业生产能力饱和

中国企业具有实现产业国际转移的现实条件和可能性。目前,国内一些产业已经成熟或饱和,如轻工、纺织、机械、家电、原料药、建筑装饰材料、电信设备制造等行业,由于市场基本饱和,所以企业间进行着无休止的价格大战,利润空间缩小。实际上,这种竞争局面蕴藏着企业并购重组的机遇,蕴藏着走向海外发展的机遇,也蕴藏着催生中国跨国公司的机遇。产业饱和就有必要和可能向国外发展,寻找新的空间,这就是国际投资中"饱和转移论"的观点。某个产业如果国内市场已经饱和了,进行着激烈的竞争,这个时候有实力的企业应当到国外去寻找新的市场,转移成熟技术和过剩的生产能力,开展跨国经营,逐步成长为中国的跨国公司。另外,中国企业也应当利用东南亚、非洲、南美等相对欠发达国家和地区的市场,实现自身产业升级、产品更新换代和市场梯次转移,促进企业的长远发展。

(二)后发优势中蕴含的机遇

毫无疑问,中国跨国公司属于后发型跨国公司。作为后发型跨国公司,我们可以汲取先发型跨国公司发展过程中积累的经验和教训,学习它们的先进技术和管理技能,借鉴它们采用过的成功的生产组织形式和国际网络,避免或少走弯路,这就是后发优势,也是后发中蕴含的机遇。

(三)作为WTO成员方企业应享有的权利和机遇

中国成为WTO成员以后,我们一方面要在国内履行义务和接受挑战,另外一方面,也可以到国外去抓住机遇。中国企业进入到其他的世贸组织成员国内市场时,将享受平等的国民待遇,如在产业市场准入方面和日常生产经营活动等方面。这说明,加入WTO给中国企业带来了平等和广阔的国际发展空间,为中国跨国公司的成长奠定了良好的基础。

(四)各级政府鼓励对外投资和跨国公司发展

中国中央政府和各级地方政府正在大力推进"走出去"战略,鼓励有条件的企业加快走向国际市场,到国外去投资办厂和投资开矿(店),这些政策的实施为中国跨国公司的大发展提供了难得的机遇。党的十七大报告指出:"创新对外投资和合作方式,支持企业在研发、生产、销售等方面开展国际化经营,加快培育我国的跨国公司和国际知名品牌"。实施企业"走出去"战略和鼓励对外投资,使中国跨国公司的发展具备了坚实的基础。现在,各级政府为鼓励实施"走出去"战略,已经制定和形成了五大体系,包括:备案登记管理体系、政策法规体系、咨询服务体系、扶持措施体系和外交协调保障体系等。可以相信,在实施"走出去"战略中,肯定有中国跨国公司的身影、有中国跨国公司的位置。

(五)绝大多数国家欢迎外资和跨国公司的进入

近年来,经济全球化和区域经济一体化深入发展,不论发达国家还是发展中国家,对外开放度都在不断扩大。现在,几乎所有国家都欢迎外资的进入,除了个别的产业领域(如矿业、电信、金融、军工和基础设施行业)有所限制以外,其他的产业领域基本上都对外资开放。很多国家明确表态欢迎中国的投资进入,欢迎中国的企业进入,把中国作为新兴的对外投资国家对待。这为我国跨国公司的成长带来了机遇。

(六)中国坚实的国内市场和产业链是基础

中国国内庞大的市场规模、丰富的地理资源条件为企业国际化提供了宽广选择。同时,中国企业在产品市场、要素资源选择中接受着国内、国际信息的双向辐射。这种多样化的成长环境和发展生态为中国企业提供了充分的国内竞争条件,为中国企业实施国际化的准备阶段提供了良好的基础。在庞大的国内市场的孵化下,中国优秀企业定能成功向一流跨国公司迈进。

三、中国跨国公司发展面临的挑战

从国内来讲,我们遇到的主要挑战是企业的规模和实力还不是很强,世界500强虽然进去了一些,但同国外的大企业相比还有一定的距离;知名品牌特别是国际知名品牌还不够多,尚没有一个品牌入选世界最有价值的 100 个品牌;企业国际竞争力总体来看还比较低,企业自主知识产权偏少,自主创新能力还有待提高;另外,我国企业在驾驭国际市场、整合全球资源链、建立国际经营网络等方面还缺乏经验。

从国外来看,最大的挑战就是现在发达国家的跨国公司已经把全球的市场和资源占领得差不多了。跨国公司全球生产网络、研发网络、销售网络、采购网络、融资网络等的布局都已基本完成,给中国跨国公司留下的空间比较小。在这种既定的布局中,我们必须要想办法和抓机遇去挤出一个位置,去寻找发展空间,这是中国跨国公司成长必须面对的最大挑战。

四、实施"走出去"战略促进中国跨国公司的发展

(一)"走出去"战略的含义和层次

"走出去"战略有广义与狭义之分。广义的"走出去"战略指的是使中国

的产品、服务、资本、技术、劳动力、管理,以及中国企业本身走向国际市场,到国外去开展竞争与合作,到国外去发展;狭义的"走出去"战略是指中国企业所从事的各种对外直接投资活动,包括对外投资办厂、境外加工装配、境外资源开发、设立境外研发中心、建立国际营销网络、开展国际农业合资合作、开展跨国并购等,实质上是将各种生产要素输出到国外,将生产能力向国外延伸和布局。

在现实中,有从广义角度讲的,也有从狭义角度讲的。目前,商务部使用的"走出去"概念是在狭义的基础上再加上对外工程承包与劳务合作。在本章中,我们主要是从狭义角度探讨和使用"走出去"战略。"走出去"战略过去也称国际化经营战略、海外经营战略或跨国经营战略,"走出去"战略是与"引进来"战略(引进国外的资金、技术、管理、商品和服务等)相互对应着讲的,这两个方面共同构成了中国对外开放的完整格局,它们是相辅相成的两个方面。经济全球化加速发展的新形势和国与国之间经济上相互依存的加深,要求我们不仅要引进来,而且更要走出去。

一个企业"走出去"可以大体分为三个层次:第一个层次是商品输出,是指货物、服务、技术、管理等商品和要素的输出,主要涉及货物贸易、服务贸易、技术贸易以及承包劳务等。第二个层次是资本输出,是指进行各种形式的对外直接投资。如果一家企业的"走出去"战略发展到了第二层次,特别是海外投资达到了一定的规模(在两个或两个以上的国家拥有企业),那么这家企业也就变成了跨国公司。第三个层次是品牌输出,当一家企业拥有了著名品牌以后,它不仅可以授权国外的企业使用该品牌,可以利用品牌的影响力与国外开展合资合作,并且可以借助品牌的知名度扩大产品的销售。可以说,品牌是跨国公司参与国际竞争的有力武器。本章中所使用的"走出去"战略主要是指企业走出去的第二和第三个层次。

(二)实施"走出去"战略的必要性和作用

中国从 20 世纪末提出并实行企业"走出去"战略。实施这一战略的必要性和积极作用主要有以下几点:

1. 实施"走出去"战略是适应经济全球化发展的必然要求,因为在经济全球化不断加深的背景下,中国不仅要"引进来",也要"走出去",不仅要让外国的商品和企业进入中国市场,也要鼓励本国的企业和商品走向国际市场。

2. 实施"走出去"战略是合理配置资源和更好地利用国外资源(既包括自然资源,也包括资金、技术和市场等资源)的要求,因为世界上任何一个国家都不可能拥有经济发展所需要的全部资源。

3. 实施"走出去"战略有利于经济结构调整和产业结构优化,借助对外直接投资和本国跨国公司的生产经营网络,使生产布局在世界范围内展开。

4. 实施"走出去"战略是突破国外以反倾销等形式出现的贸易保护主义的需要,企业走出去后,就可以从国内生产、国外销售转变为国外生产、国外销售,规避了贸易壁垒。

5. 实施"走出去"战略有利于提高中国的国际地位,企业走出去可以扩大中国在世界上的影响力。

6. 入世后国内经营环境的变化和市场竞争的加剧迫使企业必须"走出去"。

(三)实施"走出去"战略与发展跨国公司的关系

毫无疑问,实施"走出去"战略和发展中国跨国公司的关系十分密切,这个战略的实施正在也必将进一步推动和促进中国跨国公司的成长。可以说"走出去"战略也是推动中国跨国公司成长的战略。企业不"走出去",中国的跨国公司就永远也成长不起来。有实力的中国企业在"走出去"的过程中,不断壮大自己,逐渐发展成为与经济大国相匹配的跨国公司。

中国的跨国公司是"走出去"企业中的代表和优秀的主体。优化"走出去"战略的实施主体,要求加快发展中国自己的跨国公司。从国家战略高度来看,创建和发展一批中国的跨国公司是实施"走出去"战略的集中体现。实际上,从某种程度上说,"走出去"战略成败的关键就在于能否培育出一批中国自己的、在国际上具有竞争力的跨国公司。没有一批中国跨国公司的崛起,中国实施的企业"走出去"战略就很难真正落实和成功。中国发展一批具有核心竞争力的跨国公司,有利于实现"引进来"与"走出去"的结合,有利于提高中国对外开放的水平。发展一批跨国公司,有利于维护国家的产业安全。跨国公司往往是所在产业中的标杆企业或产业领袖,它们拥有自主知识产权和世界知名品牌,拥有强大的贸易和投资能力,它们的存在有利于提高产业竞争力,维护国家经济安全,抵御各种风险。

中国企业参与国际竞争,在竞争中成长壮大,将为中国经济拓展出广阔的发展空间。如果中国企业在国际竞争中站不住脚,不能发展成为跨国公司,中国的国民经济发展很可能因为市场的制约而陷于被动地位,中国的"走出去"战略也就没有达到既定目标。实施"走出去"战略,需要提升企业的国际竞争力,而要增强中国企业的国际竞争力,就需要建立中国自己的跨国公司。在新的世纪里,面对国际竞争国内化和国内市场国际化的现实,面对经济全球化加速发展的趋势,中国企业要全面提升国际竞争力,要强化"走出去"的能力,要形成若干家有国际竞争力和影响力的跨国公司。

五、世界五百强与中国公司

1995 年《财富》杂志第一次发布同时涵盖工业企业和服务性企业的世界 500 强排行榜。这份榜单反映了全球最大企业的最新发展趋势,通过对销售收益率、净资产收益率、全员生产效率等经营质量变化的对比分析,反映企业的兴衰,并深入到国家或地区的研究,揭示大企业群体分布的变化。

2021 年《财富》杂志连续第 27 次发布这份全球大公司排行榜。受新冠肺炎疫情影响,2021 年《财富》世界 500 强排行榜企业的营业收入约为 31.7 万亿美元,比 2020 年下降 5%,进入排行榜的门槛(最低销售收入)也从 254 亿美元下降到 240 亿美元。同时,企业利润有大幅跌落。2021 年所有上榜公司的净利润总和为 1.6 万亿美元,同比大幅下降 20%,是 2009 年以来最大跌幅。这些企业的营业收入和利润下降的直接原因显然与 2020 年新冠肺炎疫情在全球蔓延有关。

2021 年,沃尔玛连续第八年成为全球最大公司,中国的国家电网公司上升至第二位,亚马逊首次进入前三,苹果公司前进至第 6 位。苹果以 574 亿美元的利润位居利润榜的榜首,沙特阿美以约 493 亿美元的利润位列第二,日本的软银集团以 470 亿美元的利润位居第三。

(一)中国企业在排行榜中的地位稳步提升

2020 年,中国有 124 家企业进入世界 500 强,第一次超过了美国的 121 家,实现了历史性的跨越。2021 年,中国有 135 家企业进入世界 500 强,上榜数量进一步超越美国(122 家)。世界 500 强排行榜发布以来,中国企业的发展速度以及全球排名的提升,遥遥领先于其他上榜国家和企业。

(二)中国企业的经营状况持续改善

进入 2021 年排行榜的中国企业不仅数量增加,而且企业经营状况大大改善。虽然 2021 年上榜中国企业的经营状况(平均销售收入、平均利润、销售收益率、净资产收益率等指标测算)与 2020 年基本持平,但考虑到疫情的影响,中国企业的经营业绩确属不易。同时,中国企业的经营状况超过了全球企业的平均水平。2020 年,中国上榜企业销售收益率 5.4%,世界 500 强该指标的平均数为 5.2%;中国上榜企业净资产收益率 8.7%,世界 500 强的净资产收益率平均数为 8.4%。销售收益率和净资产收益率这两项重要指标中国企业均超过世界 500 强的平均数,体现了中国公司的强劲增长势头。

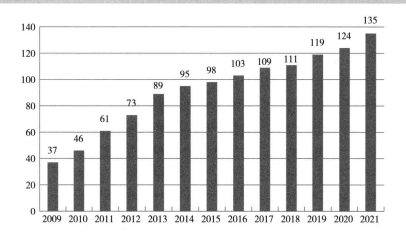

图 10-1　中国进入世界 500 强的企业数量

(三) 中国企业的国际竞争力有待提升

信息和通信技术(ICT)产业体现了现代高新技术发展的水平,2021 年美国有 19 家 ICT 产业公司进入世界 500 强,而中国只有 9 家。世界 500 强的中国公司竞争能力不强,其关键原因在于缺乏创新的产品、制造创新产品的核心零部件及软件。在软件领域,两家世界 500 强公司谷歌和苹果所控制的移动操作系统安卓(Android)和 iOS 的市场占比分别高达 81.5% 和 18.4%,几乎控制了整个智能手机的操作系统市场。

面对现实,党的十九大报告指出要培育具有全球竞争力的世界一流企业。未来,中国公司势必在技术研发、品牌专利等领域深耕细作,只有不断提升国际竞争力,中国企业的国际化道路才能越来越平坦。

案例专栏

索尼(中国)有限公司

索尼公司是世界上民用及专业视听产品、游戏产品、通信产品、核心部件和信息技术等领域的先导之一,它在音乐、影视、电脑娱乐以及在线业务方面的成就使其成为全球领先的创意娱乐公司。索尼在全球 140 多个国家和地区建立了分公司、子公司和工厂,70%的销售来自海外市场。

一、索尼在华发展历程

索尼自 1978 年开始在中国开展业务,20 世纪 80 年代在北京、上海等地设立联络代表处并授权生产磁带录音机。90 年代初设立索尼在中国的合资制造工厂,90 年代后期设立统一管理协调在华业务的区域性总部索尼(中国)有限公司,并开始设立独资工厂。中国加入 WTO 后,索尼扩展在华的各项业务,尤其是在服务领域扩大投资。可以说,中国的改革开放、转型升级、释放增长潜力的过程,也是索尼在中国逐步扩大投资、开拓市场和加深本地化的过程。

二、索尼(中国)的贡献

索尼(中国)有限公司(以下简称"索尼中国")是由索尼公司投资设立的投资性公司,旨在从事中国国内电子信息行业的投资、产品市场推广、顾客售后服务联络并针对索尼在中国的各所属企业进行宏观管理及广泛业务支持。索尼中国的注册资本为 12 155.7 万美元,目前已在华投资 11 家子公司并拥有 42 家分支机构,在中国强力打造适合本地化发展的集产品企划、设计、研发、生产、销售和服务为一体的综合性运营平台,为中国的消费者带来更多具有创新性和高附加值的产品和服务。

高速发展的中国市场已经与美国市场、日本市场一起,成为索尼全球三大市场之一,索尼中国还成为索尼集团重要的利润贡献者。

在这个过程中,尤其值得一提的是 2001 年中国加入 WTO,并伴随着中国加入 WTO 开始的政府行政审批制度改革。前者标志着中国的经济和世界接轨,这给外国投资者以极大的信心,后者从制度上为投资者(包括国内外的所有投资者)提供了保障和发展空间。得益于政策和经营者的努力,索尼中国 2004 年的销售额比 2001 年翻了一番,2010 年又实现了再翻一番的好业绩。

"植根中国、长远发展"是索尼对中国的长久承诺和在华业务拓展的宗旨。在中国发展各项业务的同时,索尼还积极投身教育、文化、体育、艺术、环保等社会公益领域,已向中国的公益事业投入了数亿美元,赢得各界好评。

三、索尼中国在中国优化投资环境中的获得感

中国加入 WTO 后一直致力于行政审批制度的改革。近年来,《外商投资法》《外商投资准入特别管理措施(负面清单)》《鼓励外商投资产业目录》等政策措施的落地实施,为索尼中国各方面的业务运营带来了便利,提升了效率。

基于良好的投资环境以及自身的业务需求,2018—2019 年,索尼中国在中国境内共投资设立了两家外商企业总公司和四家分支机构,分别是 2018 年 10

月在上海设立的半导体业务公司,2019 年 1 月在上海设立的动漫业务公司,以及 2019 年在北京、深圳、杭州设立的半导体业务分公司,南京地区的索尼产品专卖店。在办理上述业务期间,索尼中国不仅感受到备案注册等环节上的精简,同时窗口办事人员的服务态度及质量也大幅提升,及时帮助企业解决开办时遇到的困难。

四、案例点评

跨国公司投资中国是一种双向选择和相互需求,既是跨国公司融入全球、深入当地的公司战略,又体现了中国经济深化改革、扩大开放的顶层设计,并且二者最终实现了双赢,跨国公司实现了经济收益,中国经济完善了制度型开放。

思考与练习

1. 跨国公司在华投资的发展历程和现阶段的特点是什么?
2. 跨国公司在华投资战略主要有哪些? 其含义是什么?
3. 我国利用跨国公司投资的政策有什么变化?
4. 简述中国跨国公司发展的实际状况和特点。
5. 发展中国跨国公司的必要性是什么?
6. 中国跨国公司发展面临的机遇与挑战是什么?

参考文献
References

[1]卢进勇,杜奇华,李锋.国际经济合作教程[M].5版.北京:首都经济贸易大学出版社,2019.

[2]卢进勇,杜奇华,杨立强.国际投资学[M].2版.北京:北京大学出版社,2017.

[3]卢进勇,郜志雄,刘恩专.跨国公司经营与管理[M].2版.北京:机械工业出版社,2017.

[4]卢进勇,杨国亮,杨立强.中外跨国公司发展史[M].北京:对外经济贸易大学出版社,2016.

[5]卢进勇."走出去"战略与中国跨国公司崛起:迈向经济强国的必由之路[M].北京:首都经济贸易大学出版社,2012.

[6]卢进勇,余劲松.国际投资条约与协定新论[M].北京:人民出版社,2007.

[7]卢进勇.国际投资与跨国公司案例库[M].北京:对外经济贸易大学出版社,2005.

[8]卢进勇.国际服务贸易与跨国公司[M].北京:对外经济贸易大学出版社,2002.

[9]卢进勇.中国企业海外投资政策与实务[M].北京:对外经济贸易大学出版,1994.

[10]艾伦·夏皮罗.跨国财务管理基础[M].北京:中信出版社,2002.

[11]安格斯·麦迪森.世界经济千年史[M].北京:北京大学出版社,2003.

[12]海闻.国际贸易和投资:增长与福利,冲突与合作[M].北京:北京大学出版社,2010.

[13]金润圭.国际企业管理[M].北京:中国人民大学出版社,2005.

[14]金润圭.全球战略:跨国公司与中国企业国际化[M].北京:高等教育出版社,1999.

[15]李秀玲.国际直接投资与技术转移[M].北京:经济科学出版社,2003.

[16]李瑜,武常岐.全球战略:一个文献综述[J].南开管理评论,2010(2).

[17]李志军.当代国际技术转移与对策[M].北京:中国财政经济出版社,1997.

[18]联合国秘书处经济社会事务部,编.南开大学经济研究所世界经济研究室,译.世界发展中的多国公司[M].北京:商务印书馆,1975.

[19]联合国跨国公司中心,编. 南开大学经济研究所美国经济研究室,对外经济联络部国际经济合作研究所,译. 再论世界发展中的跨国公司[M]. 北京:商务印书馆,1982.

[20]联合国跨国公司中心,编. 南开大学国际经济研究所,译. 三论世界发展中的跨国公司[M]. 北京:商务印书馆,1992.

[21]林康. 跨国公司国际化经营[M]. 北京:对外经济贸易大学出版社,2006.

[22]林康. 跨国公司与跨国经营[M]. 北京:对外经济贸易大学出版社,2000.

[23]鲁桐. 中国企业跨国经营战略[M]. 北京:经济管理出版社,2003.

[24]马春光. 国际企业管理[M]. 北京:对外经济贸易大学出版社,2005.

[25]马述忠. 国际企业管理(第四版)[M]. 北京:北京大学出版社,2019.

[26]尼尔·胡德,斯蒂芬·扬. 跨国企业经济学[M]. 北京:经济科学出版社,1994.

[27]商务部. 中国对外投资合作(发展)报告(2014—2020)[R].

[28]商务部. 中国对外直接投资统计公报(2003—2020 年度)[R].

[29]商务部. 中国外商投资报告(2011—2019)[R].

[30]商务部. 中国外资统计公报(2018—2021)[R].

[31]王林生,范黎波. 跨国经营理论与战略[M]. 北京:对外经济贸易大学出版,2004.

[32]王巍. 中国并购报告(2021)[M]. 北京:中国物资出版社,2021.

[33]王志乐. 跨国公司中国报告(2001—2011)[M]. 北京:中国经济出版社,2001–2011.

[34]王志乐. 软竞争力:跨国公司的公司责任理念[M]. 北京:中国经济出版社,2005.

[35]王志乐. 走向世界的中国跨国公司 2007[M]. 北京:中国经济出版社,2007.

[36]王志乐. 走向世界的中国跨国公司 2012[M]. 北京:中国商业出版社,2012.

[37]吴丛牛,郭振游. 国际财务管理[M]. 北京:对外经济贸易出版社,1993.

[38]吴文武. 跨国公司新论[M]. 北京:北京大学出版社,2000.

[39]冼国明. 国际投资概论[M]. 北京:首都经济贸易大学出版社,2004.

[40]冼国明. 跨国公司在华投资的战略调整及其影响[J]. 国际经济合作,2002(12).

[41]杨德新. 跨国经营与跨国公司——理论、原理、运作、案例[M]. 北京:中国统计出版社,1996.

[42]张海东. 国际商务管理[M]. 上海:上海财经大学出版社,2002.

[43] A. A. Fatouros. Transnational Corporations:The International Legal Framework

[M], Routledge, 1994.

[44] Alan M. Rugman. Forty Years of the Theory of the Transnational Corporation [J]. Transnational Corporations , Volume 8, Number 2, 1999.

[45] C. K. Prahalad, Yves L. Doz. The Multinational Mission: Balancing Local Demands and Global Vision [M]. NewYork: Free Press, 1987.

[46] Cantwell John, Tolentino, Paz Estrella. Technological Accumulation and Third World Multinationals [J]. University of Reading Discussion Papers in International Investment and Business Studies, No. 139, 1990.

[47] Charles W. L. Hill. International Business: Competing in the Global Marketplace. Fifth Edition [M]. NewYork: McGraw—Hill Companies, Inc. , 2005.

[48] David Rayome, James C. Baker. Foreign Direct Investment: A Review and Analysis of the Literature [J]. The International Trade Journal, Volume IX, No1, 1995.

[49] Donald J. Lecraw. Transnational Corporations and Business Strategy [M]. Routledge, 1993.

[50] Dunning J. H. Towards an Eclectic Theory of International Production: Some Empirical Tests [J]. Journal of International Business Studies. Vol. 2. 1980.

[51] Dunning J. H. , Rugman A. M. The influence of Hymer's Dissertation on the Theory of FDI [J]. American Economic Review, 75(2), 1985.

[52] Dunning J. H. International Production and the Multinational Enterprises [M]. Allen&Unwin, 1981.

[53] Dunning J. H. Multinational Enterprises and the Growth of Services: Some Conceptual and Theoretical Issues [J]. Service Industries Journal, Jan. 1989.

[54] Hymer S. H. The International Operation of National Firms: A Study of Direct Investment [M]. Cambridge: MIT Press, 1976.

[55] Jagdish Bhagwati. International Factor Mobility [M]. Cambridge: MIT Press, 1983.

[56] Jagdish Bhagwati. Political Economy and International Economics [M].Cambridge: The MIT Press, 1991.

[57] Joel W. Messing. Towards a Multilateral Agreement on Investment [J].Transnational Corporations, Volume 6, Number 1, 1997.

[58] Martin Feldstein. International Economic Cooperation [M]. The University of Chicago Press, 1988.

[59] Michael E. Porter. Competitive Advantage of Nations [M]. The Free Press, 1990.

[60] Peter J. Buckley, M. Casson. The Future of Multinational Enterprises [M]. London: Macmillan Press Ltd. , 1976.

[61] Peter J. Buckley. Multinational Firms, Cooperation and Competition in the World

Economy [M]. Macmillan Press Ltd. And ST. Martin's Press, LLC. 2000.

[62] Raymond Vernon. International Investment and International Trade in the Product Cycle [J]. Quarterly Journal of Economics, May 1966.

[63] Rugman A. M., Verbeke. A. Subsidiary Specific Advantages in Multinational Enterprises [J]. Strategic Management Journal, 22 (3), 2001.

[64] Stefan H. Robock, Kenneth Simmonds. International Business and Multinational Enterprises. Fourth Edition [M]. Richard D. Irwin, Inc., 1989.

[65] Wilfred J. Ethier. Modern International Economics. Third Edition [M]. New York: W. W. Norton& Company, Inc., 1995.

[66] UNCTAD. World Investment Report (1991-2021) [R].